덫에 걸린
한국경제

덫에 걸린 **한국 경제**

지은이_ 김대기

1판 1쇄 발행_ 2013. 12. 10
1판 7쇄 발행_ 2014. 4. 27

발행처_ 김영사
발행인_ 박은주

등록번호_ 제406-2003-036호
등록일자_ 1979. 5. 17.

경기도 파주시 문발로 197(문발동) 우편번호 413-120
마케팅부 031) 955-3100, 편집부 031) 955-3250, 팩시밀리 031) 955-3111

저작권자 ⓒ 김대기, 2013
이 책의 저작권은 저자에게 있습니다. 저자와 출판사의 허락 없이
내용의 일부를 인용하거나 발췌하는 것을 금합니다.

값은 뒤표지에 있습니다.
ISBN 978-89-349-6552-7 03320

독자 의견 전화_ 031) 955-3200
홈페이지_ www.gimmyoung.com
이메일_ bestbook@gimmyoung.com

좋은 독자가 좋은 책을 만듭니다.
김영사는 독자 여러분의 의견에 항상 귀 기울이고 있습니다.

덫에 걸린 한국 경제
Korean Economy in the Trap

김대기

김영사

프롤로그

대통령 경제수석과 정책실장을 끝으로 33년이 넘는 공무원 생활을 마감했다. 막 발을 디딘 때가 엊그제 같은데, 세월은 정말 빠르다. 공무원에게 33년이란 특별한 의미를 갖는 숫자이다. 33년이 되면 연금이 더 이상 오르지 않는다. 물론 기여금도 내지 않는다. 쉽게 말하면 할 만큼 했다는 기간이다. 1979년 공직에 입문한 이래 경제기획원 물가정책국, 경제기획국, 예산실, 대통령 경제비서실 등 여러 기관에 근무하면서 눈코 뜰 새 없이 바쁘게 지냈다. 주말을 온전히 쉬어 본 적이 없지만, 그랬기 때문에 우리 경제가 성장해 가는 과정을 누구보다도 가까이에서 잘 지켜볼 수 있었던 것은 행운이다.

돌이켜보면 1980~1990년 그리고 2000년대를 보내면서 격동의 시절이 아닌 적은 단 한 번도 없었던 듯하다. 특히 1980년대 초 제2석유위기와 과감한 경제안정시책, 단군 이래 최대의 호황을 누렸다고 하는 1986~1988년 그리고 곧이어 찾아온 경기침체와 외환위기, 1987년부터 급진전한 민주화의 물결과 경제 패러다임의 대변화, 급진 노조의 탄생, 이후 보수와 진보정권이 교체하면서 겪게 된 이념적인 혼란과 양극화의 갈등 그리고 2008년 이후 시작된 글로벌 금융위기와 유럽의 재정 위기…….

한국 경제는 이런 격변의 소용돌이 속에서 잠깐씩 지체하고 멈춰 서기도 했지만 결국 꾸준히 성장하여 오늘날의 개발도상국들, 아니 선진국들조차 부러워하는 모델로 우뚝 섰으니 참으로 대단하다. 이렇다 할 자원도 없고, 다른 나라를 약탈하지 않았으면서, 오직 스스로 노력해 이러한 위치까지 이른 나라가 대한민국 말고 또 있을까? 이런 의미에서 볼 때 정말이지 우리는 자부심을 가져도 좋을 것이다.

그러나 문제는 여태까지의 성공신화가 앞으로도 계속될 수 있을 것인가이다. 우리는 지난 1980년대 말 아시아의 네 마리 용 중의 하나라는 찬사를 받다가 10년 만에 외환위기를 맞이하며 몰락했던 과거가 있다. 그 당시 세계는 우리에게 "샴페인을 너무 빨리 터뜨렸다"고 비아냥거렸다.

그렇다면 현재의 대한민국은 어떨까? 앞으로의 대한민국은? 우리는 계속 발전해 나갈 수 있을까? 많은 사람들과 이야기를 나누어보면 대부분 낙관적인 의견을 내놓는다. 하지만 그런 의견에 딱히 근거나 논리가 있는 것은 아니다. 그동안 숱한 어려움을 다 극복했으니

프롤로그

잠깐 어지럽고 시끄러울지언정 계속 발전할 거라는 막연한 기대에서 나온 말들인 것이다.

  그러나 나는 한국의 미래가 그리 녹록하지는 않으리라고 본다. 앞으로 우리에게 다가올 변화가 매우 크고 다양하기 때문이다. 고령화는 우리 사회에 지각변동을 가져올 것이고, 복지 포퓰리즘은 국가 재정을 위태롭게 만들 것이다. 과거에는 나라가 전쟁으로 망했지만 지금은 국가 부채로 망한다. 양극화와 이념 갈등이 확산되면 사회 분열이 우려되고, 제대로 준비되지 않은 통일은 엄청나게 위험한 뇌관이 된다. 대외적으로도 선진국의 경제 위기가 끝날 때쯤 완전히 바뀔 세계 경제 기조와 판도가 우리에게 어떤 영향을 미칠지 쉽게 예측하기는 어렵다. 세계 곳곳에서 이미 나타나고 있는 기상이변도 가볍게 넘길 수 없다. 이러한 변화들은 우리가 과거에 겪어보지 못한 새로운 것들이 많기 때문에 대응하기가 더욱 어렵다.

  우리 경제는 앞으로도 계속 발전해 나가야 한다. 그러나 경제 발전은 가만히 앉아서 기대한다고 얻어지는 것이 아니다. 우리에게 다가올 변화는 어떤 것인지, 그것에 어떻게 대응해야 하는지 머리를 싸매고 치열하게 고민해야만 한다. 그에 앞서 우리가 그동안 추진해온 정책들에 문제는 없었는지, 과거를 돌아보고 반성하고 개선하는 일도 중요하다. 잘못된 정책이 무늬와 포장만 바뀌어서 되풀이될 수 있기 때문이다. 과거에는 오류와 잘못이 좀 있어도 빠른 성장에 묻혀 지나치거나 넘어갈 수 있었지만 저성장기에는 치러야 할 대가가 클 수밖에 없다.

그동안 공직생활을 하면서 그만두면 직접 체득한 경험을 바탕으로 책을 쓰겠다고 마음먹은 터라 이러한 내용을 주제로 삼았다. 먼저 그간 추진해온 정부 정책 중 잘못된 것, 아쉬운 것들을 모아 보았다. 우리나라의 성공 역사를 분석한 자료는 많지만 잘못된 정책을 분석한 자료는 거의 찾아볼 수 없었기 때문에 정리해 보고 싶은 욕심이 있었다.

다음으로 대한민국의 미래를 위협하고 있는 요인들을 살펴보고 이를 극복할 방안에 대해 내 생각을 정리하였다. 마지막으로 공직에 머물면서 경제 흐름을 놓치지 않기 위해 늘 사용하던 경제지표를 첨부하였다.

프롤로그

사실 나 또한 정책에 대한 비판에서는 자유로울 수 없다. 공무원으로서 최고 고위직까지 올랐으면서 이런 문제를 해결하지 않고 뭐했냐고 하면 할 말이 없다. 이 모든 것이 나의 부족이고 한계이다. 또한 이야기를 풀어나가는 과정에서 관련된 당사자들에게 불쾌감을 줄 수도 있을 것 같다. 그들에 대한 개인적인 감정은 추호도 없으니 너그럽게 이해해 주었으면 한다. 사실 이런 걱정 때문에 출간을 포기할 마음도 있었지만 더 비겁한 행동인 것 같아서 처음 마음먹은 대로 강행하였다.

앞으로 대한민국의 미래에 관한 논의가 더욱 활발해져서 우리 사회가 건전한 방향으로 발전해 나가면 좋겠다. 이 책이 그러한 노력에 조금이라도 기여했으면 하는 바람이다.

막상 책을 쓰려고 하니 쉽지 않았다. 같이 근무했던 후배 공무원들의 도움이 컸다. 심심한 사의를 표한다.

2013년 11월

김대기

차례

프롤로그 4

1장 덫에 걸린 정책들

1. 거시경제 정책의 실패 17
엔고 ; 남의 불행은 나의 행복? | 자금 흐름 정상화: 시중금리만 올리다 | 과소비 억제 시책: 엉터리 종합관 | 거시경제 실패는 쓰나미

2. 무상시리즈, 도덕적 해이의 극치 34
의료보호가 의료쇼핑으로 | 구제역으로 죽는 게 더 낫다? | 6세 이하 공짜, 병원이 애들로 가득 | 무상보육, 재벌 손녀도?

3. 반값 시리즈, 경제왜곡의 주범 41
반값 농기계, 농민에게 오히려 피해 | 반값 등록금, 청년실업 늘린다 | 가격상한제, 시장경제 흐름을 끊다

4. 구멍 난 정책, 세금이 줄줄 샌다 48
농업용 면세유, 태어나서는 안 될 정책 | 건강보험 약가, 국민들만 '봉' | 의약 분업, 이익집단 앞에 무릎 꿇다 | 장애인 차량 LPG 면세, 엉터리 장애인 양산 | 쌀 소득 보전 직불제, 눈먼 돈으로 잔치를 | 기초생활보장제도, 영원히 머물고 싶어라 | 옥수수 기준 가격 제도, 업자는 공무원 머리 위에

5. 취약한 예측 능력의 한계 60
저출산 시대에 산아제한 정책? | 학생은 없는데 대학 정원은 늘어난다 | 기업도시, 누가 가서 사나? | 예고된 저축은행 부실 | 택시가 대중교통? | 복합영농, 소들은 알고 있다

6. 못다 한 정책이야기 73
알뜰주유소 이야기 | 설탕산업이 죽는다? | 와인 인터넷 판매 논란 | 불발로 끝난 KTX 경쟁체제 도입과 인천공항 지분매각 | 주택 경기 활성화 | 비정규직 보호의 허와 실 | 청년고용, 엇박자 정책들

2장 우리의 성공신화, 계속될 수 있을까?

1. 천천히 다가오는 무서운 변화들 98
   결코 반갑지 않은 세상의 도래 | 세계 경제 질서의 재편

2. 인구 고령화, 처음 겪는 대재앙 106
   4% 이상 성장은 꿈도 꾸지 마라 | 다가올 고령사회의 자화상 | 그냥 고령화가 아닌 돈 없는 고령화 | 미래 세대의 비극

3. 포퓰리즘 경쟁, 국가재정이 위험하다 114
   모든 위기는 빚으로부터 | 재정이 파탄 나면: 독일 | 재정이 파탄 나면: 러시아 | 재정이 파탄 나면: 남미와 남유럽 | 우리도 재정파탄의 길로 가는가? | 국가 부채 한계는 어디까지?

4. 무기력해지는 경제 관료 126
   경제 권력의 대이동 | 변양호 신드롬, 제발 나 있을 때는 조용히 | 아! 세종시 | 바뀌는 관료 문화

5. 경제민주화와 반기업 정서 135
   몰매 맞는 대기업 | 대기업은 천하무적? | 외국으로 나가는 기업들

6. '3불(不)' 사회, 분열되는 국민 144
   사회를 위태롭게 하는 세 가지 | 언론이 바로서야 나라가 산다 | 거짓말이 먹히는 사회 | 4대강: 신의 영역? 과학의 영역?

3장 또 한 번의 도약을 위하여

1. 국가 재정을 지키자 159
   클린턴 대통령의 모험 | 굿바이 경제 예산 | 지방 재정도 뼈를 깎는 구조조정이 필요하다 | 잘할 수 있는 분야에만 집중하자 | 포퓰리즘으로부터 재정을 지키자

2. 경제 안전판을 강화하자 176
   성공한 경제대통령, 실패한 경제대통령 | 금융감독 기능을 강화하자 | 산업은행, 원위치로 | 정부 출연 연구기관, 구관이 명관이다 | 한수원은 한전과 통합하자

3. 내수 위주 성장은 없다 190
고령화로 내수는 더 위축된다 | 서비스 산업, 국민정서법으로부터 탈출하자 | 문화가 힘이다 | 제2의 중동 붐 | 청년 일자리 창출의 돌파구

4. 제2의 경제민주화, 과거의 잘못은 이제 그만! 208
어설픈 경제민주화의 최대 피해자는 중소기업과 서민 | 대기업도 바뀌어야 한다 | 기업을 국내에 머물게 하자 | "옆집 소를 죽여 주세요"

5. 관료를 움직이게 하자 221
대통령의 따뜻한 관심이 보약 | 공무원 봉급, 경제 실적에 연동시키자 | 감사원은 회계감사만 하자

6. 이민을 과감히 받아들이자 229
이미 시작된 다문화 사회 | 다문화의 빛과 그림자 | 그래도 다문화로 가야 한다

4장 반면교사의 나라, 일본과 스웨덴

1. 일본 239
세계 최고의 경쟁력을 갖추었던 나라 | 가라앉는 일본 | 일본 경제, 회복 안 된다 | 왜 이렇게 되었나? | 우리는 일본을 따라가는가?

2. 스웨덴 250
일 안 해도 먹고살 수 있는 나라! | 무너지는 복지 강국 | 성공적인 개혁의 신화를 쓰다 | 스웨덴의 경쟁력은 어디에서 오는가? | 스웨덴 경제에 대한 오해와 진실

에필로그 268

부록 271
대한민국 60년 주요 경제지표 변화(1953~2012년)

1장

덫에 걸린 정책들

Korean Economy in the Trap

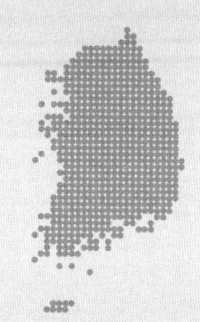

대한민국이 그동안 이룩한 성장신화는 세계 어디에 내놓아도 경탄과 찬사를 받을 만큼 눈부시다. 다른 나라의 원조를 받아 근근이 살던 나라가 한 세대 만에 원조를 제공하는 나라로 바뀌었다. 전쟁의 폐허에서 허덕이며 못살던 나라가 세계 9번째로 무역 1조 달러를 달성하고, 2012년에는 국가 신용도가 사상 최초로 일본보다 높아졌다. 국토는 비록 세계 육지 면적의 0.07퍼센트에 불과하지만 주요국들과의 FTA체결로 경제 영토는 60퍼센트가 넘는다. G20국가의 일원으로 우리 대통령이 선진국 대통령들과 어깨를 나란히 하고 있는 모습은 정말 뿌듯하고 자랑스럽다.

이렇게 대한민국의 위상이 높아지다 보니 우리는 우리도 모르는 사이에 개발도상국들의 우상이 되어 있다. 많은 국가들이 우리를 발전 모델로 삼고 한국 성장의 과정을 열심히 공부하고 있다. 2011년 대통령을 수행하여 에티오피아를 방문했을 때 지금은 고인이 된 멜레스 당시 총리는 새마을운동을 위시한 한국의 성장경험에 대해 너무 잘 알고 있어 수행원들이 놀랄 정도였다.

한국의 성공 요인을 조사, 분석한 자료는 많다. 공무원, 연구기관,

교수뿐만 아니라 세계은행과 IMF 등 국제기구에 이르기까지 다양한 자료들이 축적되어 있다. 세계 각국에서 한국의 경험과 성장 노하우을 배우고자 도움을 요청하는 경우가 이제는 다반사가 되었다.

하지만 우리가 오늘날에 이르기까지 그저 잘해오기만 한 것은 결코 아니다. 적지 않은 실수를 했고 그로 인해 타격도 많이 받았다. 그러나 이런 사례는 잘 알려지지 않았고 모르는 사람들도 많다. 국가가 제대로 발전하려면 잘한 것뿐만 아니라 잘못들도 평가하고 반성하여 다시는 되풀이되지 않도록 해야 한다. 정책의 실수는 다양한 원인 때문에 일어난다. 관료들의 실력이 부족해서, 정치적 이해관계가 얽히는 바람에, 현실이 너무 달콤해 구조조정을 외면해서 등등.

하지만 이 모든 원인에는 하나의 공통점이 있다. 포장이 그럴듯한 바람에 덫에 빠지기 쉽다는 것이다. 이전의 사례를 살펴보면 잘못된 정책이 포장만 바뀌어서 다시 발생하는 경우가 종종 있다. 과거 고도성장기에는 실수 때문에 코스트가 발생해도 빠른 성장의 힘으로 극복할 수 있었다. 그러나 오늘날과 같은 저성장기에는 단 한 번의 실수로 치러야 하는 비용이 너무 크다. 당연히 실수를 하지 않는 것이 최선이지만 쉽지는 않다. 그에 관해 축적된 자료가 많지 않기 때문이다. 특히 각 부처들이 잘못된 정책이나 사례가 노출되는 것을 극도로 꺼려하는 것이 주원인이다. 그래서 먼저 과거 정책 실수 사례들을 분석해 보았다. 미래를 고민하기에 앞서 과거를 돌아보는 것이 순리라고 생각하면서.

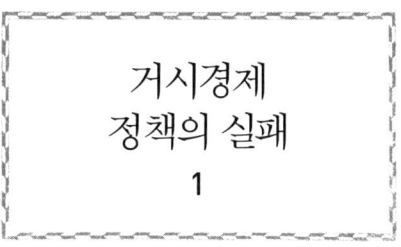

엔고 ; 남의 불행은 나의 행복?

일본과 우리는 산업구조가 비슷하기 때문에 국제시장에서 경쟁하는 상품이 많다. 그래서 엔고 현상이 발생하면 우리 경제는 가격경쟁력 측면에서 유리해져 수출이 급등하는 반사적 이익을 누렸다. 수출 호조로 경기가 좋아지면 정책 담당자들은 물론 정치인과 기업인들까지도 그런 상황이 지속되기를 원했다. 경제 호황이 어느 정도 계속되면 마치 그것이 우리의 실력으로 인한 결과인 양 착각에 빠져 씀씀이를 키우다가 다시 엔저 현상이 발생하면 어려움을 겪는 어리석음을 범했다. "남의 불행은 나의 행복"이 결국 "나도 불행"으로 마감하고 마는 것이다.

처음 엔고 현상은 1980년대 후반기에 일어났다. 1985년 9월 '플라자합의' 이후로 엔화는 달러당 240엔 대에서 2년 후인 1987년 말에는 120엔 대로 거의 두 배 이상 절상되었다. 대만 등 당시 경쟁 상대국들의 통화도 절상되는 추세였지만 우리는 버텼다. 그 바람에 우리나라의 수출은 1985년 303억 달러에서 1988년 607억 달러로 폭증했다. 3년 만에 두 배로 늘어난 것이다.

수출 급증에 힘입어 성장도 3년 연속 두 자리 수를 기록하였다. 증시도 과열되어 1985년 말 163포인트였던 종합주가지수가 1989년 초에는 1,000포인트를 돌파했다. 경제가 유례없는 호황을 맞은 가운데 민주화 열풍이 몰아쳤다. 각계각층이 자기 몫 찾기에 나섰다. 가장 대표적인 노사분규는 1987년 10월 이후 거의 매일 발생하면서 임금이 급상승하기 시작했다. 임금이 오르니 소비가 늘어나고 물가가 올랐다. 그리고 물가가 오르니 임금이 또 오르는 악순환이 발생했다.

경기 과열은 부동산 투기로 이어졌고 땅값과 집값이 천정부지로 올랐다. 집값 안정을 위해 분당, 평촌 등 5개 신도시를 건설했는데 그 과정에서 또 다시 건설 투자가 폭발적으로 늘어났다.

넘쳐나는 흑자를 주체하지 못한 정부는 수입을 대폭 개방하고 복지에 시동을 걸기 시작했다. 이 시기에 제6차 경제사회발전5개년계획(1987-1991)에 '국민복지증진'이 정책 방향으로 제시되었다. 5개년 계획에 '복지'가 처음 들어가는 순간이었다. 전 국민 의료보험실시, 국민연금제 도입, 최저임금제 도입 등 굵직한 복지 시책들이 이때 대거 추진되었다. 수출 확대가 우리 실력으로 이루어진 것으로 착각하

1986-1988년 엔고와 주요지표 추이

	단위	1985	1986	1987	1988	1989
엔-달러	연평균, 엔	238.2	168.4	144.5	128.1	138.1
성장률	%	7.5	12.2	12.3	11.7	6.8
임금 증가율	%	9.2	8.2	10.1	15.5	21.1
수출 증가율	%	3.6	14.6	36.2	28.4	2.8
제조업 성장률	%	6.5	21.0	19.4	12.7	3.6
민간소비 증가율	%	7.2	8.9	8.0	9.0	10.6
지가 상승률	%	7.0	7.3	14.7	27.5	32.0

고 돈을 마구 써댄 것이다.

  그러나 이후 엔화 가치가 다시 떨어지면서 1989년 이후 우리 경제는 큰 곤욕을 치르게 된다. 호황기에 마구 올랐던 임금은 불황기에도 계속 올라 1987년 이후 10년 동안 4배가 된다. 임금의 급상승으로 제조업 경쟁력은 약화되었고 수출은 지지부진해졌으며 소비와 건설만 과열된 취약한 경제가 되고 말았다.

  두 번째 엔고 현상은 1990년대 중반 일어났다. 1990년 160엔 대까지 절하되던 엔화가 다시 절상되면서 1994년 100엔을 깨더니, 이듬해인 1995년에는 사상 최저수준인 80엔 대까지 내려간 것이다. 이 과정에서 우리나라의 수출은 또 다시 엄청난 호황을 누렸다. 1993년 822억 달러에서 1995년에는 1,251억 달러로 2년 만에 무려 50퍼센트가 늘어난 것이다.

  당시 수출 내용을 보면 전통적으로 효자 품목이었던 경공업 상품은 별로 늘어나지 않은 대신, 중화학공업 제품이 크게 늘어났다. 신발, 섬유 같은 경공업 분야는 이미 1990년 초부터 높은 임금을 이기지 못해 망하거나 외국으로 이전되어 수출이 미미했다. 반면 중화학제품의 수출이 늘어나면서 우리 경제가 고도화되는 것으로 착각한 '착시 현상'이 발생한 것이다. 당시 중화학제품 수출을 주도한 것은 석유화학 제품이었는데 이것은 삼성과 현대가 석유화학산업에 신규로 뛰어들면서 공급이 과잉되는 바람에 어쩔 수 없이 저가 수출을 감행했기 때문이었다.

그러나 이와 같은 수출 호조로 인해 정부나 기업 모두 자신감에 들떠 있었다. 정부는 OECD가입을 서두르고 삶의 질 향상, 세계화 추진 등 선진국으로의 진입을 준비했다. 기업들은 투자 영역을 확대했다. 당시 문민정부는 경제자율화를 정책 기조로 삼고 있었기 때문에 대기업들의 신규 사업 진출을 사실상 방관하는 자세였다.

그러나 준비되지 않은 자율화의 부작용은 매우 컸다. 대기업들은 석유화학뿐만 아니라 자동차와 항공우주산업에까지 뛰어들었다. 은행들은 사업 타당성에 관한 상세한 검토 없이 '대마불사(大馬不死)'의 신념으로 대출 금액을 늘려 주었다. 그 결과 기업들의 재무구조는 취약할 대로 취약해졌다.

당시 우리나라의 제조업 부채비율인 400퍼센트는 미국 154퍼센트, 일본 193퍼센트, 대만 86퍼센트에 비해 지나치게 높은 수준이었다. 진로그룹은 부채비율이 무려 3,000퍼센트에 달했는데도 새로이 맥주 사업에 뛰어드는 무모함을 보였다. 30대 그룹 중 재무구조가 가장 좋았던 쌍용은 자동차산업에 뛰어드는 바람에 결국 공중분해되는 비극

1994-1995년 엔고와 주요지표 추이

	단위	1993	1994	1995	1996	1997
엔-달러	연평균, 엔	111.0	102.1	94.0	108.8	121.0
성장률	%	6.3	8.8	8.9	7.2	5.8
임금 증가율	%	12.2	12.7	11.2	11.9	7.0
수출 증가율	%	7.3	16.8	30.3	3.7	5.0
제조업 성장률	%	5.0	10.2	10.9	7.0	5.8
경상수지	억 달러	29.7	-35.1	-80.1	-229.5	-81.8

을 초래하고 말았다.

1996년 엔고 현상이 종식되면서 수출 상황은 다시 제자리로 돌아왔지만 그동안 계속 확대된 수입자유화 조치로 인해 수입은 계속 늘었다. 그 결과 경상수지 적자가 사상 최고 수준인 230억 달러에 이르렀다. 경제가 급격히 둔화되고 기업들의 부채 부담이 몰려오면서 한보를 필두로 한 대기업의 몰락이 시작되었다. 이는 결국 외환위기를 맞이하는 하나의 계기가 되고 말았다.

이후 크고 작은 엔고 현상이 있었지만 가장 영향력이 컸던 시기는 2007년 이후이다. 미국발 금융 위기가 유럽의 재정 위기로 번지면서 엔화가 안전자산으로 각광 받기 시작한 것이다. 여기에 외환 당국도 방관하니 엔고 효과는 엄청나게 커졌다.

2011년에는 유럽발 재정 위기가 본격화되면서 엔화는 70엔 수준까지 절상되었고, 우리나라의 수출은 다시금 호황을 맞이했다. 2007년 3,715억 달러에서 2011년 5,552억 달러로 50퍼센트 늘어나면서 세계 7위 수출국이 되었다. 수입도 늘면서 세계에서 9번째로 대망의 무역 1조 달러 시대를 연 나라로 자리 잡았다. 2009년 리먼브라더스 사태 이후로 전 세계가 불황의 몸살을 앓았지만 우리나라는 수출 호조로 상대적으로 호경기를 누리면서 오히려 다른 나라들의 부러움을 샀다. 그 덕에 G20 정상회담에서 세계 경제 위기를 주도적으로 다루는 등 국격이 크게 오르는 계기가 되었다.

그러나 여기서도 부작용은 발생했다. 2011년 원화 약세와 경기 회복, 이상기후 등으로 국내 물가가 크게 오른 것이다. 그러자 사람들은 수출을 하는 대기업만 호경기를 누릴 뿐, 내수 중소기업과 영세상인들 그리고 일반 서민들의 삶은 더욱 팍팍해졌다고 불만을 토로했다. 양극화라는 잠재적 갈등이 촉발된 것이다. 이 갈등은 이후 2012년 대선에서 경제민주화 논란으로 연결되었다.

2012년 후반 일본에 들어선 아베 정권이 엔화를 급속히 절하시키자 우리나라 수출에도 빨간불이 켜졌다. 결국 파티가 끝난 후 기업

2007-2012년 엔고와 주요지표 추이

	단위	2007	2008	2009	2010	2011	2012
엔-달러	연평균,엔	117.8	103.3	93.6	87.7	79.7	79.8
성장률	%	5.1	2.3	0.3	6.3	3.6	2.0
수출 증가율	%	14.1	13.6	-13.9	28.3	19.0	-1.3
제조업 성장률	%	7.2	2.9	-1.5	14.7	7.3	2.2
경상수지	억 달러	217.7	32.0	32.8	293.9	260.7	431.4

들에게는 양극화와 경제민주화라는 더 무서운 후유증이 기다리고 있었다.

이제까지 살펴봤듯이, 엔고와 원화절하가 꼭 우리 경제에 긍정적인 영향만 끼친 것은 아니다. 비록 도움을 주긴 했지만 우리가 그것을 적절히 관리하지 못했기 때문에, 오히려 엔고가 끝난 뒤 더 큰 후유증에 시달려야 했다.

환율절하로 경제 호황을 누리다가 나중에 고통 받은 나라는 대한민국만은 아니다. 그 대표적인 국가로 스웨덴이 있다. 우리와 비슷하게 수출로 먹고사는 나라인 스웨덴 또한 GDP에서 수출이 차지하는 비중이 50퍼센트를 넘는다. 1970년대 중반 제1차 석유위기로 주력산업인 조선과 철강이 부진하면서 기업들의 도산이 늘어나자 스웨덴 정부는 경기부양책으로 환율절하를 추진한다. 1976년부터 1982년까지 5차례에 걸쳐 무려 38퍼센트를 절하시켰다.

그 결과 수출이 살아나고 무역흑자가 늘어나면서 경제가 활성화되었다. 그러나 호황은 잠시이고 환율절하로 물가가 크게 오르면서 임금이 오르고 이 현상이 다시 물가를 상승시키면서 국가경쟁력은 급속도로 악화되었다.

무역흑자로 기업에 돈이 돌면서 경제에는 거품이 끼기 시작했다. 1981년 이후 10년 동안 주식이 10배로 뛰었고 부동산 가격도 2배가 되었다. 그러나 1990년대 들어 거품이 꺼지면서 은행 부실화, 마이너스 성장, 국가부채 확대 등 온갖 어려움을 다 겪게 된 스웨덴은 가장 혹독한 인고의 세월을 맞이한다. 근본적인 경쟁력 향상 없이 환율절하로 경기를 부양시키는 것이 얼마나 위험한지 보여 준 것이다.

우리도 환율에 대해서는 다시 한 번 생각할 필요가 있다. 많은 사람들은 환율이 절하되어야 우리 경제에 도움이 된다고 믿는다. 한국이 수출로 먹고사는 나라이기 때문이다. 그러나 환율은 그 나라의 가치이고 위상이다. 나라의 국력이 커지면 환율도 절상되어야 한다.

일본은 1985년 달러당 240엔 대에서 이후 최고 70엔 수준까지 절상되었다. 미국 화폐에 센트까지 있는 것을 감안하면 이제 일본 돈이 미국 돈보다 더 가치가 크다고 봐도 무리가 아니다. 그런 반면 우리 원화는 아직도 엔화에 비하면 10분의 1가치도 되지 않는다. 1985년에는 1엔당 3원 대였지만 2012년에는 연평균 기준으로 14원 대까지 내려갔다. 그 덕에 수출은 많이 늘었지만 그렇다고 경제 자체가 부강해졌다고 볼 수는 없다. 이제는 환율변동에만 의존해서 경제를 살리려는 생각은 바꾸어야 하지 않나 치열하게 고민해야만 한다.

자금 흐름 정상화: 시중금리만 올리다

지금은 공무원들이 별로 사용하지 않는 말이지만 과거 경제 운영계획을 보면 '전가의 보도'처럼 많이 사용하던 말이 '자금 흐름의 정상화'이다. 이 말이 가장 많이 나온 시기는 1989년 이후이다. 당시 시중 자금은 수익성을 쫓아 과열된 소비와 건설 관련 부문으로 집중되었고 소위 건전한 제조업으로는 흘러가지 않았다. 시중 금리는 당연히 고공행진을 거듭했고 이로 인해 기업들은 큰 어려움을 겪었다.

그러자 정부는 고민에 빠졌다. 기업의 자금 경색을 도와주기 위해서는 통화를 풀어야 하지만 그래봐야 돈은 기업보다는 소비나 부동산 시장으로 흘러갈 것이 뻔하고, 오히려 물가상승만 부추길 것이 걱정되었기 때문이다. 그래서 고민 끝에 나온 방안이 자금 흐름의 정상화 시책이다. 돈은 풀되 자금 흐름이 건전한 기업에만 집중되도록 인위적으로 간섭하는 것이다. 골프장, 스키장, 유흥주점, 대형 음식점 등 소비를 부추기는 업종에 대한 여신금지를 확대하고 기업의 비업무용 토지매입에 대한 여신규제도 강화했다. 그리고 자금이 기업으로 흐를 수 있도록 산업은행 등 정책 금융기관을 통해 정책자금을 대폭으로 확대 공급했다. 1990년 발표된 '4.4 제조업 경쟁력 강화대책'이 바로 그 대표 정책이다.

하지만 결과는 정부의 뜻대로 되지 않았다. 금리는 떨어지지 않고 제조업 경쟁력도 살아나지 않았기 때문이다. 오히려 신도시 건설 등으로 부동산 경기가 역대 최고로 과열된 상황에서 제조업을 살린다고 돈을 풀다가 물가가 치솟는 부작용만 생기고 말았다.

돈은 수익을 쫓아 흐른다. 당시 수익이 높은 부문은 부동산, 레저

1988-1991년 통화와 금리추이

	단위	1988	1989	1990	1991
성장률	%	11.7	6.8	9.3	9.7
통화 증가율	%	29.8	25.8	25.3	19.5
시중 금리	%	14.2	15.2	16.5	18.9
소비자물가 상승률	%	7.1	5.7	8.6	9.3

산업, 대형음식점, 고급 유흥업소 같은 향락성 소비 부문이었다. 정부가 한정된 재원을 인위적으로 제조업 부문으로 돌리려다 보니 수익이 높은 부문에는 자금공급이 제한되었고 이것이 오히려 시중 금리를 올린 원인이 된 것이다.

제조업 부문으로 돈을 흐르게 하려면 세제를 통해 부동산 등 수익이 높은 부문의 수익성을 낮추고 제조업 부문의 수익을 높이는 방법 등이 있었지만 정부는 돈의 흐름으로 해결해 보고자 했다. 병의 원인보다 증상에만 집중하고 치료한 결과가 이렇게 나오고 말았다.

과소비 억제 시책: 엉터리 종합판

지금은 "과소비라도 좋으니 제발 경제만 살려다오!"라고 외치고 있는 실정이지만 불과 20년 전만 해도 과소비는 나라를 망치는 사회악으로 인식되었다. 과소비 억제가 경제 운영의 최고 목표였던 시절이 있었다. 그런데 그 당시 추진했던 과소비 억제 시책이야말로 우리나라 과거 정책 중에서 가장 엉터리 정책이 아니었나 생각한다.

먼저 타이밍이 거시경제 기조와는 전혀 맞지 않았다. 소비란 소득이 좌우한다. 성장이 먼저 이루어져 소득이 늘어난 후 6개월이나 1년이 지나면서 소비는 서서히 불붙기 시작한다. 우리 경제 역사상 보통 소비증가율이 경제성장률보다 낮지만 높은 성장 이후에는 소비증가율이 더 높게 나타난다. 그래서 과소비가 문제가 될 때가 되면 사실은 성장이 침체되기 시작하는 시점인 것이다. 1988~1992년까지와

1999~2000년 외환위기 극복 이후가 그 좋은 예이다.

이런 현상들은 경제 사이클 상 당연한 것인데도 불구하고, 과소비 현상이 나타나면 정부는 전 방위적으로 소비 죽이기에 나섰다. 침체 일로에 들어선 경제를 더욱 빨리 냉각시키는 어리석음을 저지른 것이다. 비록 과소비를 억제하고 자금 흐름을 투자로 돌림으로써 경기 침체에 대응해야 한다는 것이 정부의 논리였으나 지금 생각하면 부끄러울 따름이다.

정부가 과소비에 적극 대응했던 배경에는 사회적 위화감을 없애야 한다는 국민 정서가 많이 작용했다. 과소비가 만연하던 시절, 당시 분위기를 잘 반영한 어느 신문 기사의 일부를 소개한다.

"국세청이 호화·사치성 과소비에 특별세무 조사라는 '칼'을 빼들었다. 국세청은 이번 발표가 자칫 잘못하면 전반적인 경기하강 국면을 맞아 소비를 위축시키고, 수입품 소비 조사로 오인돼 통상 마찰을 부를 수도 있다는 점에서 고민을 거듭했다. 하지만 일부 계층의 소비 행태를 그냥 둘 경우, 묵묵히 일하는 성실한 다수 국민의 박탈감과 소외감을 치유할 길이 없다는 점에서 결단을 내린 것으로 알려졌다."

정부의 과소비 대응은 그 방법상에서도 부작용이 많았다. 해외 골프 여행객에 대한 조사를 강화한다고 골프백을 들고 여행가는 사람은 출국장에서 다 체크했다. 그러자 골프 여행객은 골프백을 갖고 가지 않고 그 대신 외국에서 골프백을 임차하면서 오히려 외국 골프클럽만 도와주는 꼴이 되었다. 해외 여행객 휴대 수입품 관세를 강화하자 사람들은 구입 실적이 세관에 통보되는 국내 면세점은 외면하고 외국 면세점을 많이 이용하는 바람에 결과적으로 국내 기업들만 손해를 입고 말았다.

1991년에는 신용카드 사용한도를 제한했다. 할부금융 기간을 36개월에서 12개월로 줄이고 선수금 비율도 50퍼센트로 대폭 올렸다. 주 타깃은 자동차였다. 자동차에 대한 할부금융을 원천적으로 봉쇄하여 자동차 수요를 줄이려 했으나 이 역시 부작용이 컸다. 금융기관에서 소비자 금융을 끊으니 제조업체가 그 역할을 대신하게 되었다. 즉, 당시 대우, 현대, 기아 등 자동차회사에서 은행돈을 빌려 직접 소비자들을 대상으로 할부금융 판매를 하기 시작한 것이다.

그러다 보니 자동차 제조회사들은 차입한 할부금융 재원 때문에 부채가 산더미처럼 쌓였다. 게다가 본 업무인 자동차에만 전념해도 부족한데 잘 알지 못하는 소비자금융까지 떠맡게 되었으니 경쟁력이 약화될 수밖에 없었다.

과소비는 중병이 아니라 증상이라고 볼 수 있다. 그런데 그 증상만 완화시키려고 무리한 정책을 추진했던 것이 문제였다. 더 큰 문제는 과소비의 근원이 되는 시책은 오히려 반대 방향을 향하고 있었다는 점이다. 임금이 폭발적으로 오르는데 1988년과 1990년 두 차례에 걸쳐 근로소득세를 대폭 깎아 주었다. 어차피 임금이 올라도 세금으로 다 뺏기니 세금만 낮춰 주면 임금인상 요구를 자제하겠다는 당시 노동계의 건의를 수용한 것이다.

세금은 낮추었지만 임금 상승 현상은 지속되었다. 1988~1991년 동안 근로자들의 명목 임금은 두 배로 늘어났는데도 근로자 1인당 실제 세금납부액은 불과 1퍼센트만 늘어났으니 그 감축 규모를 짐작할 수 있다. 소득세 감면이란 경제침체기에 소비 증가를 유도하기 위한 방법인데, 우리는 정반대의 상황에서 그 정책을 시행한 것이다.

1989년에는 컬러텔레비전과 냉장고, 캠코더, 자동차, 보석 등에 대한 특별소비세를 인하하고 에너지 가격도 내렸다. 심지어 대형 냉장고 등에 대한 관세를 인하해 수입을 촉진시켰다. 한 쪽으로는 소비 분위기를 조성해 주면서 다른 한 쪽으로는 소비를 많이 하는 사람들은 혼내 주겠다는 식이었으니 앞뒤가 전혀 맞지 않았다.

거시경제 실패는 쓰나미

거시경제 실패 사례는 이외에도 많다. 그중에서도 가장 어처구니없는 사례는 1989년 12월에 시행된 증시안정화 조치였다.

1986년 1월 160수준이었던 종합주가지수가 약 3년 만인 1989년 3월 1,000을 넘어섰다. 시골에서 소 팔아서 주식투자하고, 아기 업은 엄마들이 객장에 나타나는 등 증시가 한참 과열되던 시기였다. 그러나 이후 경기가 침체되면서 주가도 떨어져 900선이 무너졌다.

현재의 기준으로 보면 아무것도 아닌 일이다. 그러나 1989년 말 정부는 한국은행이 돈을 찍어내서 주식을 사들이게 만드는, 어이없는 조치를 추진했다. 그 당시 총통화증가율을 5퍼센트나 올리는 2.7조 원의 돈을 풀었다.

가뜩이나 고성장의 후유증으로 물가가 상승하고 부동산 투기가 만연된 상황에서 증시를 부양한다고 어마어마한 돈을 풀었으니 경제에 미치는 부작용과 악영향은 이루 말할 수 없었다. 그 돈을 받아 주식을 사들인 투신사들은 이후 주가하락으로 치명적인 손실을 입어 이후에도 몇 년간 경영상 어려움에 시달렸다. 지금 생각해도 너무나 무식한 정책이었다.

또 다른 사례가 있다. 2001년 신용카드 규제를 완화해서 소비를 진작시키려고 했는데 이 역시 부작용이 컸다. 금융에서 무엇보다도 중요한 일이 리스크 관리인데 길거리에서 아무나 붙잡고 신용카드를 발급했으니 이후 카드회사들이 성할 리 없었다. 불과 10년 전 과소비를 억제하겠다고 신용카드 규제를 강화했던 사례를 생각하면 격세지감이다.

신용카드 발급이 늘어나면서 2002년 소비는 살아났지만 이는 일시적인 경기효과에 그칠 따름이었다. 오히려 이후 신용불량자가 엄청 늘어나면서 2003년부터 소비가 2년이나 지체되는 결과를 초래하고 말았다. 빚으로 경기부양을 해서는 결코 안 된다는 좋은 교훈이었다. 그밖에도 경제를 살리겠다고 부동산 규제 완화책을 폈다가 투기로 연결되어 곤혹을 치른 사례도 있었다.

거시경제의 실패에 따른 파급은 다른 정책과는 비교할 수 없을 만큼 치명적이다. 경제가 안정적으로 관리되지 못하면 또 다른 위기를 맞을 수 있고 심지어 국가부채로 인해 나라가 망할 수도 있다. 과거 거시경제 관리가 잘 되지 못했던 이유는 우리 관료들의 실력이 모자란 탓도 있었고, 거시경제 자체가 긴박감이 떨어지기 때문에 다른 단기 현안에 밀린 탓도 있었다.

1994년 경제기획원과 재무부의 합병은 거시경제 관리에 조종을 울린 사건이었지만 당시에는 전혀 예상하지 못했다. 당시 경제기획원은 거시경제 관리와 국가경제의 미래를 그리는 곳이고, 재무부는 단기적인 현안과 매일 전쟁을 벌이는 곳이었다. 그렇기 때문에 재무부는 경제기획원이 현실을 모르고 뜬구름 잡는 소리만 한다고 비아냥거렸고, 경제기획원은 재무부 때문에 개혁이 안 된다고 투덜거렸다. 그 대표적인 사례가 바로 1990년 초 발생한 금융자율화 논쟁이다.

경제기획원은 관치금융을 종식하고 금융자율화를 요구했으나 재무부가 이에 동의할 리 없었다. 그런데 재미있는 사실은, 당시 금융기관들이 표면적으로는 자율화를 표방했지만 내심으로는 관치금융을 더 원했다는 것이다. 자율화를 시행하면 필수적으로 경쟁을 해야 하니까 사실상 힘들고 피곤할 수밖에 없다. 망할 염려가 없는 관치금융이 훨씬 편한 것이다. 관치금융 하에서 금융산업이 발전할 수 없는 것은 당연하다.

이와 같은 지지부진한 상황이 계속되다가 결국 외환위기를 맞이하면서 정책은 급속도로 진전되었다. 두 부처는 통화 규모를 놓고서도 대립각을 펼쳤다. 경제기획원은 물가 때문에 통화를 축소하자고 주장한 반면, 재무부는 당장 기업 자금 경색을 위해 풀어야 한다는 입장을 견지했다. 이외에도 여러 방면에서 사사건건 많이 부딪친 두 부처는 상호견제하면서 성장하고 발전해 나갔다.

그런데 이들 두 부처를 합쳐 놓았으니 어떤 결과가 나왔겠는가? '장기·미래'가 '단기·현안'을 이길 수는 없다. 통합된 재정경제원은 당연히 단기 현안 위주로 돌아가게 되었고, 그러다 보니 거시경제라든가 장기 정책 방향 등은 우선순위에서 밀려나 뒤처질 수밖에 없었다.

당시 두 부처가 합쳐질 때 에피소드가 하나 있다. 직원들 중 누가 경제기획원 출신이고 누가 재무부 출신인지는 아침에 과장이 출근할 때 알 수 있었다. 과장이 사무실에 들어올 때 일어나서 인사하는 직원은 재무부 출신, 과장이 들어오든 말든 상관없이 신문을 보거나 자기 할 일을 하는 직원은 경제기획원 출신이라고 했다. 재무부는 서열 위주의 관료 문화가 강했고 경제기획원의 문화는 상대적으로 자유분방했기 때문이다. 이처럼 완전히 다른 두 문화가 합쳐진 결과는 어땠을까? 당연히 재무부 문화로 다 바뀌고 말았다.

경제기획원이 사라지면서 가장 아쉬운 것은 미래의 큰 그림과 방향을 제시하는 기능이 약화되었다는 점이다. 과거에는 5개년 단위로 국가계획을 수립해 왔다. 그러다가 민주화 시대에 무슨 계획이냐는 논리로 문민정부가 들어서면서 '제7차 경제사회발전 5개년계획'을 마지막으로 역사에서 사라졌다. 5개년계획 폐지가 아쉬운 이유는 계획 그 자체보다는 수립 과정 때문이다. 계획을 수립할 때는 각 부문별로 교수와 연구기관, 언론인, 관련 기업 등 다양한 방면의 수많은 전문가와 관계 공무원들이 머리를 맞대고 미래의 모습과 정책 방향에 대해 토론을 벌인다. 그러한 논의를 통해 사회적 공감대를 형성하고 공무원들에게는 자기 분야와 관련된 미래를 다시금 생각하게 만드는 기회를 제공하는 것이다.

하지만 지금은 어떤가? 공무원들은 그저 현안에 급급할 수밖에 없다. 미래를 생각할 틈도 기회도 없는 것이 현실이다. 공무원의 중추인 국장이나 1급도 수시로 바뀌기 때문에 미래를 생각할 여유는 더더욱 없다. 물론 지금도 정부가 바뀔 때마다 5년간 추진할 정책으로 발표하는 'OO정부의 정책과제'가 존재하고는 있다. 그러나 이것은 공약을 바탕으로 인수위원회 차원에서 작성되기 때문에 사실 공무원들은 큰 관심이 없다. 그냥 시키는 대로만 하는 것이다. 그러다가 정권이 바뀌면 무용지물이 된다. 연속성이 없는 것이다. 오히려 열심히 일하다가 정부가 바뀌면 자칫 감사의 대상만 될 수도 있다.

일본은 플루토늄을 확보하기 위하여 20년 동안 공을 들였다고 한다. 지금 우리는 5년 단위로, 그것조차도 이전 정권에서 추진한 것은 아무리 좋아도 폐기하는 식으로 운영하고 있다. 장기적으로 보면 매우 바람직하지 못하고 아쉬운 일이다. 5년제 단임 대통령제도의 한계이다.

무상시리즈, 도덕적 해이의 극치 2

세상에서 가장 떼먹기 좋은 돈은 다음 중 무엇일까?

① 친구 돈 ② 부모 돈 ③ 회사 돈 ④ 국가 돈

아마도 ④번이 정답일 것이다. 왜냐하면 주인이 없기 때문이다. 그동안 정부가 추진한 정책 중에 무상으로 서비스를 지원하는 정책이 제법 있었다. 모두 스스로 돈을 부담할 수 없는 어려운 사람을 국가가 배려하는 차원의 일이다.

그러나 취지와는 달리 공짜는 항상 모럴해저드를 유발한다. 잘못해도 정부가 다 보상해 주고 제도를 악용해 사욕을 채우는 사람이 있다면 성실히 사는 사람만 바보가 된다. 이런 사회는 발전을 기대할 수 없다. 결코 다시는 반복되어서는 안 될 이런 정책들을 경계하고자 정리해 보았다.

의료보호가 의료쇼핑으로

무상시리즈의 가장 대표적인 사례는 의료보호이다. 가난한 사람들이 병원을 이용할 때 의료비를 국가가 100퍼센트 지원해 주는 내용의 정책이다. 아파서 병원을 찾아갔는데 돈이 없다고 치료 받지 못하고 박대를 당하는 설움은 이루 말할 수 없다. 그런 일이 없도록 정부가 절대 빈곤상태에 있는 서민들에게 의료비를 지원해 준다는 데 이의를 제기할 사람은 없을 것이다.

그런데 문제는 국가가 100퍼센트 지원함에 따라 사람들이 악용할 수 있는 구조라는 사실이다. 2002년 2조 원 수준이던 국가의 의료보호 예산은 3년 후인 2005년에는 3.2조 원, 또 2년 후인 2007년에는 4.1조 원으로 매년 20퍼센트가 넘는 가파른 증가세를 보이고 있다.

당시 그 속도가 너무나 빠른 데 놀란 기획예산처는 복지부에 실태조사를 요청했다. 결과는 경악 그 자체였다. 진료 받는 사람들의 22퍼센트인 39만 명이 1년에 365일을 초과하여 진료 처방을 받고 있었고, 그중 2.5만 명은 무려 3년 치인 1,100일을 초과하고 있었다. 가장 많은 처방을 받은 사람은 연간 12,257일이었다. 1년에 약 40년 치의 처방을 받은 것이다.

경악스러운 현상은 여기서 그치지 않았다. 질병 건당 외래진료비가 건강보험환자는 6.6만 원인 데 반해 의료보호환자는 그보다 50퍼센트가 많은 9.7만 원이었다. 질병 판단이 모호한 정신질환자의 경우 일반 환자는 평균 2개월 입원하는 데 비해 의료보호환자는 국공립병원은 9개월, 사립병원은 2년 6개월 입원한다. 자기 돈이 전혀 들지 않으니 마구 '의료쇼핑'을 했을 수 있다. 더 의심해 보자면 환자와 병원이 소위 '짜고 치는 고스톱'을 벌였을 수도 있다는 생각이 들지 않을 수 없다. 모든 비용을 국가가 다 부담하기 때문에 지방자치단체를 비롯하여 어느 누구도 엄격하게 관리하지 않았다.

열심히 일해서 세금을 내고 꼬박꼬박 건강보험료를 낸 사람만 바보가 되는 판국이다. 몸이 아파도 병원에 잘 가지 않으면서 열심히 사는 사람들도 많다. '무상'은 이런 사람들이 내는 소중한 세금을 낭비하는 결과를 초래할 수 있다.

정부는 무상의료 문제를 개선하기 위해 2008년 개혁방안을 마련했다. 기획예산처는 이 문제를 국가재원배분회의에 올렸고 복지부는 개선방안을 마련해 보고했다. 가장 좋은 방안은 의료보호 대상자들에게 조금이라도 자기 부담을 부과시키는 것이다.

하지만 그들은 절대빈곤층이기 때문에 부담할 능력이 없다. 그래서 먼저 대상자에게 건강생활 유지라는 명목 하에 매월 6,000원을 지급하고 병원에 갈 때는 1,000원이라도 자기 부담을 하도록 만들었다. 연말에 남는 돈은 고스란히 자신의 것이 된다. 병원에 가지 않으면 그 돈을 가질 수 있는 인센티브 제도로 전환한 것이다. 엄밀한 의미에서 자기 부담은 아니지만 하여튼 병원에 갈 때 자기 부담을 하게 만드니 그토록 빠르게 늘어나던 의료보호 예산이 안정세를 찾게 되었다. 무상이 얼마나 모럴해저드를 양산했는지 알 수 있는 정책 실수 사례이다.

구제역으로 죽는 게 더 낫다?

자기 부담 없는 무상 정책이 모럴해저드를 초래한 사례는 복지 부문 외에도 많다. 2011년 발생한 구제역 파동이 그 좋은 사례이다. 당시 발생한 구제역은 사상 최악의 재난이었다. 무려 350만여 두의 가축을 매몰했으니 인간으로서 할 짓이 못되었다. 매몰지도 4,600여 군데에 달해 호남을 제외하고 전국에 가축이 묻히지 않은 지역이 없을 정도이다. 보상금 지급액만 1.8조 원에 달했고, 방역비 등 기타 비용까지 포함하면 국민 세금이 2조 원 넘게 들어갔다.

당시 구제역이 발생해서 가축이 죽거나 매몰되면 국가가 시가 기준으로 100퍼센트 보상해 주었다. 그리고 다시 가축을 사서 키울 수 있도록 생계안정 자금, 가축 입식 자금 등을 저금리로 지원했다. 그러니 구제역이 발생해도 축산 농가는 거의 손실을 입지 않는 구조였다. 오히려 이론적으로 따지면 구제역을 당한 농가가 당하지 않은 농가보다 이익일 수 있다. 구제역이 발생하면 소비자들이 축산물을 외면하기 때문에 소나 돼지 가격이 떨어지게 되어 있다. 그런데 구제역으로 가축을 살처분한 농가는 이미 종전 시가로 다 보상을 받아 별 손해가 없지만 그렇지 않은 농가는 가격 하락으로 큰 피해를 볼 수 있다.

이런 시스템 하에서는 농가들이 구제역 예방에 최선을 다하지 않을 수 있다. 실제로 2011년 구제역 발생도 특정 지역의 축산 농민들이 축사 관리는 외국인 근로자에게 맡기고 동남아로 여행을 다녀왔다가 옮겨 왔다는 것이 정설이다. 안일한 부주의가 이런 어마어마한 사태를 몰고 온 것이다. 그 지역의 어느 한우농가는 일가가 합쳐서 약 300억 원의 보상을 받기도 했다니 기가 찰 노릇이다. 100퍼센트 국가 지원이 낳은 정책 실수 사례이다.

정부도 이런 문제점을 인식하고 2012년 방역의무를 해태한 농가에 대해서는 시가보다 대폭 낮은 가격으로 보상하고 자치단체도 일정 부분 부담시킴으로써 구제역이 발생하면 축산 농민도, 자치단체도 손해를 보게끔 했다. 백신도 자기 부담으로 접종하게 하는 등 제도의 개선을 단행했다. 그 결과 축산 농가들이 스스로 조심하고 자치단체들도 감시를 강화하면서 2012년은 구제역 없이 넘어갈 수 있었다.

6세 이하 공짜, 병원이 애들로 가득

만성적인 적자에 허덕이던 국민건강보험이 정부의 지원확대에 힘입어 2003~2004년에 대규모 흑자로 돌아선 적이 있었다. 정부가 국민 세금과 담배부담금을 통해 3조 원가량 지원한 결과이므로 엄격히 말하면 흑자라고 할 수는 없었지만, 여하튼 그로 인해 건강보험이 2005년에는 누적수지가 1조 원이 넘는 흑자를 보였다.

이때 복지부는 보험수지 흑자가 계속되면 정부에서 지원을 축소할까 봐 보험혜택을 대폭 확대하는 조치를 취했다. 그중 하나가 2006년 1월 1일부터 시행된 '6세 이하 어린이 입원비 무료시책'이다. 이 또한 정부가 100퍼센트 지원하는 정책이었다.

기획예산처 예산총괄국장으로 일하고 있던 2006년 여름의 어느 날, 잘 아는 서울의 모 대학병원 실무자가 내게 전화를 걸어 하소연을 했다. "지금 병실마다 어린이 환자로 가득 차 있다. 괜찮으니까, 다 나았으니까 퇴원하라고 해도 안 나간다." 입원비가 공짜이니까 시원한 병실에 누워서 시간을 보내는 환자가 너무 많다는 이야기였다. 웃지 못할 일이 벌어진 것이다.

결국 이 시책은 2007년 중단되었다. 그러나 조치가 시행된 2006년 어린이 환자 내역을 살펴보면 외래환자는 2.1퍼센트 증가한 반면 입원환자는 무려 41퍼센트가 늘어났다. 건강보험공단이 추가로 부담한 금액도 1,000억 원이 넘었다. 이런 식으로 돈을 쓰니 2006~2007년에는 보험수지가 다시 적자로 전환되고 말았다. 결국 국민들에게 부과하는 건강보험료를 2년 연속 무려 6퍼센트 대로 대폭 인상하고 나서야 보험 재정을 가까스로 다시 안정화할 수 있었다.

무상보육, 재벌 손녀도?

2011년 말, 국회에서 2012년도 예산안을 심의하면서 0~2세 영유아 보육료는 정부가 전액 지원한다는 안이 전격 통과되었다. 종전까지는 소득 상위 25퍼센트에 대해서는 지원하지 않았다.

국가가 100퍼센트 지원해 준다고 하자 조용하던 보육시장은 엄청난 혼란에 빠졌다. 무엇보다도 먼저 '공짜이니까 못 찾아먹는 사람이 바보'가 되었다. 너도 나도 모두 자녀를 보육시설에 맡기겠다고 하는 바람에 이용자가 대폭 늘어나면서 당연히 보육시설이 턱없이 부족한 사태가 초래되었다. 그동안 집에서 잘 양육하고 있던 고소득자들까지도 보육시설을 찾게 만들어 정말 필요한 사람들의 기회를 빼앗는 부작용이 발생했고, 재벌 회장 손녀도 대상이 된다는 비판도 일었다.

결국 2012년, 무상보육이 많은 문제를 안고 있다고 판단한 정부는 2013년에는 지원 방안을 바꾸려고 했다. 상위 30퍼센트의 고소득층에 대해서는 일부, 즉 0세 기준 시 월 75만 원 중 20만 원은 본인이 부담하게 하고, 직업이 없는 전업주부는 반일제만 지원하는 방안이다. 그러나 정치권은 이를 받아들이지 않았다. 한 번 풀어 버린 복지 예산을 회수하기란 얼마나 어려운지 보여 주는 사례이다.

무상보육의 경우는 다른 무상 시리즈와는 다른 면이 있다. 국가가 보육료를 지원하는 목적이 무엇이냐에 따라 그에 관한 평가가 달라질 수 있다. 저출산 극복이라는 국가 목표를 위한 정책이라면 소득과 상관없이 지원하는 것도 타당성이 있다. 그러나 소득이 낮은 계층에 대한 복지 성격이라면 무상보육은 일반 무상 시리즈와 다를 바 없다. 관련 연구에 따르면 영유아는 집에서 부모가 키우는 것이 가장 바람직하다고 한다. 그런데 정부의 보편적 지원으로 집에서 키울 수 있는 애들까지 보육시설로 보내는 것은 문제가 있지 않을까?

반값 시리즈,
경제왜곡의 주범
3

　무상만큼 부작용이 많은 것 중의 하나가 반값정책이다. 반값이란 말은 매우 자극적이고 유혹적이다. 그래서 기업들이 마케팅에 많이 활용하기도 한다. 그런 반값을 정부나 정치권도 그냥 지나칠 수 없다. 선거를 의식한 반값이 정부 정책에도 도입된 것이다. 정부가 어려운 계층을 도와주기 위해 꼭 필요한 물품을 반값에 구매할 수 있도록 하겠다는데 무엇이 나쁘냐고 항변할 수 있다.

　그러나 반값은 시장에서 가격을 왜곡시키는 나쁜 정책이다. 결론적으로 말하면 어려운 사람을 위한 가장 좋은 방법은 소득을 보전해 주는 것이다. 그 소득으로 시장에서 재화를 정당한 가격에 구매해야 한다. 부자나 가난한 사람이나 똑같은 가격을 주고 사는 것이다. 그렇지 않고 시장에서 가격을 왜곡시키면 그에 뒤따르는 부작용은 결코 가볍지 않다.

반값처럼 정부가 인위적으로 특정 상품의 가격 결정에 관여하는 것이 있다. 바로 가격상한제이다. 정책 목표를 위해 가격이 일정 수준 이상 오르는 현상을 강제적으로 막는 제도인데 이 역시 문제가 많다. 가격은 시장에서 결정되는 것이 가장 합리적이다. 물론 시장이 언제나 합리적이지는 않다. 종종 시장의 실패가 발생하는 분야가 있게 마련이지만 정부의 개입은 오히려 사태를 더 악화시킬 수 있기 때문에 더욱 신중해야 한다.

반값 농기계, 농민에게 오히려 피해

반값정책의 원조는 1993년 발표한 '농기계 반값 시책'이 아닌가 싶다. 당시 농민들의 표를 의식한 정부는 농민들이 구입하는 농기계를 절반 가격으로 공급하였다. 나머지 절반은 국가 예산으로 생산업체에 보전하는 구조였다.

가격이 내려가자 농민들은 너나할 것 없이 농기계를 구입했다. 그래도 농기계를 구입할 돈이 없는 농민을 위해 정부는 저렴한 이자로 융자도 제공해 주었다. 그런데 그 다음이 문제였다. 사실 농기계라는 것이 모내기, 탈곡 등 사용 시점이 정해져 있기 때문에 일 년에 몇 번밖에는 사용하지 않는 경우가 대부분이다. 그렇기 때문에 필요할 때 빌려서 쓰거나 공동으로 구매하여 함께 사용하는 편이 훨씬 유용하다.

그런데 반값정책이 농민들의 소유욕을 자극하여 굳이 필요하지 않은 기계까지도 구매하게 하는 바람에 여러 모로 비효율적인 상황만 발생했다. 농민들 입장에서도 마땅히 보관할 장소도 여의치 않은 데다가 시간이 지나면서 기계는 녹슬고 고장도 잦아져 관리만 힘들어졌다. 융자로 받은 돈은 고스란히 빚이 되었다. 반값이라는 유혹에 덜컥 덫에 걸린 부작용이 만만치 않았다. 결국 이 정책은 사라졌다.

세월이 지나고 2008년 농기계 대책이 다시 정비되었다. 이번에는 농민들이 농기계를 구매하지 않고 임차해서 사용하게 하는 정책이었다. 지역별로 농기계 임대소를 만들어 농민들이 활용하게 했다. 기계 한 대로 더 많은 효용을 볼 수 있어 농민도 좋고 국가경제에도 좋은 윈윈 시책이다. 다만 운영 면에서 농민들의 불편이 없도록 철저히 관리해야 할 것이다.

반값 등록금, 청년실업 늘린다

반값 시리즈 중 가장 각광 받은 정책은 아마도 반값 등록금일 것이다. 2011년 정치권에서 아무런 재원 대책 없이 불쑥 튀어나온 이 약속은 엄청난 폭발력을 지니고 우리 사회에 다가왔다. 여야 할 것 없이 젊은 층의 인기에 편승하여 반값 등록금 공약을 걸었다. 사실 대학 등록금은 과거 진보 정권 시절에 많이 올랐다. 10년간 국립대학 기준으로 2배 올라갔다. 정책적으로는 이것이 맞는 방향인데 후퇴하는 것 같아서 안타깝다.

우리나라의 대학 진학률은 70~80퍼센트 대로 일본이나 미국의 50~60퍼센트 대보다 높다. 그런데 이로 인한 부작용도 상당한 편이다. 가장 큰 문제는 수급의 미스매칭이다. 대학을 졸업한 청년들은 눈높이가 높아져서 중소기업, 특히 지방기업이나 생산직 같은 데에서는 일하려고 하지 않는다. 그저 대기업만 선호한다. 청년실업이 늘어난다 해도 우량 중소기업마저 지원자가 없어 외국인 근로자를 고용해야 하는 판국이니 잘못되어도 크게 잘못되었다. 학생들은 눈이 높아져 대학 졸업하고도 취업을 하지 않으니 부모도 힘들고 본인도 괴롭다.

유럽 프리미어리그 축구 선수들 중에 대학 졸업자는 별로 없다고 한다. 대학 다닐 시간에 프로선수로 뛰는 편이 커리어에 훨씬 더 도움이 되기 때문이다. 그러나 우리 선수들은 거의 다 대학을 나온다. 한국 사회의 대학 진학열을 보여 주는 사례이다. 과거에는 이러한 학구열이 경제발전의 원동력으로 자리 잡았었지만, 지금은 사회 전반에 걸쳐 엄청난 비효율을 양산하고 있을 따름이다.

상황이 이런데도 국가가 대학 등록금의 절반을 지원하고, 거기에다가 학자금 대출을 통해 대학 진학열을 더욱 부추기는 것은 앞뒤가 전혀 맞지 않는 모순이다. 국가 빚은 빚대로 늘어나고, 학자금 대출로 학생들의 개인 빚도 늘어난다. 사회에 미처 진출하기도 전에 빚부터 지는 셈이다. 이미 학자금 대출을 받은 학생들의 연체율도 많이 올라가고 있으며 인력 수급의 미스매칭도 계속되고 있다.

가격상한제, 시장경제 흐름을 끊다

물가 상승을 가장 손쉽게 해결하는 방법은 가격이 일정 수준 이상 오르지 못하도록 상한을 설정하는 것이다. 그 상한을 넘어서 팔면 처벌한다. 이 방법은 과거 물자가 모자라던 시절 많이 사용되었고 '물가안정 및 공정거래법'에 그 근거도 있다. 주로 석유류와 독과점 품목이 그 대상이 되었다. 경제 규모가 커지고 복잡다기화 되면서 부작용이 많아 지금은 거의 활용되지 않지만, 오늘날에도 적용되는 분야가 있으니 주택 분양가와 보육료 상한제가 바로 그 대표 사례이다.

분양가 상한제는 부동산 투기가 극성을 부릴 때마다 전가의 보도처럼 활용되었다. 당초 부동산 투기 열풍이 불던 1989년 원가연동제 형식으로 도입되었다가 외환위기 이후 주택 시장이 불황을 겪으면서 폐지된 제도이다. 2000년대 중반 투기가 다시 불붙었을 때 전면 시행된 이후 2차례 세계 경제 위기를 맞으면서 주택 시장이 침체를 거듭하고 있음에도 불구하고 아직도 이 제도가 유지되고 있다.

제조업의 경우는 불황이 닥치면 스마트폰과 같은 신제품 등이 출시되면서 회복 국면을 꾀할 수 있다. 그러나 우리 주택 시장에서는 이런 일이 일어날 수 없다. 소비자들이 비싼 값을 주고서라도 마음에 맞는 주택을 구입하고 싶어도 분양가 상한제가 있기 때문에 불가능하다.

2011년 이후 정부에서는 이 규제를 해제하려고 몇 번이나 시도했지만 무산되었다. 법률 개정 사항이라서 국회를 통과해야 하는데 투기 재발 우려 때문에 의원들이 반대했다. 싸늘히 식어 있는 주택 시장을 두고 투기를 우려한다는 것은 기우일 수 있다. 혹시 다시 투기가 일어나면 그때 묶으면 되는데도 지나치게 경직된 태도를 고수하고 있다.

보육료 상한제의 경우는 매우 비효율적이다. 국가의 보육 예산은 저출산 대책으로 각광을 받으면서 2005년부터 크게 뛰기 시작했다. 2003년 국비와 지방비를 합쳐서 6,551억 원이던 예산이 2005년에는 1.3조 원으로 2배가 넘었다. 이후에도 계속 확대를 거듭하여 2012년에는 4조 원을 훌쩍 넘는다. 그런데도 보육시설은 여전히 모자라서 사람들은 계속 아우성이다. 공급이 수요를 따라가지 못하는 것이다. 보육료를 상한으로 묶어 놓아 강남이나 강북이나 가격이 같으니 민간 투자가 이루어지지 않는다.

2005년 대통령 주재 국무위원 재원배분 회의에서 이 문제가 논의되었다. 상한제를 풀어 민간 투자를 유도하자는 내용이었다. 이들 시설들은 보육료를 제한 없이 받을 수 있는 대신 정부 보조금은 받지 못한다. 정부의 보조를 받으려면 종전처럼 상한제를 수용하면 된다. 이처럼 보육시설을 다양화시키면 수요에 맞게 민간 시설이 늘어나서 수요자들이 장기 대기하는 불편을 줄일 수 있고 정부도 예산을 절감할 수 있다. 또한 이렇게 절감된 돈으로 공공 보육시설을 더 많이 늘릴 수 있어 일석이조의 효과를 누리게 된다.

그러나 이 대안은 부결되었다. 민간에서 운영되는 고급 시설이 생기면 그런 시설을 이용할 수 있는 부유한 사람들에게는 좋아도, 그럴 여유가 없는 사람들의 상대적 박탈감이 커질 수 있다는 이유 때문이다. 이는 우리나라에만 있는 형평 논리, 사회 정서가 아닌가 한다.

결국 정부 예산으로 보육시설을 끌고 가다 보니 공급이 수요를 따르지 못했다. 그러자 보육시설 이용을 꼭 필요로 하는 실수요자만 오래 대기하는 불편을 감수해야 했다. 게다가 정부가 그 많은 시설들을 일일이 관리하기도 현실적으로 불가능하다 보니 보육원들이 정부 지원금을 떼먹는 부조리와 비리 현상까지 발생했다.

그밖에도 전세 가격이 오를 때면 늘 거론되는 것이 전월세 상한제이다. 2011년 주택가격이 하향 안정세를 보이는 가운데 전세 가격이 높게 뛰어 민생불안 요인이 되었다. 언론에서는 "자고 나면 집값 수천만 원 올라" 등과 같은 자극적인 기사를 연일 내보내며 전월세 가격 상승세를 더 부채질했고 국민들의 불안 심리는 커져만 갔다. 결국 대학 주변의 하숙비마저 덩달아 오르자, 깜짝 놀란 여당과 야당은 각자 주택 임대차 보호법 개정안을 내세우며 상한제를 실시하자고 주장했다. "전월세 가격은 1년에 5퍼센트 이상 올리지 못한다"부터 "국토부 장관이 임대료를 고시하자" 등 다양한 방안들이 제시되었다.

그러나 정부는 이에 강력히 반대했다. 각자 다른 상황에 처해 있는 임대료를 일률적으로 관리하기란 사실상 불가능한 데다가 오히려 주택 공급 축소로 전월세 상승 압력만 더 커질 수 있기 때문이다. 실제로 1989년 임대차 계약 기간을 2년으로 늘리는 법을 제정할 때도 전월세 가격이 2년에 걸쳐 약 40퍼센트가 넘게 뛰는 부작용을 겪기도 했다. 정부는 전월세 상한제 도입을 막는 대신, 전월세 수요자들 중 1~2인 가구가 많다는 점에 착안하여 원룸 주택 공급을 대폭 늘리는 정책을 폈다. 주차장 기준을 완화하고 융자도 늘렸다. 결국 단시일 내에 원룸 주택이 대폭 늘면서 전월세 가격도 곧 안정을 회복할 수 있었다.

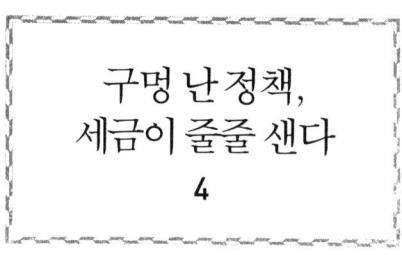

취지는 좋지만 제대로 관리가 되지 않아 세금이 줄줄 새는 정책이 있다. 제도에 허점이 존재하고 그것을 악용하는 사람이 있기 때문이다. 물론 일차적으로는 제도의 허점을 악용하는 사람들이 나쁘지만, 그 이전에 허점을 없애지 못한 정부도 책임이 있다. 국가 부채가 늘어나는 상황에서 엉성하게 설계한 정책들로 인해 국민의 아까운 세금이 낭비되는 일은 절대 없어야 한다.

농업용 면세유, 태어나서는 안 될 정책

농업용 면세유는 말 그대로 농업용 기계에 사용되는 유류에 관한 세금을 면제하여 주는 제도이다. 1986년 3월 1일 최초로 도입된 이 제도의 지원 방식은 다음과 같다.

농협은 농업용 기계를 보유한 농민을 파악해서 기계 대수와 사용 시간에 맞추어 면세유 쿠폰을 발급해 준다. 농민은 주유 시 쿠폰을 제출하여 시세보다 40~50퍼센트 저렴한 가격으로 유류를 구매한다. 주유소는 그 쿠폰을 세무서에서 제출해 세액 감면을 받는다. 전체 세액 감면 액수는 2006년 기준 1조 3,119억 원이나 되었으니 만만치 않은 금액이다.

그런데 이 제도에는 허점이 많았다. 자신이 농민이라면 누구나 금방 '아이디어'를 떠올릴 수 있을 만큼 말이다. 결국 2008년 감사원 감사에서 이러한 허점으로 인한 결과들이 쏟아져 나왔다. 먼저 농협에서 쿠폰을 발급한 농기계 숫자가 농림부 통계 조사 숫자보다 23퍼센트 더 많았다. 그만큼 쿠폰이 과다 발급된 것이다. 쿠폰을 받기 위해 폐기되거나 있지도 않는 농기계를 등록하거나, 난방기 연료유를 타내기 위해 거짓으로 시설 재배를 한다고 속이기도 했다. 심지어 사망자의 이름까지 도용했는데 그 숫자가 무려 15,000명 정도였다. 이처럼 다양한 수법으로 부정 수급된 면세유 때문에 약 3,400억 원에 달하는 국민 세금이 유출된 것으로 조사되었다.

애초에 이 제도를 설계하면서 2백만 대가 넘는 농기계를 관리하겠다고 한 발상 자체가 안일했다고 볼 수 있다. 그 많은 농기계에 대해 종류별로 사용 시간을 부여해서 거기에 맞추어 면세유를 할당한다. 농기계를 실제로 사용했는지 하지 않았는지는 관계없다. 발급된 쿠폰은 다른 사람에게 양도할 수도 있으니 굳이 성악설이 아니더라도 사

1. 덫에 걸린 정책들

람들로 하여금 저절로 부정의 유혹에 빠지도록 만드는 정책이었다.

결국 2008년 쿠폰 제도는 폐지되는 대신 구매 전용카드로 전환되었다. 또한 2011년 면세유 관리 주체를 농협에서 농산물품질관리원으로 바꾸는 등 제도를 개선하면서 부정 유통이 상당 부분 줄어들었다. 2007년 248만 킬로리터였던 면세유 사용량은 제도가 수정된 후 180만 킬로리터 수준으로 감소했다. 그러나 제도의 근간은 바뀌지 않았으므로 부정으로 악용될 소지는 계속 남아 있다고 봐야 한다. 이것은 처음부터 도입하지 말았어야 하는 나쁜 정책이다. 가격을 건드리는 것이 얼마나 위험한지를 알려주는 반증이다. 어려운 사람을 도와주려면 소득을 지원하는 것이 최선이다. 가격을 건드리면 행정력도 낭비되지만 부정부패의 근원이 될 수 있다.

건강보험 약가, 국민들만 '봉'

예전부터 우리나라는 "약장사가 마진이 많다"는 말이 농담반 진담반으로 회자되고는 했는데, 실제 건강보험을 살펴본 결과 그 말이 사실인 것으로 나타났다. 2005년 기준으로 약제비가 의료비에서 차지하는 비중이 28.8퍼센트, 이는 18.4퍼센트인 일본과 14.6퍼센트인 독일 그리고 12.9퍼센트인 미국보다 높다. 약제비 비중이 높은 이유는 당연히 약값이 비싸기 때문이다.

약값이 비싼 이유는 우리나라의 경우, 거의 모든 의약품이 보험급여 대상에 포함되기 때문이다. 즉 의사가 처방만 해주면 가격과 관계없이 보험에서 지급된다. 반면 외국은 국가 보험급여 대상인 의약품 수를 한정하고 있고, 제약사들은 그 대상에 포함되기 위해 치열하게 경쟁해야 하니 가격이 낮아질 수밖에 없다.

사정이 이렇다 보니 우리나라 제약 회사들에게는 약을 많이 팔기 위한 가격 경쟁보다는 의사나 약사에 대한 로비가 더 중요할 수밖에 없다. 어차피 국가가 지원해 주니 약값은 비싸게 책정해도 된다. 외국에서는 특허가 지난 복제약 가격은 오리지널의 절반 수준으로 떨어지는 것이 상식인데 우리나라는 전혀 그렇지 않다. 외국의 다목적 회사들이 우리나라 제약 시장에 군침을 흘리는 이유이다. 비싼 가격을 받고 남는 마진으로 로비하는 것이 제약 회사들의 마케팅 전략이다. 이런 구조 때문에 결국 국민은 약제를 구매하기 위해 높은 가격을 부담해야 하고, 그 차액은 의사나 약사에게 간다.

이런 이유 때문에 제약 회사의 판매관리비가 매출액에서 차지하는 비중은 2008년 기준으로 38퍼센트 수준이다. 일반 제조업 11퍼센트의 3배가 훨씬 넘는다. 이론적으로만 봐도 제약 회사의 판매관리비 비중을 일반 제조업 수준으로 낮추면 약값을 대략 30퍼센트까지 떨어뜨릴 수 있다는 결론이 나온다.

2006년 대통령과 국무위원이 참석하는 재원배분회의에서 이 문제가 제기되었다. 복지부가 개선 방안을 제안하기로 했지만 정권이 교체되면서 흐지부지되고 말았다. 오히려 그 이후 의료비에서 차지하는 약제비의 비중은 더 상승하는 모습을 보였다.

그러자 2011년 재정전략회의에서 이 문제가 다시 논의되었고 관련 부처에게 강력한 대책 마련을 촉구하기 시작했다. 결국 복지부가 칼을 빼들었다. 제약 회사의 로비에 관한 처벌 규정을 강화하고 전체 등록된 약제 13,814개 품목 중 6,506개의 가격을 평균 21퍼센트 일괄 인하시키는 조치를 단행했다.

그 결과 국민이 부담하는 전체 약제비를 연간 1.7조 원 수준으로 절약할 수 있게 되었다. 근본적인 대책은 아니었지만 복지부로서는 큰 결단이다. 진작 했어야 하는데 계속 미루다가 국민 세금만 누수한 셈이다. 건강보험은 국민들에게 없어서는 안 될 핵심 복지 제도이다. 인구고령화와 함께 그 비용 또한 계속 커질 것이 확실한 만큼 지출 효율화가 지속적으로 이루어져야 한다.

의약 분업, 이익 집단 앞에 무릎 꿇다

정책 방향이 옳다고 생각되더라도 그 정책으로 손해를 보는 계층이 있다면, 사전에 이 사실을 알리고 설득하는 작업을 거쳐야 한다. 그렇지 않을 경우 정책을 추진하는 과정에서 치러야 할 대가가 커질 수 있다.

1999년 추진한 의약 분업은 이런 면에서 대표적인 실패 사례로 손꼽힌다. 이전에는 병원에서 직접 약품을 팔 수 있었지만 의약 분업이 시행되면 약국만 약을 팔 수 있게 된다. 이 제도가 시행되면 그동안 병원에서 남긴 약제 마진이 고스란히 약국으로 넘어가게 되니 의료계가 가만히 있을 리 없다.

결국 병원들이 문을 닫는 등 집단으로 강력히 반발하자 다급해진 복지부는, 이를 무마하기 위해 의사의 직접 수입이 되는 의료 수가를 계속 올려 주었다. 1999년 11월부터 2001년 1월까지 불과 일 년 조금 넘는 기간 동안 무려 5차례에 걸쳐 총 44퍼센트나 인상해 주었으니 병원과 의사들은 가만히 앉아서 수입이 그만큼 늘어나는 즐거움을 만끽했다.

결국 의사들의 파업은 끝났지만 그로 인한 부담은 고스란히 국민이 감당해야 했다. 1999년 8,700여억 원이던 건강보험의 적자 규모는 2001년에는 약 3배 수준인 2.4조 원으로 늘어났다. 이에 따라 국고 지원 금액도 1999년 1.2조 원에서 불과 2년 사이에 2.6조 원으로 확대되었다. 건강보험 적자를 메꾸기 위해 정부는 2001년 건강보험 재정건전화대책을 수립하여 재정에서 5년간 16.2조 원을 지원했다. 이 모든 것이 다 국민의 세금이다.

대학 입시에서 의대 지원 붐이 일어난 시기도 이 즈음이다. 이공계 학생들이 서울대학교 공과 대학을 가느니 지방에 있는 의대를 가겠다고 하여 세간을 놀라게 했다. 의약 분업의 결과 국민들의 약 복용이 얼마나 줄었는지 모르겠지만 정책 추진 과정에서 피해를 본 계층은 의사도 약사도 아닌 결국 국민이었다. 갈등을 너무 쉽게 해결하려 했던 당시 복지부의 안일한 자세가 문제였다.

장애인 차량 LPG 면세, 엉터리 장애인 양산

2001년 7월 정부는 에너지 가격합리화 시책의 일환으로 LPG 특소세를 인상하기로 했다. 다만 장애인 차량에 대해서는 장애인의 교통권을 보장해 주는 차원에서 인상금액(리터당 220원)만큼 보조금을 지원키로 하였다. 운전자가 장애인이든 아니든 상관없이, 장애인 마크가 부착된 차량에 한하여 220원 낮은 가격으로 LPG를 주유 받을 수 있는 제도였다.

머리 좋은 독자들은 당장 이 제도의 허점을 발견할 수 있을 것이다. 농업용 면세유와 같은 부작용이 여기에서도 어김없이 나타났다. 부정으로 수급하는 LPG 면세가 급증하면서 소요 예산은 가파르게 수직 상승했다. 시행 다음해인 2002년 721억 원이었던 예산은 4년 후인 2006년 2,715억 원으로 거의 4배 수준으로 뛰었다. 당시 장애수당 지급금이 1,600억 원 수준인 데 비하면 매우 큰 액수이다.

2004년 샘플 조사 결과, 보조금을 받는 장애인 차량들이 일반 차량보다 운행을 더 많이 하는 것으로 나왔다. 특히 월평균 1,000리터 이상 쓰는 차량도 거의 7,000대였다. 누가 봐도 장애인을 가장하거나 아니면 부정으로 악용하는 사례가 있다고 생각하지 않을 수 없다. 운전자의 장애 여부나 소득 수준과 전혀 상관없이, 마크가 부착된 차량이라면 일괄적으로 지급했던 것이 패착이었다.

이 예산은 복지부 전체 장애인 예산의 3분의 1에 달하는 수준이었지만 차량 소유자(전체 장애인의 24퍼센트)만 그 대상이라는 점도 이 제도의 맹점으로 지적되었다. 정말 생활이 어려운 장애인들은 차량도 없다. 결국 많은 구멍을 안은 채 시행되었던 이 제도는 시행 9년 만인 2010년 7월부터 폐지되었다. 보조금 지원 예산은 장애 수당 확대로 전환되었다. 잘못된 정책을 시정하는 데 너무 오랜 시간이 걸렸고, 그 과정에서 불필요하게 많은 갈등이 발생했다. 정책의 허점과 약점을 이용해 '재미'를 본 이해관계가 많아졌던 탓일 것이다. 이 사례 역시 가격을 건드리는 일이 얼마나 위험한지 잘 말해 주고 있다.

쌀 소득 보전 직불제, 눈먼 돈으로 잔치를

쌀 소득 보전 직접 지불 제도는 농업 개방에 대응하여 벼농사를 짓는 농민들의 소득을 안정적으로 유지시켜 주기 위해 2005년부터 시행되었다. 종전 정부가 가격을 결정하던 추곡 수매 제도를 폐지하고 쌀값을 시장에 맡기되, 쌀값이 목표선 이하로 떨어지면 그 차액을 보전해 주는 것이다. 이 제도의 기본 취지는 쌀시장 개방으로 인해 쌀값이 하락하더라도 농민들이 고통 받지 않고 농사에 전념할 수 있도록 하는 것이었다. 따라서 수혜 대상도 당연히 DDA(Doha Development Agenda, 도하개발어젠다) 농업 협상 당시 벼농사를 짓고 있었던 농민들이다.

그런데 이상하게도, 이 제도를 시행한 이후부터 수혜자가 해마다 늘어났다. 2005년 도입 당시 수혜자는 103만 명에서 2006년 105만 명, 2007년에는 107만 명으로 해마다 2만 명씩 증가했다. 그 면적도 조금씩 확대되었다. 농민 수는 해마다 줄어드는데 수혜자는 늘어나는 현상을 수상히 여긴 재정 당국은 2007년도 감사원에 직불제 시행 현황에 관한 조사를 의뢰했다.

감사 결과는 가히 상상을 초월했다. 직불금은 실제 농업에 종사하는 농민들에게 지급되어야 하는데 수령자의 17~28퍼센트가 비농업인으로 추정되었다. 오히려 직불금을 받지 못한 농업인들도 많았다.

실경작자 확인 과정에서 부정도 난무한 것으로 조사되었다. 게다가 대기업이 경영하는 대형 농장마저도 수혜 대상에 포함되어 수십억 원씩 받아 챙겼다. 눈먼 돈으로 잔치를 한 것이다. 당시 대통령이 진노한 것은 당연한 결과였다.

결국 초상집이 된 농림부가 2007년 7월 점검단을 만들어 대책을 만드는 과정에서 정권이 바뀌었고 여기서 다시 사회 문제로 비화되었다. 부정으로 직불금을 수령한 사람들 중 사회지도층 인사도 제법 포함되었기 때문이다. 결국 2008년 말 법 개정을 통해 수혜 대상을 엄격히 제한하는 제도 개선이 이루어지면서 일단락되었다.

쌀 소득 보전 직불제와 관련해서 항상 현안으로 등장하는 이슈가 있다. 바로 목표 가격 수준이다. 현재는 시장 가격 수준에 맞추고 있는데 정치권에서는 이 목표선을 높여서 농민들에게 더 많은 소득을 제공하고자 한다.

그러나 신중해야 한다. 목표선을 시장수급 상황보다 높이면 쌀의 생산이 확대되면서 그에 따른 부작용이 많아진다. 과거 추곡수매제로 늘어난 쌀을 비축하느라 창고 비용, 재고 비용이 눈덩이처럼 쌓인 적이 있다. 오래된 쌀은 팔리지도 않아 주정으로도 가지 않았던가. 그러한 부작용을 막기 위해 크고 작은 진통을 겪으면서 추곡수매제를 폐지하고 지금의 소득보전 직불제로 바꾸었는데, 목표선을 높이면 그 의미가 사라진다.

지금 태국이 쌀 가격을 높이 유지시키는 정책을 펼치고 있다. 그 부작용으로 태국 정부는 남아도는 쌀을 처분하기 위해 수출에 진력하고 있는데, 쌀 가격이 높아 미얀마 등 경쟁국에 밀리고 있다. 태국에서는 쌀이 골칫거리가 되고 있다. 우리는 이런 사례를 반면교사로 삼아 경계하고 신중해야 한다.

기초생활보장제도, 영원히 머물고 싶어라

2000년 모든 국민에게 최소한의 기본 생활을 보장해 주는 국민기초생활보장제도가 도입되었다. 이 제도는 도입된 이후 해가 갈수록 지원이 확대되었다. 기초생활보호대상자로 지정되면 수십 가지의 혜택이 주어진다. 최저생계비를 보장받을 뿐만 아니라 의료비, 급식비, 학자금 등이 무료이다. 이외에도 이동통신비, 전기요금, 도시가스, 상하수도, TV수신료 등 각종 공공요금을 감면 받는다. 공공 임대아파트도 지원 받고 대상자의 자녀들은 정원 외 특별전형으로 일류대학도 갈 수 있다. 심지어 문화관광서비스, 자녀 어학연수 기회 등도 제공된다.

사정이 이렇다 보니 많은 사람들이 기초생활보호대상자로 지정되기를 원한다. 당연히 한 번 지정된 사람은 계속 그 자격을 유지하고 싶어 한다. 2000년대 중반으로 기억하고 있다. 한 선수가 올림픽에서 금메달을 땄다. 금메달을 따면 연금을 매월 100만 원씩 받게 된다. 이 선수에게 소감을 물으니 첫마디가 "연금 때문에 기초생활보호대상자에서 제외되면 어떡하나"라는 걱정이었다. 자기 분야에서 열심히 노력하고 일해서 기초생활보호대상에서 벗어날 생각을 해야 정상이거늘, 씁쓸한 느낌을 받지 않을 수 없었다.

국민기초생활보장제도는 국민연금, 건강보험, 고용보험, 산재보험과 더불어 복지를 업그레이드하는 획기적인 제도이지만 역시 허점이 많기는 마찬가지이다. 이렇듯 무상 혜택이 많은데 부정이 없을 리가 없다. 과거에는 그랜저 타는 기초생활 수급자, 해외여행 다니는 수급자 등 부분적인 문제들이 튀어나왔는데, 2010년 1월 복지부의 '사회복지 통합관리망'이라는 시스템이 개통되면서 그 면모가 여실히 드러났다.

이 시스템은 국가나 지방자치단체의 복지 서비스를 받는 개인이나 가구의 자격과 이력을 통합 관리하여 행정 절차를 간소히 할 뿐 아니라 자격이 없는 사람과 중복 대상자를 가려내는 역할도 했다. 그 결과 2012년 상반기까지 엉터리 기초생활보호대상자 약 15만 명을 가려내고 그에 따라 연간 재정도 9,300억 원을 절감할 수 있게 되었다. 그동안 얼마나 많은 세금이 누수되었는지 가히 짐작이 가능하다. 정책이 시행 과정에서 제대로 관리되지 않아 국민 세금이 새어나가는 사례이다. 앞으로도 사회복지 통합관리망은 범정부적인 사회보장정보 시스템과 연계되어 가짜 대상자, 중복 지원자, 자격 상실자 등을 지속적으로 가려낼 것이다. 이와 함께 국민기초생활보장제도 또한 다시 개선해야 할 필요성이 있다. 근로능력이 없는 고령자 같은 대상은 지속적으로 지원해야 하지만, 근로능력이 있는 사람들은 외국처럼 3~5년 지나면 그 대상에서 졸업시키는 제도를 도입할 필요가 있지 않을까.

옥수수 기준 가격 제도, 업자는 공무원 머리 위에

1980년경 해외 수입 옥수수 기준 가격 제도라는 것이 있었다. 오래된 정책이지만 잊히기 전에 기록으로 남기고 싶어 이 책에 그 내용을 싣는다. 당시 외국에서 수입하는 옥수수의 가격 변동이 심해 이를 원료로 하는 국내 사료 가격도 덩달아 불안해지는 현상을 해결하고자 창안된 제도였다. 농림부는 수입 옥수수의 기준 가격(예를 들어 톤당 100달러)을 매달 책정하고 수입업자들로 하여금 이 가격으로 국내 사료 공장에 공급하도록 했다. 별도의 기금을 설치해서 만약 옥수수 통관 가격이 130달러이면 수입업자에게 기준 가격과의 차액인 30달러를 보전해 주고, 반대일 경우에는 차액만큼 징수했다. 이 제도로 인해 옥수수 국제 시세가 아무리 크게 요동쳐도 원료 가격이 기준 가격에서 안정되니까 사료 판매 가격을 안정적으로 관리할 수 있었다.

외견상으로는 훌륭한 아이디어였지만 이 제도에도 역시 구멍이 있었다. 먼저 수입업자의 입장에서는 옥수수를 한 푼이라도 싸게 수입하려고 노력할 필요가 없다. 기준 가격보다 싸게 수입해 봤자 어차피 차액을 국가에 토해 내야 하니 말이다. 게다가 머리를 좀 더 나쁘게 굴리면 불로소득을 벌어들일 수도 있다. 해외 도입선과 위장계약을 맺어 실제로는 100달러에 계약하고서 신고는 120달러로 하면 국가로부터 20달러를 보전 받을 수 있다. 이런 부작용 등으로 이 제도 역시 1980년대 초 폐지되었다. 요즘처럼 사료 안정기금 이야기가 다시 나오는 시점에서 과거의 잘못을 되짚어 보고 분석하는 것도 좋은 공부가 되리라 생각한다.

취약한 예측 능력의 한계
5

일기예보가 없던 과거에는 사람들이 얼마나 답답했을까. 태풍이 오는데 배를 몰고 나가고, 장마가 오는데 제대로 대비도 못한다면 인력과 재산 피해도 엄청 클 수밖에 없을 것이다. 정책도 마찬가지이다. 경제 환경이 바뀌거나 새로운 정책이 수립되면 우리 경제에 어떤 영향이 미칠 것인지 사전 예측 능력은 필수이다. 창피하지만 우리는 이 분야에서 상당히 취약했다. 실력과 경험이 없었던 것이 무엇보다도 큰 이유이다.

1991년 1월 걸프전이 발발했을 때였다. 이미 1990년 이라크가 쿠웨이트를 침공하면서 유가는 불안해졌다. 미국이 주도하는 다국적군의 이라크 공격이 예상되면서 국제 유가는 크게 오르고 있었다. 당시 정부는 업계 및 에너지 관련 전문가들과 여러 가지 가상 시나

리오에 맞추어 석유 수급 대책을 만들고 있었다. 미국이 침공을 시작하면 유가가 엄청 상승하리라 예상하고 정유회사들에게 빨리 물량 확보에 나설 것을 재촉했다. 유가는 이미 매우 오른 상태였지만, 정유회사들은 정부 지침에 따라 향후 상승을 대비해 서둘러 공급 계약을 맺었다. 그리고 얼마 후 1991년 1월 17일 미국은 이라크를 공격했다.

그런데 이변이 일어났다. 예상대로라면 국제 유가가 무섭게 치솟아야 하는데 오히려 곤두박질친 것이다. 다국적군과 이라크군의 화력 차이가 커서 이라크전은 쉽게 끝날 것이고 오히려 전쟁 발발로 인해 불확실성이 제거되었기 때문이다. 우리나라만 비싼 값에 서둘러 원유를 도입한 것이다. 당시 이 문제는 국회에도 보고되었다. 어떤 의원의 한탄 어린 말이 아직도 기억난다. "잘 모르면 일본이나 따라하지, 쯧쯧."

경험이 부족해 실력이 모자라고 수준이 높지 못한 것은 당장 어떻게 할 수 없는 문제이다. 하지만 이후에도 잘못 예측하고 오판하여 크고 작은 정책 실패가 이어진 사례가 많다. 그 이유는 무엇일까?

각 부처가 단기 현안에 매달려 미래를 생각하고 대비하는 훈련이 되어 있지 않은 것도 주요 원인이다. 직원들이 자주 바뀌니 심도 있는 고민을 하기가 어렵다. 예측력 부족으로 초래되는 폐해는 충분히 막을 수 있는 문제이다. 가장 어이없는 사례는 인구 구조 변화를 제대로 반영하지 못한 것이다. 통계청은 5년마다 인구 변화 예측 자료를 발표한다. 이것은 과학이며, 우리 사회 변화를 가장 정확히 예측할 수 있는 기준이 된다. 그러나 이마저도 반영되지 않은 정책들이 추진되다가 결국 망가지는 사례가 적지 않았다. 다시는 이런 실수를 되풀이해서는 안 된다는 의미에서 정리해 보았다.

저출산 시대에 산아제한 정책?

우리나라에서 예측력 부족으로 인해 발생한 가장 큰 참사는 인구정책이다. 정확히 말하자면 예측은 했지만 그에 따른 대응을 하지 않은 것이다.

합계출산율이라는 개념이 있다. 출산 가능한 여성의 나이인 15세부터 49세까지를 기준으로, 한 여성이 평생 동안 낳을 수 있는 자녀의 수를 나타낸다. 합계출산율이 2.1이면 인구가 현상 유지된다. 상식적으로 두 사람이 결혼해 자녀를 두 명 낳으면 인구가 유지되지만 0.1은 사망률을 감안한 숫자이다.

1970년대만 해도 우리나라 합계출산율은 3~4명을 유지하여 인구 증가를 유발했다. 하지만 1983년부터 2명 이하로 떨어지면서 저출산 시대를 예고했다. 그 수치는 계속 떨어져 2005년에는 1.08명까지 낮아졌다. 그 결과 오늘날 40대 이하 인구가 계속 줄어들고 있고 전체 사회가 고령화되고 있다.

합계출산율이 2명 이하로 떨어진 1980년대부터 저출산에 대한 경각심과 함께 관련 대책이 나왔어야 했다. 하지만 당시 저출산 대책은 커녕 오히려 "하나만 낳아 잘 기르자"라는 산아제한 정책이 1990년대 후반까지 추진되었으니 뭐라고 할 말이 없다. 담당 부처는 그저 예산이 있으니까 과거 방식대로 진행해 왔을 것이다.

문제의 심각성은 2005년이 되어서야 대두되었다. 2005년 6월 '저출산·고령사회기본법'이 제정되고 같은 해 9월 대통령 직속 '저출산·고령사회위원회'가 발족되었다. 대통령이 주재하고 전 국무위원이 참석하는 재원배분회의에서 보육지원 예산 등 저출산 정책에 관심을 보이기 시작하지만 이미 때는 늦었다.

우리의 출산율은 선진국들보다 낮은 수준이다. 2009년을 기준으로 한국의 출산율은 1.15명인 데 반해 미국, 영국, 프랑스, 덴마크 등은 1.8명~2.0명으로 견실한 편이다. 선진국 중 출산율이 낮은 나라로는 1.37명의 일본과 1.36명의 독일이 있다. OECD 분석에 따르면 일본, 독일은 우리와 함께 2030년 이후 가장 고령화되어 경제 활력이 낮아질 나라로 꼽힌다.

학생은 없는데 대학 정원은 늘어난다

인구 변화를 읽지 못한 다른 사례는 대학 정원 정책이다. 장기 인구 예측에 따르면 우리나라는 저출산의 영향으로 청년층이 줄어든다. 특히 대학 입학 연령인 18~21세 인구는 1990년 366만 명이었지만 20년 후인 2010년에는 267만 명으로 거의 100만 명가량 줄어들었다. 2030년에는 180만 명으로 감소하리라 예상된다.

그러나 이렇게 청년층이 줄어드는 상황에서 교육부는 대학 정원을 대폭 늘리는 정책을 폈다. 1995년 교육부는 대학 설립 기준을 완화했

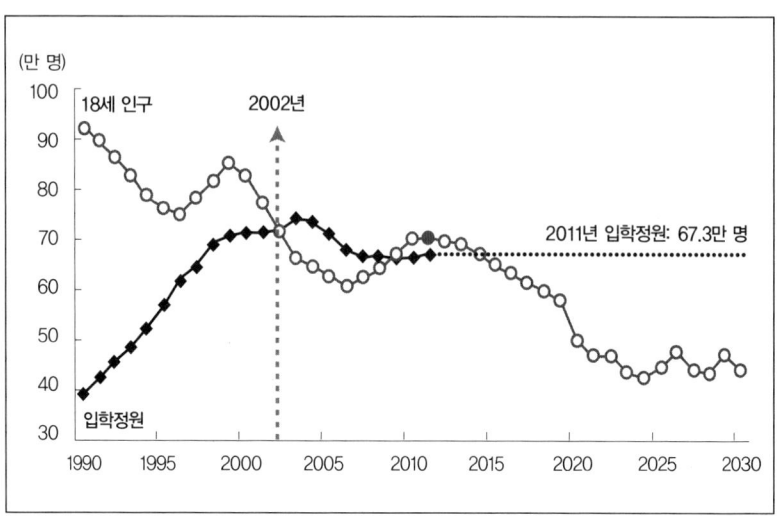

고, 그 결과 대학 수는 1995년 327개에서 2011년 434개로 대폭 늘어나게 된다. 2002년부터 대학에 입학할 연령인 18세 인구 전체보다 대학 입학 정원이 더 많아지게 된다. 학령인구는 줄어드는데 대학은 100여개가 늘어나고 여기에 정치권이 가세하면서 광주과학기술원, 대구과학기술원 등 연구에 전담해야 할 출연 연구기관까지 대학으로 전환시키며, 울산에는 과학기술대학을 새로 설립하는 등 역주행을 했다. 지역의 요구를 거절하기 어려운 우리 정치권의 단면을 보여 주는 사례이다.

그로 인한 부작용은 이미 나타나고 있다. 대학이 많아지면서 학생들의 대학 입학이 쉬워지고 여기에 학자금 대출이 도와주니 대학 진학률이 매우 상승하는 결과를 초래했다. 이로 인해 인력수급의 미스매치 현상이 발생했다는 것은 뒤에서 더 자세히 이야기하고자 한다. 국내 학생으로는 정원을 채우지 못한 대학들이 속출하면서 중국 등으로부터 유학생을 받아 연명하는 대학도 늘어났다.

정부는 2000년대 중반 뒤늦게나마 대학 구조조정 사업을 추진했다. 대학 통합 시 재정 인센티브를 부여한다고 발표했지만 사업은 지지부진했다. 대학들은 자존심이 너무 강해 학교 이름부터 합의가 제대로 이루어지지 않았다. 통합되면 서로 자기 대학명이 먼저 나와야 한다고 주장하다가 무산되는 경우도 있었다. 게다가 진정한 통합의 효과를 보려면 수요가 없는 학과를 과감히 폐지하거나 정원을 축소해야 의미가 있지만, 우리 풍토상으로는 쉽지 않은 일이다. 그러니 통합을 해도 사실상 정원 축소의 효과를 얻지 못한다. 이처럼 많은 대학들이 처음부터 탄생하지 말았어야 하지만 항상 후회는 늦게 오기 마련이다. 옆의 그래프에서 보듯이 2015년 이후부터 우리나라 대학들의 사정은 매우 어려워질 것이다.

기업도시, 누가 가서 사나?

2005년 지역균형발전 차원에서 기업도시 건설이 추진된 적이 있다. 기업들로 하여금 지방에 신도시를 개발하도록 만들어서, 정부는 예산을 아끼고 기업은 개발 이익을 가져갈 수 있는 윈윈 사업이다. 특색 있는 신도시를 건설하기 위해 산업교역형, 지식기반형, 관광레저형 등 다양한 모델을 선정하고 시범적으로 6개 도시 건설을 추진했지만 성과는 그리 좋지 않다.

새만금 도시도 마찬가지이다. 새만금 간척사업은 1991년부터 시작하여 2010년에 끝난 장기 국책사업이다. 내막을 살펴보면 국가적 목적을 가지고 추진된 사업이라기보다 정치적 목적이 강한 사업이다. 그래서 추진과 중단이 반복되다 보니 시간이 오래 걸렸다. 처음 착공 당시의 목적은 부족한 쌀을 생산하기 위한 농지조성이 목적이었다. 그러나 준공까지 20년의 긴 세월이 지나면서 여건은 계속 바뀌어 갔다. 쌀이 남아돌면서 농림부가 해마다 농지를 축소해 나가는 정책을 추진하는 상황이 된 것이다. 이런 상황에서 바다를 메워 농지를 확장한다는 자체가 넌센스가 되고 말았다. 이후 산업단지, 관광단지 등으로 용도를 변경해 가면서 새만금 신도시 개발 계획을 세웠으나 이 역시 답보 상태에 머물러 있다.

성격은 조금 다르지만 혁신도시도 이와 비슷한 경우이다. 혁신도시는 2007년 지역 균형 발전 차원에서 수도권에 있는 114개 공기업, 출연기관 등의 본사를 10개 지방으로 옮기는 사업이다. 공공기관을 옮기면 가족과 관련 기관들도 같이 내려와 하나의 소도시를 형성하고 이에 맞추어 지역경제도 발전시킬 것으로 기대한 사업이다. 현재 대상 기관들이 이주할 건물들이 열심히 만들어지고 있지만 그 지역들이 새로운 도시로서 활력을 보일 것 같지는 않다. 새로운 정주 여건이 갖추어지지 않아 직원들만 혼자 덜렁 내려가지 않을까 우려되기도 한다. 어떤 혁신도시는 허허벌판에 우정사업조달사무소, 기상청 기상통신소, 교회 딱 세 건물만 지어져 있는 상황에서 직원들이 내려가야 한다고 한다.

혁신도시, 기업도시, 새만금도시, 왜 이들 사업들은 하나같이 기대한 만큼 성과를 내지 못하고 부진할까? 그 답은 간단하다. 수요가 없기 때문이다. 과거 베이비붐 세대들이 우리 사회의 중심 구성원으로 밀고 올라올 때는 모든 것이 부족한 상태였다. 집도, 땅도, 병원도, 학교도…. 하지만 지금은 상황이 바뀌었다. 신도시를 만들어도 그곳을 채울 사람이 없다. 앞으로 늘어나는 인구는 모두 50대 이상 고령층인데 그들이 굳이 리스크를 떠안고 물설고 낯선 신도시에 갈 리 없다. 인구 변화의 무서움을 모르고 추진한 사례이다.

예고된 저축은행 부실

정책 환경의 변화가 어떤 결과를 가져오는지 놓친 예시로 저축은행 사태가 있다. 2011년은 저축은행 사태로 나라 전체가 시끄러웠다. 삼화, 부산 등 대형 저축은행들이 영업정지를 당하면서 조금이라도 금리 이익을 보기 위해 저축은행에 예금했거나 후순위 채권을 구입했던 사람들이 날벼락을 맞은 것이다. 그 이후에도 저축은행들의 영업정지는 계속되었고 대주주, 금융 감독 기관, 심지어 정치권 인물까지 구속되는 아픔을 겪었다.

저축은행들이 왜 이렇게 되었을까. 결론적으로 말하면 수익모델이 없는 상황에서 외형이 크게 늘어난 것이 주원인이다. 과거에는 소위 유흥업, 사치성 소비업 등에 대해 은행들이 대출을 하지 못하도록 막는 여신금지, 여신제한 제도가 있었다. 은행들이 들어가지 못하는 이 틈새시장을 저축은행, 당시 이름으로는 상호신용금고가 관장하면서 영업이 유지되었다. 그러나 외환위기 이후 금융자유화 바람으로 여신금지 및 제한 제도가 폐지되면서 은행들도 이들 업종에 진출하는 것이 가능해졌다. 저축은행들의 수익 기반이 침해되기 시작한 것이다.

  저축은행의 수익 기반이 약해지는 상황에서 정부 시책은 저축은행의 외형을 키우는 방향으로 진행되었다. 대표적 서민 금융기관인 상호신용금고가 위축되면 곤란하다는 취지로, 2001년 예금 보호 한도를 일반은행과 똑같이 5,000만 원으로 정해 수신 기반을 강화시켜 주었다. 2002년에는 이름을 상호신용금고가 아닌 저축은행으로 바꾸어 국민들이 은행과 같은 기관으로 인식하게 했다.

  이들 조치로 저축은행의 수신고는 2001년 말 20조 원에서 2년 만에 27조 원으로 급증했다. 2005년에는 저축은행 간 인수 합병을 허용하면서 특히 부실 저축은행을 인수할 경우 인센티브를 주었다. 2006년에는 우량 저축은행에 대해 동일인 여신 제한 한도를 80억 원에서 자기자본의 20퍼센트(최대 370억)까지 확대함으로써 리스크를 키웠다.

  이렇게 해서 외형이 커진 저축은행들은 높은 이자율을 감당하기 위해 수익이 높은 사업을 찾아야 했다. 여신금지 업종 제도가 폐지된 이후 고금리 대출이 뜸해진 터에 때마침 불어닥친 정부의 지역균형 개발정책은 이들에게 좋은 미끼가 되었다. 저축은행들은 너도 나도 부동산 개발 정책에 뛰어들었다. 소위 PF사업에 대출을 하기 시작한 것이다. 2005년 말 저축은행의 PF 대출 잔액은 6.2조 원에서 1년 만인 2006년에는 11.6조 원으로 거의 두 배가 되었다. 이들 사업이 2008년 글로벌 금융위기를 맞아 부실화되면서 직간접적으로 연관된 저축은행들도 동반 몰락하게 되었다.

부산 등 일부 저축은행의 경우 캄보디아 신공항, 신도시 건설 사업까지 뛰어들었다. 저축은행이 이런 장기 프로젝트의 자금을 조달한다는 것은 터무니없는 일이다. 일례로 공항 건설의 경우 부지는 대부분 해당국가에서 제공하고 금리도 낮은 공공기관의 자금을 활용하는 것이 원칙이다. 그런데 이번 PF의 경우 사업자가 부지를 매입하고 자금도 비싼 저축은행에서 가져온다니 어떻게 수익을 내려고 했는지 전혀 이해되지 않는다. 금융 감독 기관이 저축은행들의 이런 행태가 앞으로 어떤 결과를 초래할지 예측하지 못한 것도 아쉬운 부분이다.

택시가 대중교통?

2012년 12월 대선 당시, 택시업계가 목소리를 높였다. 도저히 영업이 안 되니 택시도 버스와 같은 대중교통에 포함시켜 보조금을 지급해 달라고 요구한 것이다. 택시가 여론 형성에 많은 영향을 끼친다고 생각한 정치권은 여야 없이 택시업계의 요구를 수용하고 대중교통법을 거의 만장일치로 통과시켰다.

그러나 이명박 당시 대통령은 이 법안에 거부권을 행사했다. 임기 중 첫 거부권을 행사할 만큼 이 법안은 정상이 아니라고 판단한 것이다. 당시 여당은 정부가 이 법을 수용해 주기를 바랐다. 만약 대통령이 거부권을 행사하더라도 국회가 다시 재심의를 거쳐 반드시 통과시킬 것이니 쓸데없이 저항하지 말라는 경고의 뜻도 전달할 정도였다. 그러나 정부는 고심 끝에 국회의 뜻을 도저히 받아들일 수 없다고 결정하고 대통령에게 거부권을 행사를 건의했다.

법에 따르면 대중교통은 "일정한 노선과 운행 시간표를 가지고 다수의 사람을 운송하는" 수단이다. 승객이 있든 없든, 수지가 맞든 맞지 않든 상관없이 정해진 시간에 그 노선을 다녀야 한다. 그러다 보니 손실이 발생하고 그 손실분만큼을 정부가 보조금으로 지원해 주는 것이다. 그러나 택시는 그렇지 않다. 승객 없이 운행하는 택시는 없다. 택시를 지원하면 용달차, 운항선 등 다른 교통수단도 장사가 안 되면 정부가 지원해야 한다.

대통령이 국회에 재심을 요청하면서 정치 공방에 떠들썩해졌지만, 결국 정치권도 국민 대다수가 반대하는 법을 다시 통과시키기는 어려웠다. 대신 국토부가 별도로 택시를 지원하는 법을 만드는 것으로 일단락되었다.

자세히 보면 이 사안도 정부의 예측력 부족이 초래한 해프닝이다. 지난 1995년부터 2011년까지 지하철 같은 도시철도가 대폭 확충되어 총 연장이 220킬로미터에서 537킬로미터로 2.4배가 되었다. 자가용 승용차는 600만 대에서 1,400만 대, 시내버스는 22,000대에서 34,000대로 대폭 늘어났다. 택시와 대체 관계에 있는 지하철, 버스, 자가용 승용차가 이렇게 증가했는데 어떻게 택시가 어려워지지 않을 수 있겠는가. 운행하는 택시 대수를 줄이는 정책을 진작 준비하고 시행해야 했다. 그러나 같은 기간 중에 택시도 21만 대에서 25만 대로 늘었다. 당연히 택시업이 잘될 리 없고, 그러다 보니 생존을 위해 대중교통으로 인정받아 각종 지원을 받으려 한 것이다. 지금이라도 택시 대수를 과감히 줄여 나가야 한다.

복합영농, 소들은 알고 있다

1980년대 초 복합영농 시책은 미래 예측에 실패한 정책 중 가장 어이없는 사례로 꼽을 수 있다. 바야흐로 국민소득 증가와 함께 축산물 소비가 늘어나자, 정부는 농민들로 하여금 곡물·채소류만 재배하지 말고 소를 키우라고 권장한다. 이것이 소위 '복합영농'인데 당시 정권의 실세까지 가세하면서 매우 강력하게 추진되었다. 농민들에게 송아지 사는 돈까지 빌려 주면서 구입을 장려했고, 나중에는 국내에 있는 송아지가 동이 날 정도였다. 국내에 송아지가 없으니 호주 등 외국에서 수입해야 할 정도로 송아지 구매 열풍이 불었다. 당연히 송아지 가격도 크게 뛰었다.

농민들은 2년 후 훌륭한 자산이 되리라 기대하며 열심히 송아지를 키웠지만 결과는 정반대로 나타났다. 너나할 것 없이 송아지를 키우다 보니 다 자란 소가 시장에 나올 시기에는 공급 과잉으로 가격이 엄청나게 폭락한 것이다. 이후 정부는 소값 하락을 막기 위해 수많은 방법을 동원했다. 정부 예산으로 소를 수매하고 그 쇠고기를 싼 값으로 시장에 풀어 수요 증가를 유도했다. 정부가 수매한 쇠고기로 전국의 냉동 창고가 꽉 찰 정도였다. 하지만 공급과잉의 쓰나미를 막을 재간은 없었다. 결국 시간이 해결해 주었지만 그 과정에서 농민들이 입은 피해는 이루 말할 수 없었다.

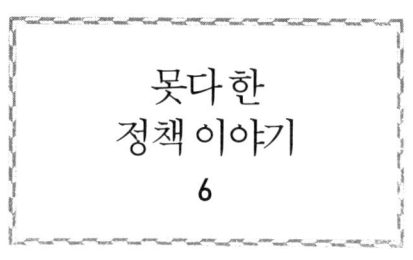

알뜰주유소 이야기

1980년 정부의 경제정책 기조에 큰 변화가 있었다. 종전 정부 통제 체제에서 민간경쟁 체제로 대전환을 시도한 것이다. 가장 대표적인 것이 독과점 품목 가격 결정이었는데, 이전의 가격 승인제를 폐지하고 시장에서 경쟁을 통해 가격이 형성되도록 했다. 경쟁을 제도적으로 뒷받침하기 위해 '독점규제 및 공정거래에 관한 법률'이 제정되었고 당시 경제기획원 소속으로 공정거래위원회가 발족되었다.

초기에는 제대로 된 경쟁 체제가 이루어지지 않아 정부가 간접적으로 통제를 계속했다. 그러나 이후 수입자유화와 함께 외국에서 경쟁상품이 들어오면서 자연스럽게 경쟁을 통해 시장가격이 형성되었다. 그 결과 이제는 대부분의 독과점 품목들이 경쟁 원리에 의해 가격이 정해진다. 그러나 지금도 경쟁이 제대로 이루어지지 않는 분야가 있는데, 바로 휘발유와 설탕이다.

휘발유의 경우는 정유회사들이 각자 유통망을 가지고 있기 때문에 경쟁이 이루어지기 어렵다. 주유소들은 계약된 정유회사의 휘발유만 취급해야 하고 그것도 정유회사가 제시하는 가격에 받아다가 팔 수밖에 없다. 정유사 간 가격 경쟁도 사실상 없다. 한 주유소에서 두 가지 휘발유 파는 것이나 정유회사를 다른 회사로 바꾸는 것 모두 불가능에 가깝다.

다른 공산품들은 해외 수입품과 경쟁하지만 휘발유는 해외 수입도 거의 안 된다. 우리나라 휘발유의 환경 기준이 워낙 높아 해외에서 수입 가능한 휘발유가 매우 제한적이기 때문이다. 환경부가 2000년 이후 환경 기준을 6차례나 강화하면서 방향족화합물 함량, 올레핀 함량 등을 EU나 미국, 일본 같은 선진국 기준보다 높인 결과이다. 과도한 환경 기준이 국내 휘발유 원가를 높이고 수입을 막고 있다. 설령 수입해 온들 주유소들이 정유사와 독점 계약되어 있으니 팔 수 있는 판로나 방법이 없다. 과거 수입 휘발유 판매회사가 있었지만 결국 망했다. 개별 사업자가 수입해서 공급하기는 역부족이어서 2006년 이후는 아예 수입이 끊겼다.

2011년 국제유가가 배럴당 150달러까지 치솟으면서 휘발유 가격은 고공행진을 계속했다. 정유사들의 이익도 크게 늘어나면서 국민들의 불만이 커져 갔다. 그러자 정유사들은 이익의 대부분이 수출에서 발생하였고 국내 판매에서는 남는 것이 없다고 항변했다. 주무 부처인 지식경제부는 휘발유 원가검토 팀을 만들어 검증에 들어갔으나 별 소득이 없었다. 급기야 지식경제부는 정유사들에게 휘발유 소비자 가격을 리터당 무조건 100원 낮추라는 압력을 가했고 정유사는 이를 어길 수 없어 결국 2011년도에 3개월 동안 시행하였다.

그러나 이러한 정부의 조치는 결론부터 말하면 실패로 끝났다. 사실 원가 검토 자체가 쉬운 일이 아니다. 회사에서 생산하는 제품이 여러 종류이고 특히 수출까지 하는 회사에서 어느 한 제품만 끄집어 내어 원가를 제대로 분석한다는 것은 현실적으로 불가능이다. 더구나 회계자료는 회사에서 공급하니 정확히 이루어지기 어렵다. 1980년 초 정부가 가격 승인제를 폐지한 것도 결국 이런 이유에서였다. 또한 기업의 특성 상, 정부가 어떻게 행정 지도를 하더라도 다 빠져 나가게 되어 있다. 2011년 정유사들은 석 달 동안 리터당 100원 낮추어 판매했지만 이후 오히려 더 높은 가격으로 환원함으로써 그간의 손실을 만회했다. 애초에 경쟁 여건이 조성되어 있지 않으니 정부의 휘발유 가격 안정 시책에는 한계가 있을 수밖에 없었다.

그런데 휘발유 시장에서 유일하게 경쟁이 이루어지는 곳이 있었으니 바로 군납 휘발유였다. 국방부는 4대 정유사에 해마다 입찰을 부쳐 공급을 받았다. 워낙 물량이 크기 때문에 정유사들도 이를 놓칠 수 없다. 낙찰 가격도 시중 가격보다 리터당 40~50원 쌌다. 경쟁을 하면 이 정도 가격이 낮아질 수 있음을 반증하는 것이다.

2012년 탄생한 알뜰주유소는 국방부 입찰 사례에서 그 아이디어를 얻었다. 정유사에 소속되어 있지 않는 주유소들을 모아 하나의 큰 구매조합을 만드는 것이다. 구매조합은 정유사를 상대로 휘발유를 입찰에 부쳐 구매하고, 결과적으로 정유사끼리 경쟁하게 하여 군납 휘발유처럼 싸게 구매함으로써 휘발유 가격을 낮출 수 있다.

 문제는 주유소들을 하나의 조합으로 만드는 일이었다. 이는 민간 자율에 맡기면 쉽지 않기 때문에 공기업인 석유공사가 대행했다. 석유공사는 한발 더 나아가 외국에서 값싼 휘발유가 나올 때마다 구매하여 알뜰주유소에 공급하는 역할도 맡았다. 2011년 하반기 알뜰주유소 1호가 생긴 이래 2012년 말까지 800여 개로 불어났다. 아직은 전체 주유소의 6퍼센트 수준에 불과한 데다가 농협 주유소, 고속도로 휴게소 주유소가 대부분이어서 만족할 수준은 아니지만 가격이 주변보다 리터당 대략 40~50원 싼 것으로 조사되어 경쟁 촉진 효과는 있었다.

 그러나 알뜰주유소에 대한 기존 업계의 반발도 만만치 않다. 알뜰주유소는 주유소 사장들이 스스로 말하는 '정유사와의 노예계약'을 끊고 새 출발을 할 수 있는 좋은 기회이지만 기존 주유소에서 알뜰주유소로 전환하는 경우는 생각보다 저조하다. 알뜰주유소가 다음 정부까지 지속된다는 보장이 없고, 자칫 잘못 나섰다가 나중에 정유사로부터 불이익을 받을지 모른다는 우려 때문이다. 그렇기 때문에 향후 귀추가 더욱 주목된다.

설탕산업이 죽는다?

독과점 품목 중 휘발유에 이어 경쟁이 제대로 이루어지지 않는 분야가 설탕 시장이다. 휘발유와 비슷하게 수입 제품이 들어와서 함께 경쟁을 하지 못하고 있는데 그 이유는 관세에 있다. 우리나라 설탕의 관세율은 30퍼센트인 반면 설탕의 원료인 원당의 관세율은 3퍼센트이다. 그렇기 때문에 외국에서 완제품인 설탕을 수입할 경우, 원당을 수입해 국내에서 제조된 설탕과 가격 경쟁을 벌일 수 없다. 경쟁이 없으니 국내 설탕 가격 역시 원당의 국제 가격이 내려도 제때 내려가지 않는다.

제당업계는 이익이 크게 발생해도 그것은 수출로 인한 이익이지, 국내시장에서 낸 이익이 아니라고 주장하면서 설탕 관세를 낮추면 국내 업계는 다 망한다고 하소연한다. 외국에서 수입되는 설탕은 대부분 덤핑 물량이기 때문에 국내 업계가 당해 낼 수 없다는 논리이다. 그렇게 망하고 나면 대량 실업이 생기는 현상은 차치하더라도, 해외 메이저 브랜드들이 국내 설탕 시장을 제멋대로 요리할 수 있어 국내 소비자들의 피해가 더 커질 거라고 경고한다. 이런 이유 때문에 다른 나라들의 설탕 관세율도 엄청 높다고 주장한다.

다른 나라들의 설탕 관세율이 높은 것은 사실이다. 미국이 50퍼센트, 일본 116퍼센트, EU 40퍼센트, 중국 15퍼센트, 캐나다 35퍼센트 등이다. 그러나 여기에는 큰 허점이 있다. 이들 나라 모두 설탕 관세율이 높지만 원당관세율도 비슷한 수준으로 높다. 즉 완제품과 원재료의 관세율이 비슷하니 설탕을 수입해 오든, 원당을 수입해 국내에서 가공하든 같은 조건이기 때문에 경쟁이 된다. 우리나라처럼 원당은 5퍼센트, 설탕은 30퍼센트로 차이를 만들어 내어 원천적으로 수입을 막지 않는다. 우리 산업이 과거처럼 걸음마 단계라면 몰라도 지금은 맞지 않는 제도인 듯하다. 제당업계는 오히려 내수 물량의 30~40퍼센트를 수출하고 있을 정도이다.

설탕과 비슷하게 해외에서 원료를 수입해 완제품을 만드는 다른 상품들은 대부분 완제품과 원료의 관세가 비슷하다. 밀가루는 4.2퍼센트, 원맥은 1.8퍼센트, 대두유는 5퍼센트, 대두는 3퍼센트, 배합사료는 4.2퍼센트, 옥수수는 3.0퍼센트, 커피는 8퍼센트, 원두는 2퍼센트 정도이다. 그래서 수입산과 국내산 제품의 경쟁이 가능하다. 그런데 설탕만 그 차이가 27퍼센트나 나다니 아이러니하지 않은가?

2011년 정부는 이런 문제를 시정하기 위해서 설탕 관세율과 원당 수준을 낮추는 관세법 개정안을 국회에 제출했지만, 종전 35퍼센트에서 30퍼센트로 불과 5퍼센트만 낮추는 선에서 그치고 말았다. 결국 충분하지 않다는 의원들의 자성 속에 2012년 다시 개정안을 냈지만 아쉽게도 별 소득 없이 끝나고 말았다.

와인 인터넷 판매 논란

국내 와인 애호가들의 공통적인 의문이 있다. 똑같은 수입 와인인데 우리나라 가격은 왜 일본보다 비싼가? 수입 와인의 국내 판매가는 수입 원가의 거의 3배에 달한다. 일례로 국내에서 가장 인기 있는 칠레 M와인의 수입 원가는 14,000원이지만 소매가는 42,000원, 음식점이나 와인 바에서는 7~9만 원에 판매된다. 왜 이렇게 비싼 걸까?

그 이유는 수입하는 사람이 직접 소매 판매를 할 수 없도록 규제해 놓은 국세청 고시에 있었다. 수입자가 직접 팔 수 없으니 도매상에게 넘겨야 하고, 도매상은 다시 소매상에 넘기면서 단계별로 이윤을 챙기니 가격이 비쌀 수밖에 없었다. 이 제도가 얼마나 불합리한가 하면, 대형마트나 백화점은 별도로 자회사를 만들어 와인을 수입해서 판매할 수 있으니 도매 마진을 줄일 수 있는 데 반해 일반 수입상들의 와인은 도매상을 거쳐야 하므로 마진이 더 붙을 수밖에 없다.

이런 문제를 해소하기 위해 2012년 초 국세청은 고시를 개정하여 수입상도 소매 판매를 할 수 있도록 제도를 바꾸었다. 그러나 영세한 수입상들에게 이 제도는 '그림의 떡'에 불과하다. 직접 판매가 가능하려면 시내에 와인 판매점을 만들어야 한다. 그러면 매장 면적도 어느 정도 커야 하고 보관 창고도 필요하기 때문에 임차료 부담이 커진다. 이를 견딜 수 없는 수입상들은 다시 원위치로 돌아와 와인을 도매상에 넘길 수밖에 없다. 현실적으로 대자본을 소유한 마트나 백화점을 이길 수 없는 것이다.

2012년 5월 공정거래위원회는 이러한 문제를 근본적으로 개선하기 위해 와인 인터넷 판매를 허용하자는 의견을 제시했다. 물론 모두에게 허용하는 것은 아니고 수입 허가를 받은 업자에게만 허용하자는 내용이다. 중소 수입업자들은 많은 돈이 드는 시내 판매점을 만들지 않고, 또 도매상을 거치지 않고 소비자에게 직접 판매할 수 있으니 대형마트와 경쟁할 수 있는 여건이 만들어지는 것이다.

그러나 이 의견은 당시 주무관청인 국세청의 반대로 추진되지 못했다. 국세청은 와인을 인터넷으로 판매하면 다른 주류들도 허용하지 않을 수 없을 것이고, 그렇게 되면 자칫 현재 도매상 위주의 공급

체계에 혼란을 끼치게 될까 걱정한 듯하다. 그러나 인터넷 판매를 금지하면 결과적으로 도매상을 거치지 않아도 되는 대기업 백화점이나 마트만 유리한 상황이 될 뿐이다. 중소 수입업자들은 발붙일 곳이 없어진다.

사실 더 근본적인 문제는 주류 분야를 아직도 세금 징수가 주 업무인 국세청이 관리한다는 점이다. 그동안 국세청이 주류를 담당한 이유는 유흥 주점 등에서 일어날 수 있는 탈세를 막기 위해서였는데, 지금처럼 신용카드의 사용이 일반화된 상황에서는 인식을 바꿔야 할 필요가 있다. 국산 맥주가 수입 맥주와의 경쟁에서 계속 밀리고 있고, 와인이나 사케 같은 외국 술이 밀려들어와 시장을 위협하고 있는 상황에서 주류 산업은 이제 규제가 아닌 육성에 중점을 두어야 할 시점이 아닐까.

불발로 끝난 KTX 경쟁체제 도입과 인천공항 지분매각

2012년 'KTX 민영화'라고 이름 붙여진 사업이 불발로 끝났다. 사업 자체는 매우 훌륭했다. 현재 경부선 KTX열차는 서울역에서 출발하는데 2015년부터 수서역에서 출발하는 노선이 생긴다. 국토해양부는 이 노선을 민간에게 위탁함으로써 기존 철도공사에서 운영하는 서울역 출발 노선과 경쟁을 시키려고 한 것이다. 현행 철도공사의 독점 체제에 경쟁을 도입하여 경영의 비효율성을 제거하고 궁극적으로는 더 낮은 가격에 질 좋은 서비스를 제공하는 것이 목적이었다.

그러나 이 사업은 철도공사 노조와 정치권의 반대로 벽에 부딪쳤다. 노조는 "정부가 장사가 잘되는 경부선을 재벌에게 팔아넘기려 한다. 재벌은 돈을 더 많이 벌기 위해 노력할 테고, 그 과정에서 국민의 안전은 등한시하게 될 것이다. 알짜 노선은 민간이 가지고 가고, 정부는 적자 노선만 운영하게 될 것"이라고 주장했다. 그런데 이런 어이없는 반대논리가 의외로 통하면서 사업이 유보되었다. 공기업이 독점하는 사업은 본질적으로 효율성이 떨어질 수밖에 없다. 경쟁 체제를 도입하여 그러한 한계를 개선해 보겠다는데 무산되고 말았으니 참으로 안타깝다.

민간이 맡아서 하면 더 위험하다는 것도 이상한 논리이다. 현재 항공, 해운, 버스, 민자 지하철 등은 모두 민간이 운영하고 있는데 이것들이 다 위험하단 말인가? 민간은 사고가 나면 엄청난 손실이 발생하기 때문에 오히려 정부보다 더 철저히 사고를 예방하려고 노력한다. 이 사업이 무산된 2013년, 신문에 다음과 같은 기사가 났다. "2012년 2조 8,000억 원, 사상최대 손실 코레일, 특별 승진잔치 벌여……."

인천공항공사 지분 매각도 비슷한 경우이다. 정부는 100퍼센트 보유하고 있는 공항공사 지분 중 일부를 매각하여 공사를 상장기업으로 만들려고 했으나 이 역시 정치권의 반대로 무산되었다. 잘하고 있는 공기업을 왜 민간에게 파느냐는 반박이었다. 민간이 운영하면 공항 이용료가 대폭 인상된다는 등의 이유였지만 역시 잘못 이해된 사례이다.

일단 공항을 먼저 민간에게 넘기는 것이 아니다. 정부가 보유 지분을 매각하더라도 51퍼센트만 가지고 있으면 통제할 수 있다. 한국전력과 같이 보유지분을 매각하여 상장사를 만들면 공항공사는 그만큼 투명하게 운영되어 더욱 경쟁력을 가질 수 있다. 경영 상황이 전부 공개되니 책임 경영이 이루어질 수밖에 없다. 물론 지금 인천공항은 잘하고 있지만 상황은 언제든 변할 수 있다. 상장사가 되면 이런 불안을 사전에 예방하는 데 도움이 될 것이다.

또한 인천공항은 명실공히 동북아 허브공항으로서 앞으로도 지속적인 투자가 이루어져야 한다. 약간의 지분을 매각하여 투자 재원을 만들면 국민 세금 없이 투자할 수 있으니 얼마나 좋은가. 그런데도 이 역시 무산되어 아쉬움이 남는다.

주택 경기 활성화

주택 정책은 아마도 역대 정부가 가장 신경 쓰는 정책 중 하나일 것이다. 국민의 기본적인 삶과 관련되기 때문이다. 그만큼 매우 다루기 어려운 정책이다. 각종 부동산 관련 세제 또는 지역 개발 정책과 같은 직접적 요인 외에도 거시경제 전반의 성과와 인구구조의 변화까지 고려해야 하기 때문이다.

주택 가격이 폭등해서 정부가 곤욕을 치른 사례는 노태우정부 시절에 찾을 수 있다. 단군 이래 최대의 호황이라 일컫는 1986~1988년 경기과열을 겪으면서 아파트 가격이 폭등하는 바람에 집 없는 서민들은 큰 고통을 받았다. 당시 나와 같이 유학을 갔던 한 선배는 집을 팔고 나갔다가 2년 후 귀국하니 그 돈으로 전세도 구하지 못해 낭패를 볼 정도였다. 결국 분당, 평촌, 일산 등 신도시를 건설했지만 이 과정에서 가뜩이나 거품이 낀 경제를 다시 과열시키는 부작용이 일어났다.

김대중정부는 집권 후반기에 경제를 살리기 위해 소비와 건설투자 활성화에 매진했다. 특히 부동산 경기를 살리려고 규제를 완화했는데 그 과정에서 부동산 투기 현상이 발생했다. 서울과 수도권의 아파트 가격은 2002년 한해에만 20퍼센트 넘게 치솟는 등 심각한 부작용으로 고생해야 했다.

노무현정부 역시 부동산 투기 때문에 곤욕을 치렀다. 2006년 수도권 중심으로 한 아파트 가격이 20퍼센트 넘게 상승했으며 특히 과천이나 서울 강남 같은 일부 지역들은 집값이 30퍼센트 이상 올랐다. 주요 원인은 당시 경제가 위축되어 주택 공급이 줄어든 데 있었지만 마땅히 투자처를 찾지 못한 돈이 투기로 흘러 들어간 것도 영향을 끼쳤다는 분석이었다. 이때 분양가 상한제, 부동산 종합 과세, 다주택 소유자 양도세 강화, 주택 담보 대출 억제 등, 주택 투기 억제를 위해 할 수 있는 모든 정책이 다 동원되었다. 결국 주택 가격 상승세는 꺾였지만 더 큰 후유증을 겪었다. 경제가 침체되고 정권은 세금 폭탄이라는 공세에 시달리면서 선거에서 결국 졌다.

이명박정부 들어서는 주택 경기가 거의 살아나지 않았다. 두 차례 글로벌 경제 위기를 맞이하면서 과거 위기 때 주택 가격 폭락을 경험했던 국민들의 학습 효과가 그 원인이다. 또한 2011년부터는 주택을 구입할 수 있는 연령층인 35~55세 인구가 정체되고 베이비붐 세대가 은퇴하기 시작하면서 주택 수요가 위축된 것도 작용하였다. 다른 정부들은 주택 가격 폭등으로 민심 이반을 경험한 데 반해 이명박정부는 주택 가격이 하락해서 고생한 첫 사례라고 볼 수 있다. 종전에는 가격이 올라서 문제였는데 이제는 가격이 오르지 않아서 문제이다. 세상은 빨리 변한다는 사실을 체감할 수 있다.

2011년 이후 주택 경기 활성화를 위해서 정부가 할 수 있는 정책은 다 추진했다. 종부세 완화 등 이전 정부에서 투기억제를 위해 시행된 각종 규제들을 해제하고, 부동산 관련 리츠나 펀드에 관련된 세금을 감면하고, 주택 매입자금을 확대하였다. 특히 취득세, 등록세를 반으로 낮추는 등 지방자치단체에 예산까지 지원해 가면서 가능한 모든 수단을 총동원했지만 꺼져 가는 부동산 수요를 살리기는 역부족이었다. 대책 발표 시에만 반짝 거래가 활성화되고는 다시 주저앉는 일이 반복되었다.

근원적인 해결을 위해 분양가 상한제를 폐지하고 다주택자에게 부과하는 최고 60퍼센트 수준의 양도소득세를 완화하는 것이 필요했지만 국회에서 법통과가 되지 않아 무산되었다. 만의 하나 투기가 재발할까 우려된 데다가 행여 가진 자를 도와준다는 국민정서가 무서웠기 때문이다.

정부가 추진하지 않았던 유일한 대책은 주택담보대출 규제 완화이다. 당시 국토부와 건설업계 그리고 정치권에서 매우 강하게 요구했지만 가계대출 확대를 우려한 금융위원회 반대로 실현되지 않았다. 당시 청와대도 금융위원회 손을 들어 주었다. 실물 차원에서 없는 수요를 빚을 내어 창출하겠다는 것은 정말 위험한 발상이다. 만약 그때 돈을 풀어, 즉 대출을 통해 주택 수요를 부추겼다면 어떻게 되었을까? 그 돈이 모두 주택 구입으로 간다는 보장도 없다. 괜히 가계 대출 문제만 더욱 심각해져 경제 운영의 발목을 잡았을 것이다. 가계 대출 문제는 주택 문제와는 차원이 다르다. 나라 전체가 망할 수 있는 폭발력을 지니고 있는 문제이다. 집값이 계속 오른다는 전제 하에 주택 대출을 늘리다가 결국 철퇴를 맞은 미국, 스페인 등의 사례를 반면교사로 삼아야 한다.

그러나 시각을 좀 달리하여 살펴보면 2008년 이후 주택 경기 불황은 2006~2007년 동안 비정상적으로 폭등한 주택 가격에 대한 정상화 과정이라고도 볼 수 있다. 같은 기간 수도권의 주택 가격은 25퍼센트 이상 폭등한 반면 지방의 광역시는 2퍼센트 정도의 미미한 상승에 그쳤다. 반면 2010~2011년 동안 수도권은 주택 가격이 떨어진다고 아우성이었지만 지방은 20퍼센트 이상 올랐다. 이것은 결국 수도권과 지방의 가격 격차가 해소되는 과정으로 볼 수 있다.

주택 매매 시장이 침체인 가장 큰 이유는 사람들이 앞으로 집값이 오르지 않을 거라고 전망하기 때문이다. 다시 말해 대부분의 사람들은 현재의 집값이 비싸다고 생각한다. 집값이 떨어졌다고 난리지만 고점 기준이다. 실제 가격 측면에서 보면 아직도 대부분의 사람들이 집을 사기란 결코 쉽지 않은 일이다. 예를 들어 강남 도곡동의 25형 아파트가 2006년 가격 폭등 직전이 8억 원이었다. 그러던 것이 2009년 19억 원까지 치솟았다가 2012년 말 9억 원 수준으로 내려앉았지만 여전히 높은 가격이다. 수도권의 다른 지역도 크게 다르지 않다.

주택 매매 시장도 근본적으로는 주식시장과 비슷하다. 주식 가격이 높다고 생각하면 사람들은 주식을 사지 않는다. 과거 증시 안정 대책을 수립할 때, 주식 수요를 확대하기 위해 별별 아이디어를 다 동원했지만 결국 주식 가격이 떨어질 만큼 떨어지고 나서야 이루어졌다. 주택 경기 활성화와 투자 판단을 제대로 하지 못한 '하우스푸어'들을 위해 주택가격을 다시 올려야 하는지도 심각하게 고민해야 할 사항이다.

주택 가격이 안정되자 그 부작용으로 등장한 문제가 전세 가격의 급등이다. 사람들이 집을 구매하지 않고 전세만 찾기 때문이다. 2011년에도 전세 가격이 급등해 국정 운영에 부담이 된 적이 있다. 당시에는 임대주택 산업을 활성화하는 조치와 함께 원룸 주택을 대규모로 공급하는 정책을 폈다. 1~2인 가구가 전체 가구의 절반을 차지하고 있고 앞으로도 계속 늘어날 것을 감안한 정책인데, 결과적으로 전세 가격 안정에 많은 도움이 되었다.

2013년 다시 전세 가격이 급등하는 현상이 발생했다. 이런 일은 앞으로도 계속 반복될 것이다. 왜냐하면 '주택 가격은 항상 오르는 것'이라는 과거의 원칙이 무너졌기 때문이다. 이런 점에서 주택 정책도 패러다임이 소유에서 임대로 바뀌어야 할 시점인 듯하다. 이제는 집 많이 사는 사람이 애국자가 아닐까?

비정규직 보호의 허와 실

비정규직이란 ①근무 계약 기간이 정해져 있어 그 기간만 일해야 하거나 ②정해져 있지 않더라도 언제 그만둘지 모르는 그런 직업, 혹은 ③시간제, 파견 및 용역과 같이 그때그때 필요에 따라 일시적으로 고용되는 직업을 말한다. 정규직과는 달리 신분이 불안하기 때문에 항상 사회적 관심과 보호의 대상이다. 그런 관계로 선거 때가 되면 항상 이슈가 되는 주제 중 하나가 바로 '비정규직 보호'이다.

비정규직은 사실 우리나라 노동법이 워낙 경직되어 있기 때문에 탄생한 제도이다. 우리나라 기업들은 미국 같은 선진국과는 달리 경영 상황에 따라 신축적으로 고용을 유지하기 어렵다. 근로자를 한번 고용하면 망하거나 구조조정을 당하는 경우를 제외하고는 해고가 거의 불가능하다. 그러다 보니 기업들은 인력을 고용하는 것을 두려워하고, 꼭 필요한 경우 외에는 아예 고용하지 않으려 한다. 비정규직은 이런 문제를 해소하고 기업들로 하여금 부담 없이 사람을 고용할 수 있도록 만든 제도이다. 그 속성상 신분 보장이 당연히 약할 수밖에 없다.

2012년 경제민주화의 일환으로 비정규직을 정규직으로 전환하든지 아니면 정규직에 준하는 대우를 하라는 요구가 빗발치고 있다. 공기업은 물론이고 일부 민간 기업들도 여론을 이기지 못해 이를 수용하고 있다. 심정적으로는 이해되는 조치이지만, 이렇게 되면 또 다시 근본적인 문제에 부딪친다. 경직된 노동법을 개선하고 고용을 늘리기 위해 만든 비정규직 제도의 의미가 사라지는 것이다. 결국 다시 옛날로 돌아가 전체적인 고용 자체가 줄어들 수 있다. 사실 비정규직은 정규직들의 기득권이 워낙 강해서 생겨난 제도이다. 지금 우리 상황에서 전체 고용을 늘리는 편이 좋은지, 고용된 사람들의 신분 보장을 더 강화하는 편이 좋은지 선택해야 한다.

　참고로 비정규직 임금통계와 관련해 해석할 때 유의해야 할 사항이 있다. 고용노동부 발표에 따르면 비정규직이 받는 임금은 정규직의 50~60퍼센트에 불과한 것으로 나타난다. 그래서 비정규직이 정규직에 비해 엄청나게 차별 받는 것으로 생각되는데, 실상은 약간 다르다. 통계는 맞지만 여기서 정규직은 고위직부터 시작해 하위직까지 전체를 다 포함하는 반면, 비정규직은 고위직은 없고 대부분 하위직이다. 임금을 비교할 때는 동일 직종에서 동일한 업무를 하는 사람끼리 비교해야 정확하다. 비정규직 임금은 비정규직과 유사한 일을 하는 정규직 중 하위직과 비교해야 맞다. 이렇게 비교하면 비정규직 임금은 정규직 임금보다 약 10퍼센트 정도 낮다고 볼 수 있다.

청년고용, 엇박자 정책들

세계 어느 나라든지 청년고용은 최우선 관심사항이다. 미래를 책임질 청년들이 직업 없이 사회에 첫발을 내딛는 현상은 개인에게나 국가에게나 큰 비극이다. 2011~2012년 재정 위기를 겪은 유럽 국가들의 청년 실업률은 무려 50퍼센트였다. 두 명 중 한 명이 실업자인 셈이니 그 고통은 엄청났을 것이다.

　우리나라는 상대적으로 나은 편이라 해도 청년고용은 국정의 최고 과제이다. 그러나 말로는 청년고용을 외치지만 실제 정책은 이에 반하는 경우가 있다. 일례로 2013년 국회에서 논의되는 근로자의 정년 연장은 청년들에게는 불리할 수밖에 없다. 오래 근무한 사람 한 명이 퇴사하면 청년 두 명을 고용할 수 있는데, 그 기회가 더욱 요원해지는 것이다. 비정규직을 정규직으로 전환하는 것도 청년들에게는 불리하다. 새로 사회에 나오는 청년들의 일자리가 줄어드는 것은 당연하다.

청년 고용의 가장 큰 문제는 일자리 수급의 미스매치이다. 일자리가 없어서가 아니라 높은 대학 진학률로 청년들의 눈이 너무 높아져 웬만한 데는 들어가려 하지 않는다. 과거 3D 업종은 물론 우량한 중소기업조차 외면 받는 것이 현실이다. 지방에 소재한 기업들은 사람을 구하지 못해 결국 외국인 근로자에 의존하고 있는데, 우리나라 청년들은 그런 회사들을 거들떠보지도 않는다.

이런 현실을 해소하려면 두 가지 방법뿐이다. 청년들의 눈높이를 낮추거나, 청년들의 높은 눈높이에 맞는 일자리를 창출하는 것이다. 청년들의 눈높이를 낮추려면 세계 최고 수준에 있는 대학 진학률을 낮추어야 하는데 현실은 오히려 그 반대이다. 학자금을 깎아 주고 평생 학자금 대출 확대를 통해 대학 진학을 더욱 쉽게 하고 있으니 말이다. 대출금 연체가 늘어나자 정치권은 계속 이자율을 낮추라고 요구한다.

이런 정책보다는 오히려 이명박정부 시절 추진된 열린고용, 즉 고졸생의 취업확대 시책이 더 효과적이라고 본다. 대통령이 관심을 가지니 공기업, 대기업, 금융기관 할 것 없이 고졸자를 많이 채용하기 시작했다. 특성화고와 마이스터고 졸업생들은 일찍이 대기업 취업이 보장되어 주변의 부러움을 사기도 했다. 대학을 4년 동안 다니고 졸업하고도 들어가기가 하늘의 별 따기처럼 어려운 대기업인데 이들은 고등학교만 졸업하고도 갔으니 비용 대비 편익은 최고라고 볼 수 있다. 또한 대학들의 배려로 이들에게는 선(先)취업 후(後)진학, 즉 회사를 다니면서 저녁에 대학에서 공부할 수 있는 길도 열려 있다. 이것이 올바른 방향이 아닐까.

두 번째 방안인 청년들이 좋아할 일자리는 의료, 관광, 교육, 보육 등 서비스 산업에서 많이 나올 수 있다. 그러나 3장에서 논의하겠지만 서비스 산업 육성은 사사건건 국민 정서라는 큰 벽에 부딪치는 바람에 진전시키기가 매우 어렵다. 각 부처들도 총론은 찬성이지만 각론은 반대이다.

2장

우리의 성공신화, 계속될 수 있을까?

Korean Economy in the Trap

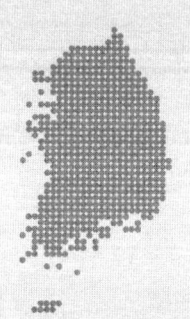

한국 사람들은 그동안 매우 바쁘게 살아왔다. 하루하루 위기가 아닌 적이 드물 정도로 급박한 변화 속에서 실수도 많이 하고 갈등도 많았지만, 그래도 오늘날 이 정도까지 온 것은 참으로 다행이다. 우리가 노력도 많이 했지만 운이 좋았던 것도 사실이다.

대한민국이 본격적인 경제 성장 가도에 뛰어든 1960~1970년대는 세계 경제 여건이 참 좋았다. 세계는 2차 대전 이후 이렇다 할 전쟁 없이 풍요의 시대로 접어들었다. 특히 전후 서방 지역(미국과 유럽 등)에서 태어난 베이비붐 세대가 성장해 가면서 장기간 호황을 예고했다. 이들이 커가면서 많은 시설과 물자가 필요했고, 이를 공급하기 위해 선진국의 경제는 계속 팽창되었다. 선진국들이 6070년대 매년 평균 3~4퍼센트 성장하면서 교역 환경도 자유무역이 기조였으니 이보다 좋은 여건일 수 없었다.

이러한 세계 경제 환경의 이점을 가장 먼저 찾아 먹은 국가는 일본이었다. 1960년대 일본은 수출에 힘입어 연평균 10.5퍼센트라는 고도성장을 만끽하고 있었다. 우리나라도 뒤늦게나마 열심히 그 뒤를 따랐다. 1962년 본격적인 경제 개발을 시작한 이래 거의 30년간 평균 8퍼센트 대 수준으로 성장했다. 특히 1970년대 한국은 1960년대 일본처럼 연평균 10.3퍼센트의 성장을 지속하였다.

무엇보다도 우리에게 가장 행운이었던 것은 당시 국내 문제로 잠자고 있던 중국이었다. 1949년 마오쩌둥은 중화인민공화국을 선포하고 1950년대 사회주의 대약진 운동을 펼쳤지만 실패하였다. 우리가 농지개혁법을 통해 농지를 사유화한 데 반해 중국은 집단 농장 체제를 유지했는데 생산성이 저하되어 수천만 명이 아사하는 비극이 발생한 것이다. 일을 많이 하든 적게 하든 똑같은 보상을 받게 되니 사람들이 열심히 일할 이유가 전혀 없다.

이후 등장한 덩샤오핑이 시장경제 요소를 도입하면서 경제가 살아나는 듯했으나 마오쩌둥이 1966년 문화혁명을 일으키면서 다시 침체기에 빠지고 말았다. 문화혁명 10년 동안 학자, 지주 등 40만 명이 학살되었으니 나라가 제대로 운영될 수 없었다. 1976년 마오쩌둥이 사망하고 1977년 집권한 덩샤오핑은 사회주의에 시장경제 요소를 도입하면서 경제 성장을 꾀한다. 이 과정에서 중국 헌법에 맞지 않는다는 비판도 있었지만 덩샤오핑은 이를 일소했다. "어떤 제도든 농민들을 배부르게 만드는 것이 좋은 제도이다. 시장경제는 자본주의만의 전유물이 아니다. 사회주의 하에서도 시장경제는 가능하다. 부자가 될 수 있는 사람들은 빨리 부자가 되어라. 부자들의 부는 결국 인민의 부이다. 검은 고양이든 하얀 고양이든 쥐 잘 잡는 고양이가 최고이다."

이후 중국은 연간 10퍼센트 수준의 고도성장을 30년간 지속하면서 G2로 우뚝 섰다. 만약 중국이 1960년대 문화혁명 같은 장애물 없이 처음부터 경제 개발에 힘을 쏟았다면 우리가 과연 중국과의 경쟁에서 이길 수 있었을까? 중국뿐만 아니라 지금은 베트남, 인도네시아, 태국 같은 동남아 국가들도 모두 경제 개발에 전력을 다하고 있다. 자원도 많은 이 나라들이 진작 경제에 눈을 돌려 우리와 경쟁을 했다면, 대한민국이 과거 이룩한 고도성장 신화는 아예 불가능했을지도 모른다.

여담이지만 중국은 참 대국이다. 마오쩌둥은 경제 실패로 수천만 국민을 아사 사태로 내몰았고, 자신의 정치적 입지를 위해 홍위병을 동원해 수백만 명을 죽이거나 핍박하였다. 우리 기준으로 보면 그는 국민의 삶을 피폐하게 만든 폭군이자 결코 존경받을 수 없는 지도자이다. 그러나 중국은 마오쩌둥의 초상화를 지금도 관공서에 걸어 놓고, 모든 위안화에도 사용할 만큼 사후에도 그를 깍듯이 대우하고 있다. 마오쩌둥에게 심한 핍박을 받았던 덩샤오핑은 그의 사망 이후 집권하자마자 마오쩌둥의 측근 4인방을 척결하고 문화혁명 피해자들을 사면했지만 마오쩌둥에 대해서는 어떤 보복도 하지 않았다. 오히려 "지난날의 잘못이 있지만 이는 마오쩌둥만의 잘못은 아니며 객관적 평가가 필요하다. 평가는 '공'이 먼저고 '과'가 나중"이라며 두둔하는 발언도 하였다. 물론 여기에는 거대한 중국을 통치하기 위해 사회주의 이념을 공고히 하려는 고도의 정치적 계산이 깔려 있지만, 우리의 정치 문화와는 사뭇 다른 면을 보여 준다. 대한민국 민주주의의 초석을 세운 이승만 대통령은 우리에게 잊힌 지 오래이다. 마오쩌둥의 독재와 이승만의 독재는 비교가 되지 않는다.

우리가 관심을 가져야 할 분야는 '과거'가 아니라 '앞으로'이다.

그동안 이룩했던 우리의 성공신화는 지속될 수 있을 것인가? 과거를 돌아보면 대한민국도 전 세계의 주목을 받으며 잘나갈 때가 있었다. 역사상 가장 호황기였다고 평가되는 1986년에서 1988년 동안이다. 국내의 분위기는 당장이라도 선진국 대열에 진입할 것처럼 들떠 있었고, 외신들도 찬사를 쏟아냈다. 홍콩, 싱가포르, 대만과 함께 아시아의 네 마리 용으로 불리며 여러 나라들의 롤모델로 자리 잡는 듯했다. 금방이라도 선진국을 따라잡을 기세였지만 딱 10년 후 외환위기를 맞으면서 몰락하고 말았다. 우리에게 찬사를 보내던 세계는 돌변하여 "샴페인을 너무 빨리 터뜨렸다"고 비웃었다. 지금 우리는 제2의 융성기에 돌입하고 있다. 세계의 찬사가 1980년대 말과는 비교가 되지 않는다.

이번에는 어떨까? 또다시 거품이나 샴페인이라는 비아냥거림을 받지 않고 계속 잘나갈 수 있을까? 내가 만난 대다수의 사람들은 우여곡절은 있겠지만 우리는 지속적으로 발전하리라고 생각한다. 그들은 이렇게 말한다. "과거 외환위기도 단시간 내에 극복한 경험이 있고, 대공황 이후 세계 최대 위기라는 미국발 금융 위기, 유럽발 재정 위기 등도 다 극복하지 않았는가? 위기에 처했을 때는 금 모으기 운동에서처럼 폭발적인 단합력을 보이고, 그동안 수없이 많았던 크고 작은 위기를 모두 극복한 저력이 있다."

그러나 이런 낙관론에 반대하는 견해도 있다. 6년을 한국에서 거주하면서 한국 경제를 유심히 관찰한 매켄지 연구소의 한국 담당 돕스 소장은 2013년 미국의 외교 전문 매체인 〈포린폴리시(Foreign Policy)〉에 한국 경제의 성장 정체를 경고하는 기고문 "멈춰 버린 기적(Stalled

Miracle)"을 실었다. 그는 한국 사람들은 갑자기 들이닥친 위기 상황을 단결해서 극복하는 능력이 뛰어나지만, 서서히 다가오는 위기에는 불감증이 있다고 지적한다. 그리고 위기의 근원으로 "한국 경제는 기존 성공 공식이 작동하지 않게 된 것"이라고 논평했다.

우리 경제가 앞으로 어떻게 흘러갈지에 대해서는 더욱 상세하고 예리한 검토와 분석이 필요하다. 대다수 사람들의 생각처럼 계속 전진하고 발전할 수 있다면 얼마나 좋겠는가. 그러나 사실 그들도 딱히 논리에 근거해서 말하는 것은 아니다. 그저 막연히 과거 위기 극복에서 보고 겪은 우리의 저력을 믿는 것이다. 앞으로 다가올 변화를 철저히 감지하고 약점을 미리 보강해 놓는 것만이 우리의 살길이다.

국가가 나아가는 길은 항해와도 같다. 일기예보를 듣고 태풍이 온다면 길을 바꾸어야 하고, 해도를 보면서 암초가 많은 곳은 피해야 한다. 그렇게 운항하면 선원도 편하고 승객들로 안전함을 느낀다. 그러나 반대의 경우 선원은 열심히 일한다 해도 승객들은 계속 불안하다. 공무원들은 매일 대책을 세운다고 바쁘고 힘들지만 정작 민생은 별로 나아지지 않는다. 게다가 선원들은 늙어 가고, 나침반도 고장 나고, 승객들은 서로 내 탓이니 네 탓이니 싸움만 한다면 그 배의 운명은 보나마나 뻔하다.

이제는 우리를 둘러싸고 있는 많은 변화들이 찻잔 속의 태풍으로 그칠지 한국 경제 신화의 종말을 선언할지 머리를 싸매고 고민해야 할 시점이다. 무엇이 어떻게 되었든 '대한민국 호'는 순항해야 하기 때문이다.

천천히 다가오는 무서운 변화들 1

결코 반갑지 않은 세상의 도래

앞으로 세계는 우리가 열심히 살아온 지난 50년과는 전혀 다른 양상을 보일 것 같다. 먼저 인구구조의 변화가 심각하다. 2012년 11월 OECD의 발표에 따르면, 향후 전 세계적으로 고령화가 빠른 속도로 진전된다. 지난 50년의 세월은 2차 대전 이후 태어난 베이비붐 세대들이 풍부한 노동력과 수요를 제공하면서 세계 경제가 순풍에 돛단 듯 발전해 왔지만 이제는 상황이 달라진다. 각국이 고령화로 몸살을 앓게 되기 때문이다. 전체 인구 중 일할 수 있는 15~64세 인구의 비중이 대부분 다 낮아진다. 2030년 노인부양비(65세 이상 노인수를 15~64세 청장년층 인구로 나눈 비율)가 30퍼센트를 넘는 나라들이 속출할 것이다. 이는 다시 말해 20년 후에는 청장년층 3명이 노인 1명을 먹여 살려야 된다는 의미이다.

현재는 대략 청장년층 7~8명이 노인 1명을 먹여 살리는 구조이다. 한국, 일본, 미국, 호주, 캐나다, 독일, 이태리, 영국 등 현재 거의 모든 선진국이 이에 해당한다. 특히 독일은 47퍼센트, 일본은 50퍼센트가 넘어서 청장년 2명이 노인 1명을 부양해야 한다. 일하는 사람은 줄어들고 먹여 살려야 할 사람만 늘어나니, 이제 더는 과거와 같은 역동적인 경제 발전을 기대하기 힘들다. 전 세계는 저성장 모드에 돌입하였다.

재정 위기를 맞은 유럽 국가들에서 살펴볼 수 있듯이, 그동안 세계 경제를 이끌어온 효율 우선의 자본주의 방식도 수정이 불가피한 시기가 되었다. 지나치게 효율만 내세우다 보니 경쟁에서 탈락자들이 많이 발생하고, 이들을 구제하기 위해 복지 시책을 확대한 결과 국가 부채가 늘어났다. 여기에 정치권이 가세하면서 복지를 계속 키우다 보니 그 결과가 참담해졌다. 유럽의 재정 위기는 앞으로도 몇 년을 더 지속될 테고, 그것이 끝날 때쯤이면 세계 경제의 기조와 판도는 많이 달라져 있을 것이다.

어느 나라든 상관없이 자국의 이익을 최우선으로 여긴다. 미국, 일본, 유럽 같은 선진국들의 양적 완화 시책에서 볼 수 있듯이 자기 발에 불똥이 떨어지면 과거와 같은 절제의 미덕은 찾아볼 수 없다. 양적 완화의 거품이 언젠가는 꺼져야 하는데, 그렇게 되면 그 영향이 어떨지 예상이 불가능하다. 2013년 9월 미국이 양적 완화를 축소한다는 사인만 보냈는데도 불구하고 그로 인해 세계 금융 시장은 심하게 요동쳤다. 특히 신흥국들은 통화가 절하되고 주식시장이 폭락하는 등 큰 어려움을 겪어야 했다. 이와 함께 세계 경제 위기의 근원이 세계 교역 불균형 때문이라는 비판이 커지고 있어, 세계 경제를 주도했던 자유무역주의가 퇴색할 가능성이 농후하다. 수출로 먹고사는 우리나라에게는 전혀 달갑지 않은 변화이다. 다만 한 가지 위안이 있다면 미국, EU 등 주요국들과 FTA를 체결했다는 것이다. 만약 우리가 아닌 일본이나 중국 같은 경쟁국들이 이 국가들과 먼저 FTA를 체결했다고 생각하면 아찔해진다.

세계 경제 질서의 재편

미국은 그 어느 나라보다 먼저 회생하고 있다. 세계 기축 통화를 소유한 덕분에 양적 완화를 해도 자국 내에서는 큰 부작용이 없다. 정확히 말하면 그 부작용을 전 세계가 공유하니 미국은 크게 손해 볼 것이 없다. 사회 자체가 건전하여 개인 저축이 다시 늘어나기 시작했다.

특히 셰일가스(shale gas)의 개발은 미국에게는 신의 선물이다. 셰일가스는 모래와 진흙이 퇴적돼 형성된 셰일 층에 함유된 가스를 말한다. 천연가스는 파이프를 박아서 빼낼 수 있지만, 셰일가스는 가스가 들어 있는 돌들을 지하에서 파쇄하면서 뽑아내야 하기 때문에 그 공정이 까다롭고 고도의 기술이 필요하다.

세계 각지에 묻혀 있는 셰일가스의 양은 기존 천연가스 양과 거의 비슷하다고 한다. 따라서 이 셰일가스가 모두 개발된다면 에너지 시장에는 천지개벽이 일어나게 된다. 다만 셰일가스를 뽑아내는 기술은 현재 미국만 보유하고 있기 때문에 미국이 먼저 혜택을 누리고 있다. 미국은 값이 싼 셰일가스 덕택에 2011년 말 전력 도매요금이 2008년에 비해 50퍼센트가량 떨어졌다고 한다. 천연가스 가격도 3분의 1 수준 이하로 낮아졌다. 그러니 산업 경쟁력이 살아나지 않을 수 없다. 특히 석유화학 산업 경쟁력이 우리나라보다 좋아지고 철강 산업도 살아난다고 한다. 최근에는 외국으로 나간 기업들의 유턴 현상도 나타나고 있다.

산업이 살아나니까 주택 경기도 좋아지고 실업도 완화되고 있다. 이미 양적 완화를 끝낼 준비가 되어 있는 것이다. 양적 완화의 종료 시점은 강한 미국, 강한 달러를 예고한다. 향후 5년 이내 미국이 셰일가스를 본격 수출하기 시작하면 세계 석유시장의 판도는 확 달라질 것이다. 2017년부터는 우리나라도 미국에게서 셰일가스를 공급받을 수 있다.

셰일가스의 등장으로 인해 러시아 같은 천연가스 수출국은 큰 타격을 받을 것이다. 러시아는 상대적으로 낙후되어 있는 동부 시베리아 개발이 시급한 상황이고, 그 지역을 개발하려면 그곳에 매장되어 있는 천연가스를 수출해야 한다. 지리적 여건 때문에 천연가스의 수요자는 한국, 중국, 일본 3개국에 국한된다. 러시아가 우리나라에게 가스를 팔기 위해 북한을 경유하는 파이프라인을 설치하려는 이유가 여기 있다. 북한이 많은 돈을 요구하고 러시아는 비싼 가격을 주장하기 때문에 답보 상태인데, 차후 미국으로부터 값이 싼 셰일가스가 대량 들어오면 이 사업 자체가 불투명해질 가능성이 높다. 북한이 개방되고 우리와 협력 관계가 이루어지면 한국 기업들의 시베리아 진출도 용이해 우리도 좋고 러시아도 좋을 텐데, 여러 모로 아쉬운 부분이다.

일본은 국가 채무를 해결하지 않는 한 근원적인 회복을 기대하기 어렵다. IMF 조사에 따르면 일본의 국가 채무는 앞으로도 계속 늘어날 것으로 전망된다. 국채 축소를 위해 2014~2015년 소비세를 현재 5퍼센트에서 10퍼센트까지 올린다고 계획되어 있지만 그 부작용이 만만치 않을 것이다. 확실한 것은 지금처럼 국가 부채가 계속 늘어나면 대단히 위험한 상황이 올 수 있다. 일본 국채는 자국 내에서 대부분 소화되고 해외 보유분이 전체의 6퍼센트에 불과하다지만, 금액으로 보면 거의 50조 엔에 달한다. 이는 일본 외환보유고의 절반 수준이다. 게다가 10년 이상의 장기채 비중은 과거 1980년대는 80퍼센트에 이르렀지만 지금은 30퍼센트에 불과하다. 이미 장기채는 팔리지 않는다는 뜻이다. 거의 제로 수준인 이자율 때문에 버티고 있지만 경제가 살아나서 행여 이자율이라도 높아지면 국가가 제대로 운영될 수 없다.

어떤 나라이든 경제적 어려움이 지속되면 우경화 세력이 등장한다. 과거 나치스와 최근 재정 위기로 극우파가 기승을 부리는 유럽 국가들처럼. 지금 일본이 바로 그런 상황이다. 주변국은 아랑곳하지 않고 과거 과오도 오도하면서 자기합리화에만 열을 올리고 있다. 1980년대 말 구소련이 미국과 군비 경쟁을 벌이다가 무너진 것처럼, 일본의 우경화가 심해져 헌법을 고치고 주변국들과 군비 경쟁이라도 하면 국가 파산 위기도 배제할 수 없다.

미국이 양적 완화를 종료하고 세계의 자금이 미국으로 몰리면 일본 국채의 매력은 떨어진다. 유럽 경제가 회복되고 중국이 위안화의 국제화를 추진하면서 세계 금융 시장에서 안전 자산이 늘어나면, 일본의 국채 가격은 폭락할 수 있다. 아베노믹스로 엔화 절하가 물가를 자극해서 이자율이라도 높아지면 GDP의 230퍼센트에 달하는 국채 이자를 감당하기 어려워진다. 이자율이 1퍼센트만 상승해도 전체 예산의 5.7퍼센트가 이자 지급으로 추가되어야 한다. 여기에 최근 빈번해지는 재해라도 발생하면 재정은 악화일로로 치닫게 될 것이다.

이처럼 국채 가격이 폭락할 수 있는 조건은 너무 많다. 이미 재정 수입의 50퍼센트를 넘는 국채 가격이 폭락하면 재정 운영이 힘들어질 뿐만 아니라 자산으로서 국채를 보유한 일본 금융기관들의 연쇄 부실화 또한 현실의 공포로 다가온다. 일본은 기업들의 경쟁력이 워낙 막강하고 외환 보유고도 많아서 당장 어떻게 되지는 않겠지만, 누적되는 피로를 가만히 놔두면 결국 당해 낼 수 없다. 일본은 하루빨리 부채 줄이기에 나서야 한다.

중국은 지난 30년간 연평균 10퍼센트 수준의 성장을 지속해 왔지만, 과거 우리나라와 일본이 그랬듯이 더 이상 두 자리 수로 성장하기는 어려울 전망이다. 지금까지 온 것만 해도 대단한 성과이다. 1인당 국민소득이 5,000달러를 넘어가면 국민들의 욕구도 다양해지고 경제 구조도 바뀌는 고통이 따르기 마련이다. 우리나라도 국민소득 5,000달러에 이르는 1980년대 말 민주화 운동 등으로 크게 몸살을 앓았다. 중국은 2012년 이미 임금도 크게 올라 경제 전반에 걸쳐 구조조정이 필요한 시점이다. IMF도 2013년 7월, 중국이 개혁을 소홀히 하면 2018년 이후 성장률이 4퍼센트대로 뚝 떨어질 것이라고 경고했다.

양극화 문제와 부패 척결도 보통 문제가 아니며, 55개 이민족의 화합도 중국이 안고 있는 어려운 과제이다. 세계사를 살펴보면 다민족 국가가 어느 정도 먹고살게 되면 민족 자주를 추구하는 경우가 종종 있어 왔다. 대한민국 수출의 25퍼센트를 차지하는 중국의 운명은 우리에게 매우 중요하다. 중국의 성장이 둔화되면 우리도 어려워지기 때문에 사전에 철저히 대비해야 한다.

중국과 일본이 경쟁적으로 러브콜을 보내는 ASEAN(아세안) 국가들은 자원과 인구가 많고 개발 의지가 강해 향후 잠재력이 풍부하다. 우리 수출의 13퍼센트를 차지하고 있는 이들은 미국, EU보다 큰 수출 대상국이다. ASEAN 10개국의 인구는 6억 명으로 EU 27개국의 5억 명보다 많다. 특히 인구가 2억4천만 명인 인도네시아는 세계 4위의 인구 대국이다. 오랜 사회주의 은둔국가에서 벗어난 미얀마도 자원이 풍부하고 지리적 이점이 많아 잠재력이 높다. 특히 미얀마에서 중국 서부로 들어가는 길이 개통되면 발전 가능성이 더욱 커진다. 우리와 친밀한 태국과 베트남도 좋은 협력 대상국들이다. 정치 안정이 변수로 작용하겠지만, ASEAN 국가들이 앞으로 세계 경제에서 차지하는 비중은 갈수록 높아질 것이다.

다가오는 시대에는 기후 변화도 무시할 수 없다. 석유 파동은 견딜 수 있지만 식량 파동은 견딜 재간이 없다. 중동에서 부는 자스민 혁명도 결국 식량 부족이 원인이었다고 한다. 기후 변화의 조짐은 여러 곳에서 동시다발적으로 나타나고 있다. 우리나라에도 이미 식생의 변화가 감지된 지 오래이다. 기상 악화로 농산물 수출국들이 수출을 할 수 없게 되면 엄청난 혼란이 발생할 것이다.

이런 세계 환경의 변화 속에서 우리나라 경제는 어떻게 될까? 당장은 엔고 효과가 없어지고 중국 경제가 둔화되면서 영향을 받겠지만, 그보다는 우리 내부의 구조적인 위험이 더 많이 도사리고 있다. 인구 고령화로부터 선진국 복지병 등장에 이르기까지, 다양한 요인이 한국 성공신화의 종말을 예고하고 있다 해도 과언이 아니다. 특히 이러한 변화들은 우리가 과거 겪어 본 적이 없는 새로운 것들이기 때문에 더욱 걱정이다. 이들을 하나하나 살펴보자.

> 인구 고령화,
> 처음 겪는 대재앙
> 2

4% 이상 성장은 꿈도 꾸지 마라

채권 시장의 황제 빌 그로스는 어떤 나라에 대해 단 하나의 정보만 보유할 수 있다면 자신은 인구 통계를 택하겠다고 말했다. 이처럼 인구 관련 자료는 한 국가의 현재 상황을 파악하고 미래를 예측하는 데 가장 효율적이고 과학적인 자료이다.

우리나라의 고령화는 이미 시작되었다. 10대 이하 인구는 1975년부터, 20대 인구는 1994년, 30대는 2004년부터 줄어들기 시작했다. 심지어 2012년부터는 40대도 줄어들기 시작했다. 다음의 표에서 보듯 앞으로는 60대 이상 인구만 늘어날 것이며, 고령화 속도 또한 타의 추종을 불허한다.

일반적으로 65세 이상 노인 인구 비율이 7퍼센트가 넘으면 고령화사회, 14퍼센트가 되면 고령사회, 20퍼센트가 넘어가면 초고령사회라고 부른다. 고령화사회에서 초고령사회로 이전되는 데 선진국들은 70년 이상 걸리고 있다. 특히 프랑스는 154년이나 소요되는 것으로 나타났다. 반면 선진국 중 가장 빠른 속도로 노화가 진행되는 나라는 일본이다. 이미 2005년에 찾아왔고 그 속도도 35년밖에 걸리지 않았다. 그렇게 막강하던 일본 경제가 1990년초부터 어려워진 이유도 결코 이와 무관하지 않을 것이다. 그런데 한국은 일본보다 더 빠르다. 고작 26년밖에 걸리지 않는다. 이는 앞으로 우리 경제가 일본보다 더 어려워질 수 있는 조건이 되는 셈이다.

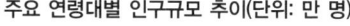

주요 연령대별 인구규모 추이(단위: 만 명)

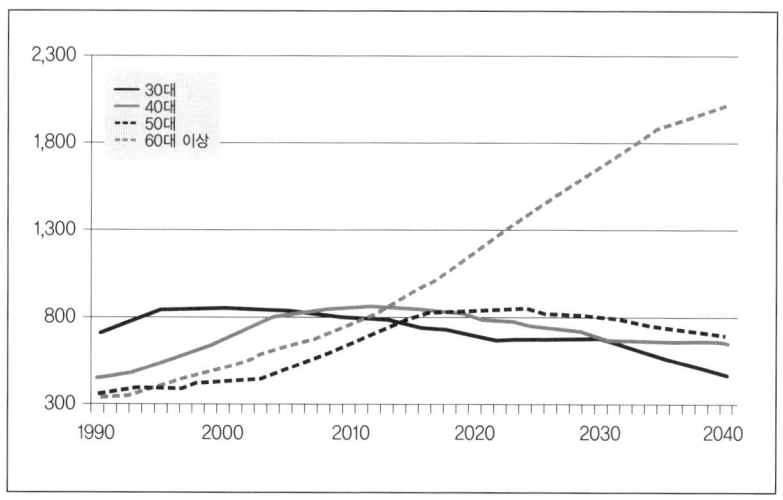

2012년부터는 최초의 베이비붐 세대이자 우리 사회에 막강한 노동력과 왕성한 소비를 일으켰던 1955~1963년생들이 무더기로 은퇴하기 시작했다. 생산 가능 인구(15~64세)도 2016년부터 줄어든다. 우리보다 앞서 고령화가 진행 중인 일본은 1990년대부터 생산 가능 인구가 줄어들면서 경제 위축 현상이 계속되고 있다. 우리나라도 어쩔 수 없이 일본의 전철을 밟게 될 것이다. 이제 4퍼센트 이상의 성장은 어려울 것이다. 어쩌다 전년도에 경제가 심하게 위축되어 그에 따른 기저 효과로 일시적 성장률이 4퍼센트 이상이 나올 수는 있을지 몰라도 OECD가 2012년 발표한 자료에 따르면 우리의 잠재성장률(물가 상승 없는 상태에서 가능한 최대 성장치)은 2012~2017년까지 3.4퍼센트고 그 이후는 2퍼센트 대에 불과하다. 이제 저성장 시대에 맞추어 살아야 한다.

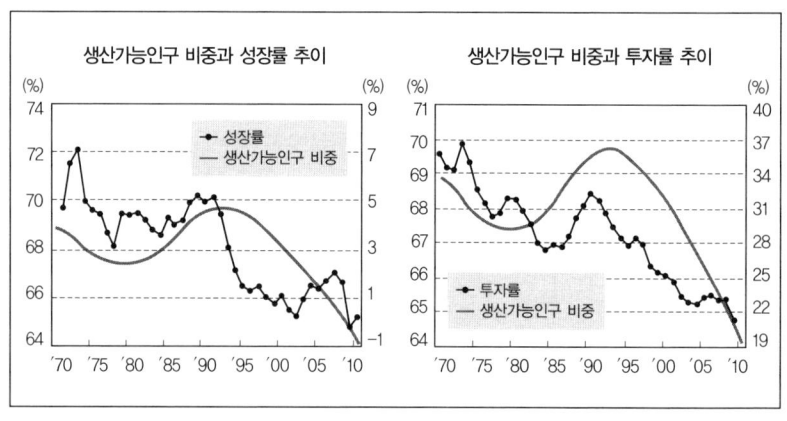

일본의 생산가능인구와 성장, 투자 추이

주 : 성장률은 5년 이동 평균치임.

다가올 고령사회의 자화상

성장을 낮추고 복지를 늘리게 만드는 고령화는 국가 재정에 엄청난 위험 요인이다. 그러나 고령화가 경제적 문제만 야기하는 것은 아니다. 일례로 군대만 봐도 지금과 같은 60만 대군을 유지하기가 불가능해진다. 군입대 연령층인 18세 남자가 2012년 37만 명에서 불과 8년 후인 2020년에는 26만 명으로, 10만 명 이상이 줄어든다. 그렇기 때문에 군의 전력을 인간에서 기계로 전환하는 작업이 시급하다. 부대의 구조도 바뀌어야 할 것이다. 대학은 더욱 심각하다. 지금도 정원을 채우지 못해 중국 등 타국에서 유학생들을 데려오기에 바쁜데, 2020년이 되면 상황은 더욱 어려워질 것이다. 산업체에서도 청년 고용은 갈수록 줄어들 수밖에 없다. 얼마 전 우리나라 대표 사찰의 주

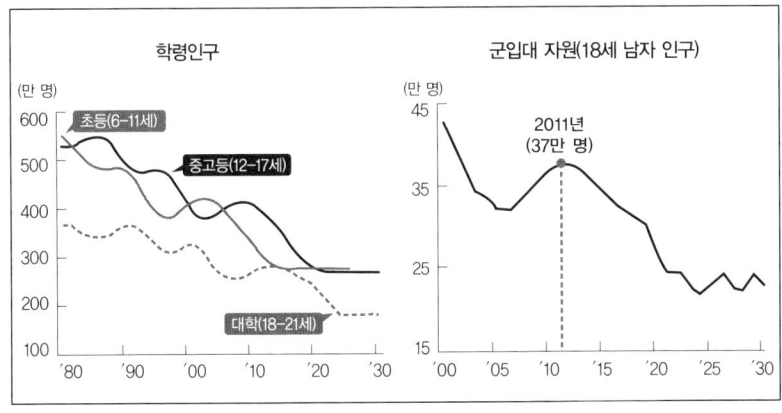

학령인구와 군입대 자원인구 추이

지를 만나서 이야기를 나눌 기회가 있었는데, 현재 불교계도 승려가 없어서 고민이라고 한다. 전국에 사찰이 2만 개가 넘는데 이를 채울 사람이 없다는 것이다. 다른 종교도 유사한 상황일 것이다. 인구 구조의 변화가 사회 전체에 미치지 않는 분야가 없다.

그냥 고령화가 아닌 돈 없는 고령화

우리나라의 자살률은 인구 10만 명당 31명으로 OECD국가 중 가장 높다. 특히 노인의 자살률이 높다. 70대가 84명, 80대는 무려 123명에 달해 평균의 4배에 달한다. 자살 충동을 느꼈던 노인들에게 이유를 물어보면 질환 장애, 경제적 어려움, 외로움의 순이었다. 질환 장애나 외로움도 결국 돈이 없어 가중되는 문제임을 감안하면 경제적 이유가 가장 크다고 볼 수 있다. 이래저래 빈곤 노인들의 문제가 심각하다.

 소득 불평등을 나타내는 지표 중 하나로 지니계수가 있다. 인구 분포와 소득 분포와의 관계를 나타내는 수치로, 지니계수가 0이면 소득이 완벽하게 균등한 상태이다. 숫자가 커질수록 양극화가 심화된다. 우리나라는 0.31로 OECD국가의 평균 수준이다. 그러나 연령별로 보면 20~30대는 0.27인 데 반해 60대 이상은 0.4가 넘어간다. 나이 들수록 잘사는 사람과 못사는 사람의 차이가 심해진다. 이런 현상은 우리 소비문화를 살펴볼 때 필연적인 결과이다. 젊을 때 저축하지 않은 사람이 많기 때문이다. 과거에는 젊은 시절에 집 장만 또는 노

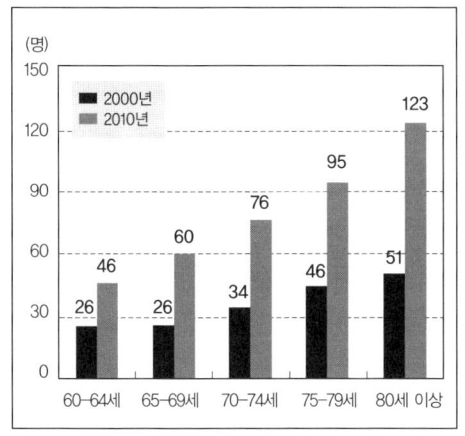
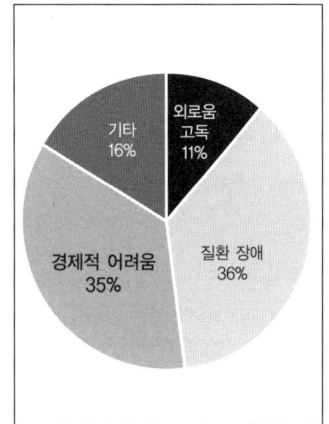

후대비를 위해 저축을 하는 사람들이 많았지만 지금은 저축보다는 해외여행, 외제차나 명품 구매 등이 우선이다. 세계 최고급 유모차가 가장 많이 팔리는 나라가 한국이라고 한다. 한 대에 170만원에 이르는데도 없어서 팔지 못할 정도이다. 필자가 어느 음식점에서 만난 젊은 부부는 자기들은 비록 아반떼를 타지만 아기를 위해서는 '유모차의 벤츠'인 노르웨이 제품을 샀다고 했다.

자녀 사교육에 들어가는 돈도 엄청나다. 유아 때부터 너무 많은 것을 가르치고 시킨다. 중고등학생일 때는 입시 학원비로 허리가 휘고, 대학 진학률은 세계 최고 수준이지만 대졸자에 어울리는 일자리는 많지 않다. 대학 등록금을 마련하느라 계속 고생하고, 자녀가 대학을 졸업했어도 마땅한 직업을 얻지 못하니 소득은 없어도 지출은 계속된다. 주거비도 비싸니 돈이 많이 든다.

1970년대만 해도 평균 수명이 60세여서 부모를 부양하는 부담이 적었지만 100세 시대를 운운하는 지금은 자녀뿐 아니라 부모까지 부양해야 하니 저축할 여력이 더욱 없어진다. 사정이 이러다 보니 우리나라 가계 저축률은 선진국에 비해 매우 낮다. 2011년 2.7퍼센트에 불과하다. 1980~1990년대의 20퍼센트 대에서 급격히 추락한 수치이다. 특히 외환위기를 겪으면서 저축률이 폭락했는데, 그 이후로도 회복이 되지 않고 있다. 10퍼센트를 웃도는 독일과 프랑스, 5퍼센트인 미국에 비하면 너무 낮다. 결국 대한민국 국민들은 나이 들어서 빈곤 노인이 될 확률이 높다. 이는 그만큼 국가가 노인 복지에 많은 돈을 투입해야만 한다는 의미이다.

미래 세대의 비극

지금 20~30대를 생각하면 상당히 불쌍한 생각이 든다. 대학을 나와도 직장을 구하기 어렵고 미래 전망도 밝지 않다. 근로자 정년 연장 등 고령사회에 대비하는 정책들이 많이 나오지만 이는 청년들에게 전혀 반가운 일이 아니다. 무엇보다 앞으로 그들이 사회의 주축 세력이 될 때면 먹여 살려야 할 노인층이 너무 많다. 2012년 현재 청장년층 7명이 노인 한 명을 부양하고 있는데, 15년 후에는 3명이 한 명을 부양해야 한다. 그만큼 돈을 많이 벌어 세금을 많이 내야 한다는 이야기이다. 15년 후는 결코 먼 훗날이 아니다. 지금 20~30대가 우리 사회의 주축이 되는 30~40대 중반이 되는 시기이다.

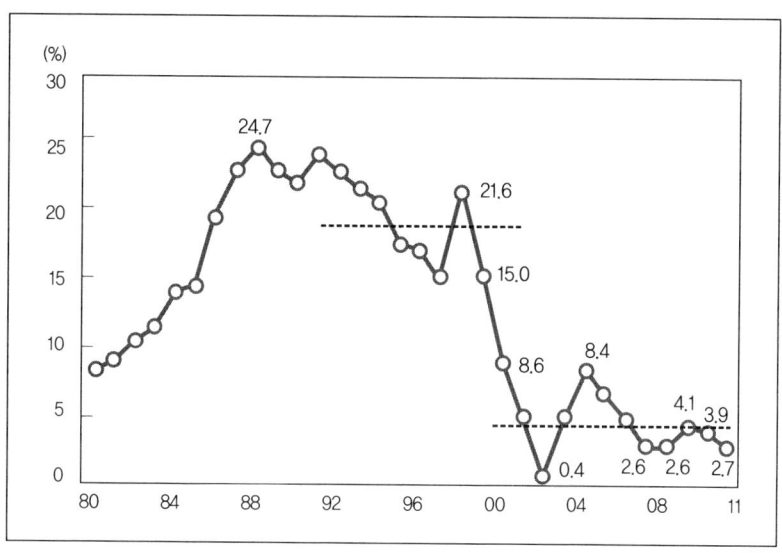

우리나라의 가계저축률

자료: 한국은행 「국민계정」

　가뜩이나 노인 부양 부담이 커지는데 복지 지출을 계속 늘려 나가면 어떻게 되겠는가. 증세를 하지 않으면 재원은 모두 국가 부채인데 이 부담 역시 고스란히 미래 세대에게로 돌아간다. 청년들이 훗날 이를 감당하지 못하면 국가가 파산에 처할 수 있다. 국가가 파산하는 것이 얼마나 무서운지는 조금 후에 자세히 이야기하겠다.

포퓰리즘 경쟁, 국가재정이 위험하다
3

모든 위기는 빚으로부터

모든 위기는 빚으로부터 온다. 기업이든 가계든 국가든 부채가 많아지면 파탄 나게 되어 있다. 우리는 기업 부채로 인해 외환위기를 맞은 쓰라린 경험이 있다. 2003년에는 가계 부채에 해당하는 신용카드 위기로 많은 고생을 겪기도 했다. 당시 카드 사태가 별 것 아닌 듯하지만, 한국 경제 역사상 민간 소비가 2년 연속 제자리걸음을 한 것은 처음 있는 일이었다.

가계 부채 위기는 2007년 발생한 미국발 서브프라임 사태가 대표적이다. 금융 기관이 신용이 낮은 사람들에게까지 주택 담보 대출을 마구 늘려 주는 바람에 발생했다. 우리나라는 주택 가격의 약 50퍼센트까지만 대출이 가능하지만 미국은 100퍼센트까지 가능하다. 이자율도 처음 2~3년은 4퍼센트 정도로 싸게 해주고 이후에는 10퍼센트 이상 높아지는 구조이다. 따라서 집을 사고 2~3년 안에 팔고 다시 주택을 사고 또 팔고를 반복해야 한다. 주택 가격이 계속 오르면 이보다 만족스러운 상품이 없지만, 주택 가격 하락 시에는 치명적인 상처를 입게 된다. 미국도 주택 가격이란 항상 오르는 것으로 알았지만 2007년 거품이 꺼지면서 망했다. 전 세계 금융시장이 난타당하고 실물 경제도 대공황 이후 가장 최악이었을 만큼, 미국발 가계 부채 위기의 위력은 대단했다.

가계 부채 위기는 절대 겪어서는 안 되는 비극이다. 기업 부채와는 비교도 할 수 없다. 이명박정부 시절 침체된 주택 경기를 살리기 위해 국토해양부와 건설업계, 정치권에서 주택 담보 대출 규제를 풀어 달라고 아우성이었지만 끝내 들어주지 않은 이유도 바로 그 위험성 때문이었다.

하지만 가계 부채 위기도 국가 부채보다는 가벼운 문제라고 할 수 있다. 기업 부채나 가계 부채는 국가가 수습할 수 있지만, 국가가 무너지면 방법이 없다. 과거 국가 부채 때문에 무너진 나라들의 사례를 보면 이를 잘 알 수 있다.

재정이 파탄 나면 : 독일

1차 대전에 패배한 독일은 주변국에 320억 달러라는 엄청난 배상금을 물어야 했다. 이는 당시 독일 GNP 20년분에 해당하는 거액이었다. 사실상 갚을 수 있는 금액이 아니었다. 독일이 배상금을 지급하지 못하다 보니 프랑스는 배상금 지급 불이행을 이유로 독일 광공업 중심지인 루르 지방을 강탈하는 사태까지 벌어지면서 독일 경제는 파탄에 이른다.

부족한 세입을 메꾸기 위해 돈을 찍어대다 보니까 1913년에서 1923년까지 물가가 100조 퍼센트 오르는 하이퍼인플레이션이 발생했다. 1923년경에는 1년 반 사이에 물가가 1조 퍼센트가 넘었다고 한다. 당시 저축한 사람보다 버는 족족 맥주 사 마신 사람이 더 부자가 되었다는 우스갯소리도 있었다. 공병 값이 엄청나게 올랐기 때문이다. 식당에서 밥을 먹는 동안 밥값이 10배 오른다는 믿기 어려운 루머까지 있었다.

화폐 단위도 걷잡을 수 없이 커져 10조 마르크짜리 지폐가 나왔다. 신권이 너무 자주 발행된 나머지 초상화를 실은 지폐는 10만 마르크짜리에서 멈추었다. 엄청난 인플레이션 속도를 따라가지 못해 심지어 한 면만 인쇄된 지폐도 나왔다고 한다. 1차 세계대전 전에 달러당 4.2마르크였던 환율은 1923년 말에는 달러당 4.2조 마르크까지 곤두박질쳤다 하니 당시 상황이 얼마나 엉망이었는지 짐작할 수 있을 것이다.

국가가 부도나면 이렇게까지 될 수 있다. 이후 독일은 1923년 화폐개혁과 함께 미국 자본이 들어오고, 주변국들이 배상금 감면과 지급을 유예해 주면서 다소 안정을 찾기 시작한다. 그러나 1930년 대공황을 맞은 미국이 도와줄 여력을 상실한 데다가 히틀러가 등장하면서,

전쟁 외에 다른 선택의 여지가 사라진 독일은 더욱 파멸의 길로 향할 수밖에 없었다.

재정이 파탄 나면 : 러시아

독일보다는 조금 약하지만 러시아도 국가 부도를 경험했다. 1980년대 말 구소련은 취약한 재정 상황을 무시한 채 미국과 무리하게 군비 경쟁을 벌이다가 파산에 직면했다. 이로 인해 결국 소련이라는 나라 자체가 분해되어 역사에서 사라졌고, 그 과정에서 국민들이 겪은 고통은 이루 말할 수 없을 정도로 참혹했다.

독일과 마찬가지로 먼저 루블화가 무너지면서 엄청난 인플레이션이 찾아왔다. 공식통계로 1992년 러시아의 인플레이션은 2,000퍼센트가 넘어섰지만, 실제 체감 물가는 이보다 훨씬 더 큰 폭으로 올라서 1991년에는 5,000루블로 자동차를 살 수 있었지만 2년 후인 1993년에는 초콜릿밖에 살 수 없게 되었다. 1994년 화폐 개혁을 단행하면서 국민들이 소유한 금융 자산은 휴지 조각이 되었지만 국가 경제는 잠깐 안정을 찾았다. 그러나 재정 적자를 못 버틴 러시아는 결국 1998년 국채 디폴트를 선언하고 예금동결과 개인금고의 재산을 몰수하는 초강경 조치를 취한다. 국민들의 삶은 벼랑 끝까지 내몰리고 말았다.

국가가 파탄 지경에 이르면 힘없고 돈 없는 서민들만 죽어난다. 해외에 자산을 소유한 부자들은 오히려 이득을 보았고, 실력 있는 과학자들은 외국의 초청을 받아 나라를 떠났지만, 이러지도 저러지도 못하는 일반 국민들은 국내에서 고스란히 폭탄을 맞아야 했다. 술 좋아하는 사람들은 1990년대 중반 국내 술집에 러시아 여자들이 많았던 것을 기억할지도 모르겠다. 그 당시가 바로 러시아가 파산한 암흑기였다. 나라가 망하자 여성들이 극동의 작은 나라까지 와서 생계를 위해 일한 것이다. 다행히 자원이 많은 러시아는 이후 국제 유가가 급등하면서 빠른 속도로 회복되어 위기를 극복할 수 있었다.

재정이 파탄 나면 : 남미와 남유럽국가들

위의 두 나라가 파산한 원인은 전쟁이지만 다른 이유로도 파산하는 국가들이 늘고 있다. 그 원인 중 하나가 과다한 복지비용 지출이다. 과거 1970년대 남미 국가가 그 전형적인 사례이다. 민주화 요구와 더불어 쏟아지는 각계의 목소리를 국가들이 빚을 내서 수용하다가 물가가 치솟고 실물 경제가 파탄에 빠진 것으로 유명하다. 1980년대 후반 우리도 민주화 운동이 한창일 때 남미처럼 되면 안 된다는 자성의 목소리가 높았다.

최근에는 그리스 같은 남유럽 국가들이 이전 남미의 전철을 밟고 있다. 아테네대학 하치스 교수는 2011년 우리나라를 방문하여 그리스 재정이 무너진 과정을 상세히 설명해 주었다. 1981년 그리스의 사회당(PASOK)이 집권하면서 복지 정책을 남발한 것이 불행의 시초였다. 복지 정책을 남발하면서 표를 얻으니까 다른 정당들도 질세라 복지 경쟁에 합류했다. 보수당인 '뉴데모크라시'까지 가세하면서 국가 부채가 급격히 늘어났다.

부채는 상당 부분 해외로부터의 차입이었는데, 특히 2002년 유로존 가입 이후부터 외국에서 많은 돈이 들어왔다. 독일, 프랑스와 같은 통화(유로)를 사용하니 그리스 또한 그 나라들처럼 경쟁력이 있으리라는 투자가들의 착각 덕분이었다. 낮은 금리로 들어온 풍부한 자금은 생산 분야가 아닌 소비 분야에 집중 사용되어 부동산 버블과 임금 상승을 초래했고, 이는 결국 흥청망청 소비 경제로 이어졌다. 무역 적자가 커지고 국가 부채도 걷잡을 수 없이 늘어나면서 경제가 붕괴되기 시작했다. 만약 그리스가 옛날처럼 자국 화폐인 드라크마를 사용했다면 환율이 절하되면서 사전 경고가 되었겠지만, 경쟁력이 강한 나라들과 같이 유로화를 사용하는 바람에 그 심각성이 묻히고 말았다.

부채가 늘어나면서 아무도 그리스 국채를 사주지 않으니 금리가 치솟았다. 필요한 물자를 수입할 돈이 없으니 물가는 폭등하고 일자리는 사라졌다. 그리스의 경우 국민 1인당 복지 지출이 1인당 세수보다 많았다고 하니 나라가 유지될 수 없다. 국민들에게 지급되는 연금 수준이 평균 임금의 95퍼센트로 37퍼센트인 독일, 30퍼센트인 영국에 비하면 무책임할 만큼 높았다. 독일 국민들이 그리스 구제 금융에 인색했던 이유이기도 하다. 일자리 창출은 공무원 증원으로 손쉽게 해결해 공무원 수가 근로 인구 5명중 1명꼴이었다고 한다. 이후 IMF 등의 구제 금융을 받는 과정에서 혹독한 긴축정책에 반대하는 데모가 빈발했는데 대부분이 공무원에 의해 발생했다.

그리스도 처음부터 이런 나라는 아니었다. 1980년까지는 1인당 실질소득 증가율이 일본보다 높았고 국가 부채도 GDP 대비 23퍼센트에 불과한 세계 우등 국가였다. 그런 나라가 소득 2만 달러가 넘으면서 국민들의 욕구가 커지고, 이에 편승하여 여야가 무분별하게 복지 경쟁을 벌이면서 붕괴되고 말았다.

국가 부채가 늘어나면서 파산하는 과정은 원인과 상관없이 다들 비슷하다. 먼저 부채가 일정 수준을 넘어서면 투자가들이 그 나라의 국채를 외면한다. 국채 가격은 떨어지고 이자율은 그만큼 올라간다. 화폐 인기가 떨어지니 화폐 가치는 폭락하고 원자재 수입 비용 등은 폭등하니 물가가 치솟는다. 우리나라가 외환위기를 극복하고 2008년 이후 글로벌 금융 위기와 재정 위기에도 큰 문제없이 버틸 수 있었던 이유는 국가 채무가 작아서였다. 2012년 세계 3대 신용평가기관으로부터 신용등급이 상향조정되어 역사상 최초로 일본보다 높은 등급을 받게 된 것도 국가 재정이 튼튼했기 때문이다.

우리도 재정파탄의 길로 가는가?

우리나라 국가 부채는 2011년 결산 기준으로 420조 원, GDP 대비 34퍼센트 수준이다. 외국의 경우를 살펴보면 일본이 GDP 대비 230퍼센트로 가장 많고 금융위기를 겪은 미국이 100퍼센트를 넘어섰다. 독일, 영국, 프랑스 등 유럽 국가들도 거의 80퍼센트를 넘어 100퍼센트에 육박하고 있다. 재정 위기를 겪고 있는 그리스, 이태리 같은 나라들은 이미 100퍼센트를 넘어 150퍼센트에 근접하고 있다. 이들 나라와 비교해 보면 우리나라의 재정 상황은 아직 건전한 수준이다. 물론 공기업 부채가 460조가량 더 있고 이중 상당 부분을 국가 재정이 책임진다 하더라도 수치상으로 아직은 괜찮다.

하지만 낙관할 수만은 없다. 우선 우리나라는 선진국과 상황이 다르다. 선진국의 통화는 모두 국제 통화이다. 외국에서 그대로 유통이 가능하기 때문에 선진국의 국채는 외국에서 잘 소화된다. 미국의 재정 적자가 커져서 국채 발행이 늘어나도 미국 국채를 구입하겠다는 사람은 아직 세계 구석구석에 많이 있다. 최근 우리나라의 국제적 위상이 높아졌지만 아직은 이들 나라들과는 비교할 수 없다. 원화도 아직 국제화되지 않았다. 조금만 휘청거려도 외국 투자자들은 원화 채권을 던져 버릴 것이다. 게다가 우리의 숙명인 통일도 대비해야 한다. 통일이 된다면 그 비용이 얼마나 들까? 당장 최소한 200~300조는 들지 않을까? 이들 재원은 다 빚으로 조달할 수밖에 없다. 그때를 대비한 여력을 갖고 있어야 한다.

특히 국가 채무에서 우려되는 부분은 속도이다. 1997년 국가 채무는 GDP 대비 11.9퍼센트에 불과했다. 그러나 외환위기를 거치고 복지 지출이 증가하면서 2007년에는 30.7퍼센트까지 늘었다. 다행히 2008년 이후에는 3~4퍼센트 증가세를 유지하고 있지만 금액으로는 해마다 20~30조 원씩 늘고 있다. 이 추세로 나간다면 2015년경에는 국가 부채 500조, 1인당 1,000만 원 시대가 올 것이다. 가계 부채 또한 1,000조 원을 넘어서고 있으니 국민 1인당 부채가 3,000만 원을 가볍게 뛰어넘는다. 부채는 국가나 기업이나 가정이나 마찬가지로 한번 불붙으면 걷잡을 수 없이 늘어난다. 부채가 부채를 낳는 것이다.

일본의 경우 잃어버린 10년이 시작하기 전인 1990년 초만 해도 국가 부채가 GDP의 68퍼센트에 불과했다. 하지만 경제가 어려워지자 정치권의 재정 퍼붓기가 시작되고 그 결과 딱 10년 후인 2000년에는 GDP 대비 142퍼센트로 두 배가 넘었다. 다시 10년이 지나자 230퍼센트가 되었고 앞으로 얼마나 더 치솟을지 알 수 없다.

선진국 중 전시(戰時) 상황이 아니면서 국가 부채가 이렇게 늘어난 사례는 없었다. 일본은 이미 부채의 늪에 빠졌다. 지금 불황이기 때문에 물가도 마이너스고 금리도 거의 제로여서 230퍼센트 대 부채를 견딜 수 있지만, 만약 경제가 회복되어 물가도 금리도 오르면 그 즉시 국가 재정은 이자를 견딜 수 없게 된다. 금리가 1퍼센트만 올라도 전체 예산의 5.7퍼센트가 이자 지출에 투입되어야 한다. 이미 국가 예산의 절반 이상을 국채 발행으로 조달하고 있는데 이렇게 되면 빚이 빚을 생산하는 악순환에 빠진다. 그러면 결국 부채를 또 늘릴 수밖에 없다. 지금은 국채를 자국 금융 기관들이 90퍼센트 이상 소화하지만 계속 늘어나면 결국 외국에 의존해야 하는데, 그러면 어느 순간 엔화는 폭락하고 일본 경제는 나락으로 떨어질 수 있다.

우리나라 재정을 이나마 유지할 수 있는 요인은 두 가지이다. 하나는 국가 창고를 지키는 사명감을 갖고서, 과거 경제기획원으로부터 내려오는 예산실의 전통이다. 예산을 따는 과정은 매우 어렵다. 특히 개인적인 친분으로 예산이 소요되는 것을 방지하기 위해, 예산실에 근무하는 실·국장과 주요 보직 과장으로 구성된 심의회가 최종 결정을 내린다. 2012년 이명박 대통령은 매우 이례적인 행사를 가졌다. 예산실 직원들을 전원 청와대 점심에 초청한 것이다. 대통령이 특정 부처의 직원들과 식사 자리를 갖는 것은 상당히 리스크가 있다. 다른 부서와의 형평성 논란이 있을 수 있기 때문이다. 대통령 입장에서 국정의 어느 분야가 중요하지 않겠는가. 그런데도 예산실 직원들을 초청한 이유는 그만큼 국가 재정을 지켜온 예산실에 대한 평가 때문이다.

건전 재정 유지의 또 다른 요인은 헌법이다. 헌법 제57조는 "국회는 정부의 동의 없이 정부가 제출한 지출예산 각항의 금액을 증가하거나 새 비목을 설치할 수 없다"고 명시하여, 국회가 예산을 삭감할 수는 있어도 스스로 증액하기는 불가능하게 만들었다. 이 조항이 없었으면 국회의원들이 자기 지역구 관련 예산을 더 쉽게 넣었을 테고, 지금의 건전 재정도 없었을 것이다.

그러나 최근 국가 부채에 대한 경각심이 약해지면서 그동안 지켜온 성벽이 무너지고 있다. 공약 사업이나 국정 과제 명목으로 소요되는 엄청난 양의 재원은 한 부처의 차원에서 막을 수 있는 성격이 아니다. 국회에서도 법을 통해 예산을 집어넣는 사례가 늘고 있다. 국회의원이 정부 동의 없이 예산을 증액할 수는 없지만, 법률은 정부 동의 없이도 얼마든지 만들 수 있다. 이런 법률들이 의원 입법 형태로 제안되면 공무원들이 국회의원들을 찾아다니면서 설득해도, 국가 전체보다 특정 집단 이익을 우선시하는 국회의 특성상 되돌리기가 쉽지 않다. 국회에서도 이런 문제를 인식하여 개혁 차원에서 국회법을 개정하여 "상당한 규모의 예산 또는 기금상의 조치를 수반하는 법률안을 심사하는 소관위원회는 미리 예산결산특별위원회와의 협의를 거쳐야 한다"는 제어 장치를 마련하였으나 국회 규칙이 마련되지 않아 시행되지 않고 있다.

국가 부채 한계는 어디까지?

2006년으로 기억한다. 한 출연 연구기관에게 우리나라의 경제 상황에서 국채는 어느 정도까지 늘어나도 괜찮은지 판단해 달라고 요청한 적이 있었다. 어느 정도일까? GDP의 40퍼센트? 50 아니면 70퍼센트? 판단이 쉽지 않으리라 생각은 했지만 역시 계산해 내지 못했다. 국가 채무 적정 상한에 관해 국제적으로 통일된 기준은 없으며, 연구자에 따라 40~90퍼센트까지 다양한 의견을 내놓고 있다. 다만 IMF는 국가 채무 비율이 60퍼센트 대(신흥국은 40퍼센트)를 넘으면 채무 누적이 빠르게 진행되어 재정 위기가 발생할 확률이 높아진다고 경고한다. 유로 국가들은 출범 당시 합의한 마스트리히트 조약과 2012년 재정 위기 시 만든 신 재정협약에서 국가채무비율을 60퍼센트 이내로 유지하는 규율을 채택했다. 이런 것을 보면 대략 60퍼센트까지가 한계라고 볼 수 있다. 물론 실제 한도는 나라마다 다를 것이다.

나도 나름으로 계산을 해보았다. 부채 상한이란 결국 재정에서 이자 부담을 지속적으로 감당할 수 있는 수준이면 된다. 이자 지출이 조세 수입의 10퍼센트 정도까지는 괜찮다고 보고 조세 부담률은 현재와 같은 수준, 그리고 경제가 건전하게 지속 발전하려면 금리가

3~4퍼센트는 되어야 한다고 가정하고 계산해 보니 대략 50~60퍼센트 수준으로 나왔다. IMF나 EURO협약과 비슷한 수준이다. 현재 우리나라는 34퍼센트니 20퍼센트 정도 여유가 있다. 그러나 통일을 대비하고 이미 GDP의 34퍼센트 수준인 공기업 채무를 감안하면 그리 넉넉한 편은 아니다.

그동안 우리는 몇 번의 큰 경제 위기를 넘겼는데 이는 튼튼한 재정이 뒷받침되었기에 가능했다. 앞서 여러 나라의 사례를 들었지만 만약 재정이 무너지면 그야말로 기댈 곳이 완전히 사라진다. 온갖 고통을 수년간 겪어야 간신히 회복 가능하다는 것을 과거 파산한 나라들이 보여 주었다. 가장 큰 피해를 입는 계층은 서민이다. 과거에는 전쟁 때문에 나라가 망했지만 지금은 부채 때문에 망한다. 가뜩이나 고령화로 인해 들어가는 돈이 많은 오늘날, 지나친 정치권의 포퓰리즘 경쟁은 나라가 망하는 지름길이 될 수 있다.

무기력해지는
경제 관료
4

리비아가 무너지던 날 리비아 공무원이 우리 대사에게 이런 말을 했다고 한다. 리비아 공무원은 하루 4시간밖에 일하지 않고 나머지 시간은 자기 일을 보러 다닌다고. 이런 나라가 잘될 수 없다. 막강했던 일본이 2000년대 들어 힘을 못 쓰고 국가부채만 늘어나는 이유는 일본의 관료 체제가 무너졌기 때문이라는 분석이 있다. 과거 일본은 관료가 운영하는 '일본주식회사'라는 별명까지 붙을 정도로 관료들이 책임 있게 국정을 운영하는 나라였다. 그러나 정치권이 강해지면서 그 전통이 사라지고 있다. 관료의 역할을 정치권이 대신하면서 튼튼하던 경제가 엉망이 되었다. 지금 우리나라도 정치권이 갈수록 강해지고 있는데, 일본을 그대로 따라가고 있지는 않은지 염려스럽다.

경제 권력의 대이동

과거에는 정부가 정책을 수립할 때 국가 전체에 도움이 되면 그 방향으로 밀고 나가면 되었다. 언론이나 이해 관계자의 목소리도 그리 높지 않았고 특히 국회는 여당이 책임져 주었다. 그러나 지금은 완전히 달라졌다. 언론은 자기와 이념이 맞지 않는 정부가 추진하는 정책은 어떻게든 흠집을 내려 하고, 이해 관계자들은 조직적으로 대응해 저항한다. 여기에 NGO, 심지어 종교인까지 가세한다.

특히 국회는 이제 아무도 견제할 수 없을 만큼 힘이 세졌다. 정책을 수립하는 과정에서 여야 할 것 없이 정부 정책에 제동을 거는 경우가 잦아졌다. 행여 정책 내용에 법 개정 사항이나 예산 소요라도 있으면 추진하기가 매우 어려워진다.

필자가 경제 수석으로 일하던 2011년, 주택 경기 활성화를 위해 한시적인 취득세 인하를 추진한 적이 있었다. 그러나 지방자치단체들이 반발하고 국회도 이에 동조함으로써 정부는 진퇴양난 상태에 빠지고 말았다. 가까스로 수습하기는 했지만 그 과정에서 정부의 힘이 부치는 것을 뼈저리게 느꼈다. 이후 정부가 분양가 상한제 폐지, 양도세 완화 같은 핵심 개혁들을 추진해도 국회에서 통과되지 않으니 소용이 없었다.

국회가 정부 정책에 대해서만 제동을 거는 것은 아니다. 이제는 스스로 입법을 통해 정책을 양산하는 일이 잦아지고 있다. 정부 정책과 대척점을 형성해도 그것을 막기란 매우 어렵다. 과거에는 여당이 정부를 많이 도와주었지만 지금은 많이 달라졌다. 더구나 국회 선진화

법 때문에 여당의 도움을 받기도 점점 힘들어진다. 국회가 개원되면 공무원들은 입법을 부탁하거나 국가에 부담이 가는 입법을 막기 위해 상임위로, 법사위로 분주하게 뛰어다닌다. 어떤 국회의원들은 관계 부처 공무원들을 직접 불러서 업무 지시까지 하는 상황이다. 국회의 힘은 갈수록 세지고, 정책의 중심은 행정부에서 입법부로 넘어가고 있다.

국민의 대의 기관인 국회가 정책 수립에 직간접적으로 간여하는 것은 당연하다. 경제적 논리에 치중하는 관료들의 사고에 정무적 요인을 불어 넣는 바람직한 측면도 많다. 그러나 정치의 특성상 국회는 국가 전체의 이익보다는 목소리 큰 소수 이해 관계자의 이익을 대변하기 쉽다. 일례로 약 2만여 개 약국을 보호하기 위해 간단한 의약품까지 슈퍼 판매를 금지해 5천만 명이 불편을 겪었다. 2012년 말에는 국회가 법 개정을 통해 택시를 대중교통으로 지정하고 정부 보조금을 지급하려 했다. 아파트 미분양이 많은 지역구 의원들은 가계 부채 위험성에도 불구하고 주택 담보 대출을 대폭 늘리라고 요구한다.

국회가 정책의 중심이 되면 '몸에 좋지만 쓴 약' 보다는 '당장 입에 맞는 달콤한 약' 이 우선 처방될 수 있다. 병의 원인을 치료하기보다는 증상 완화에만 관심이 커질 수 있다. 국회의 권력이 강해지면서 관료들의 무기력은 갈수록 심해질 것이다. 관료들은 이미 자기 장관들이 일을 시작도 하기 전에 인사 청문회에서 만신창이가 되는 모습을 본다. 그리고 누가 오든 정작 할 수 있는 일이 별로 없다는 것을 알게 된다.

이제 대한민국의 전략을 세우는 두뇌 역할을 하는 집단은 관료에서 정치권으로 바뀌었다고 해도 과언이 아니다. 그래서 정치의 중요성이 갈수록 커지고 있다. 이제 정치가 잘못되면 나라가 멈춘다.

변양호 신드롬, 제발 나 있을 때는 조용히

공무원 사회에는 소위 '변양호 신드롬'이라는 것이 존재한다. 사정기관이 무서워 조금이라도 리스크가 있는 일은 하지 않으려는 모습을 빗댄 말이다. 공무원들은 과거 기획재정부의 매우 유능한 관료가 외환은행 매각을 주도했다가 곤욕을 치르는 모습을 보았다. 2003년 외환은행을 인수한 어느 외국 자본이 2012년 매각 시 216퍼센트에 달하는 짭짤할 수익을 올린 것은 사실이지만 당시 똑같은 기간에 기아차 주식을 매입했으면 795퍼센트, 삼성화재 주식을 매입했으면 242퍼센트의 수익률을 보였다. 외환은행을 매각하지 않았다면 그 대가는 훨씬 더 컸을지 모르지만, 그런 정황은 고려되지 않는 것이 현실이다.

그런 여파로 인해 우리은행 민영화, 기업은행 주식 매각 같은 국가적으로 중요한 사업도 후환을 두려워하는 관료들 때문에 진척이 되지 않는다. 국가가 상업은행을 오랫동안 소유하고 있으면 그 효율성을 담보하기 어렵다. 빨리 팔아서 국채라도 갚으면 이자 지출도 그만큼 줄어들어 재정에도 보탬이 되겠지만 그런 생각을 할 여유가 없다. 그러다 보니 매각 시기는 계속 늦어져 결국 팔지 않을 수 없는 상황에 이르러서야 팔고 그만큼 손해를 입는다. 2002년 한국자산관리공사(KAMCO)가 최대 주주가 된 쌍용건설이 그 대표적인 사례이다. 2008년도 3만 원을 웃도는 가격이 2013년 초에는 그 10분의 1도 되지 않더니 결국 부도 위기로 거래 정지되고 말았다. 공기업 매각 지연은 국가 재정 차원에서 엄청난 손해이지만 주인 없는 기업들의 운영 과정에서 나타나는 보이지 않는 부조리와 비효율은 또 다른 차원에서 국가 경제에 많은 폐해를 끼친다.

　미국이 2008년 금융위기 시 대규모 공적자금을 넣었던 AIG와 시티은행을 2~4년 만에 도로 민영화한 것과는 매우 대조적이다. 우리나라는 지금 팔았다가 나중에 값이 오른다거나 혹은 정권이 바뀌어 타깃이 되면 개인의 힘으로는 벗어날 수 없다. 국가 위기 시에 혼신을 다해 매각을 했는데 나중에 그게 잘못이라고 단죄하면 기절할 노릇이다. 그러니 담당자 입장에서는 그냥 가만히 있는 것이 상책이다. 정부나 정권입장에서는 정부가 소유하고 있으면 낙하산 인사로 활용할 수 있어 오히려 더 좋을 수 있다. 그러나 민영화가 지연되는 데 따른 부작용은 국민의 몫으로 남는다.

　기업이 어려워 지원이 필요해도 괜히 특혜 의혹에 시달릴까 공무원은 물론 정책금융기관도 쉽사리 나서지 않는다. 이 역시 미루고 미루다가 결국 기업이 무너지는 상황이 되어야 수습에 나선다. STX가 이런 경우에 해당한다. 세계적인 조선, 해운업 불황 때문에 기업이 어려워지면 정책금융기관이 돕는 것이 당연하지만 다들 몸을 사린다. 결국 본인들은 살지만 지원 시기를 놓치는 바람에 국민 경제는 그만큼 타격을 입는다. 2011년 저축은행 사태가 났을 때, 몇몇 금감원 직원들은 뇌물을 받지 않았는데도 업무 태만으로 구속되었다. 이후 금감원은 저축은행 감사 시 조금이라도 문제가 있으면 영업 정지를 명령한다. 국가 경제 전체를 위해서는 살리면서 가는 것이 낫지만 그러다가 자칫 자신이 위험해질 수 있기 때문이다.

정권 교체기에 벌어지는 이전 정부 정책에 대한 수사나 감사도 공무원들을 위축시킨다. 2011년 한미 FTA 협정을 앞두고 국민들에게 제대로 실상을 밝혀야 할 부처들이 매우 소극적인 태도를 보였다. 정치적 논쟁이 있는 업무는 서로 맡지 않으려고 한 것이다. 훗날 정권이 바뀌면 어떻게 될지 모르기 때문이다.

감사원은 정권이 바뀌자 4대강 사업을 총체적 부실로 규정했다. 낙동강 일부 지역에 준설을 많이 해서 4조 원에 가까운 예산 낭비가 발생했다고 발표했다. 본질과는 거리가 먼 준설, 부실시공, 담합 등의 문제로 4대강 업무를 담당했던 국토부와 공정거래위 직원들은 곤욕을 치렀다. 예산은 행정부 혼자 편성하는 것이 아니라 국회의 엄격한 심의를 받고 확정된다. 국회에서 예산 심의를 담당하는 예산정책처나 예결위 직원들은 재정의 최고 고수들이다. 4대강 사업에 이렇게 낭비가 많았다면 그것을 찾아 내지 못한 이들은 매우 무능한 사람들이 된다.

흥미롭게도 사정 기관들의 이러한 행태는 반복된다. 모든 정권이 나중에 똑같이 당한다. 이제는 다음 정부 초기에 어떤 감사가, 어떤 수사가 이루어질지 예측이 가능하다. 이런 상황이 계속되면 공무원들은 일하는 데 있어 위축될 수밖에 없다. 장관이 나를 믿고 따르라 해도, 정권이 바뀌고 잘못하면 기관장도 구속되는 판국에 누가 따르겠는가? 관료들이 괜히 열심히 일하다가 억울하게 뭇매를 맞으니,

가만히 복지부동하고 일신의 안위를 위하는 것이 낫다고 생각하는 나라에 과연 비전이 있을까?

아! 세종시

경제 권력의 이동과 '변양호 신드롬'으로 무기력해진 경제 관료들에게 세종시는 그야말로 울고 싶은 아이의 뺨을 때린 격이다. 2012년 말부터 총리실, 기재부, 농림부, 국토부, 공정거래위원회 등 핵심부처 공무원들이 세종시로 내려갔다. 허허벌판에 아파트 몇 채가 있고 생활 여건은 전혀 갖추어져 있지 않다. 공무원이니까 이런 환경으로 내몰려도 말이 없지, 만약 민간인이었다면 가만 있지 않았을 것이다. 세종시 공무원들은 열심히 일하는 것보다 퇴근 시간이 되면 빨리 서울행 통근버스 타는 일이 더 중요하다. 이전처럼 야근을 밥 먹듯 하며 국가 경제를 생각하는 그런 문화는 기대하기 힘든 상황이 되었다.

장·차관은 거의 서울에 상주할 수밖에 없다. 국회는 수시로 열리고 각종 회의는 서울에서 개최된다. 외국에서 손님이 오면 서울에서 만날 수밖에 없다. 언론인과 식사라도 한번 하려면 서울에 올라와야 한다. 예전에는 다른 부처가 회의를 소집해도 무관심하던 공무원들이 이제 서울에 있는 부처가 회의를 소집하면 고마워하면서 간다. 그러다 보니 세종시는 무두일의 연속이고 간부들은 오가느라 길거리에서 시간을 허비하며 아까운 출장비만 소진된다.

세종시는 태생부터 기형인 도시이다. 2002년 대선 공약으로 시작되어 2003년 법까지 만들며 추진되었으나 2004년 헌법재판소에서 위헌 판결을 받았다. 그러자 정권은 대통령과 외교안보부처, 사법부, 입법부는 서울에 남기고 경제관련 부처만 이전시켰다. 당시 야당이었던 한나라당마저 충청권 '표' 때문에 합의하면서 설마설마 하던 사업이 진짜로 실현되었다. 충청남도 연기군에 신도시 하나 만들기 위해 국가 시스템이 담보로 잡힌 꼴이다.

정부 부처 몇 개 옮긴다고 해서 그 지역이 획기적으로 발전하는 것도 아니다. 지방이 살려면 정부 청사보다 기업이 들어서야 한다. 그래야 전후방 효과로 지역경제가 활성화될 수 있다. 정부 청사가 내려가 봐야 그 지역 고용이 늘어나는 것도 아니고 기껏해야 음식점이나 인쇄소, 상점 정도나 혜택을 입을 뿐이다. 1998년 8개청이 이전된 대전시의 경우 당시 1인당 소득이 16개 시도 중 12위였으나 10년이 지난 2008년에는 14위로 오히려 떨어졌다. 세종시가 제대로 기능하려면 인구가 40만~50만은 되어야 하는데 지금 같은 고령화 추세에는 쉽지 않다. 세종시 문제가 빨리 해결되어야 국가가 제대로 돌아가는데 뾰족한 방안은 없으니 안타까울 따름이다.

바뀌는 관료 문화

한해 한해 위기가 없던 해가 없을 만큼 급변하는 상황에서, 우리가 이 정도까지 온 것은 꿋꿋이 자리를 지키면서 국익을 위해 열심히 일한 관료들의 역할이 컸다고 본다. 과거 우수한 인재들이 민간보다 적은 봉급을 받으면서도 국가를 지키고 발전시킨다는 자부심을 갖고 있었다. 그러나 이런 문화는 점점 바뀌어 가고 있다. 국회로의 권력 이동이 가속화되고 언론이나 민간단체들도 갈수록 상대하기가 버겁다. 열심히 일하다가 감사라도 받거나 정권이 바뀌면 자칫 낭패만 볼 수 있다. 출퇴근하기 바쁜 공무원들에게 국가보다는 개인의 문제가 우선이다. 이런 상황에서는 이전 관료들이 가졌던 국가에 대한 충성심이 유지되기 어렵다.

게다가 각 부처는 갈수록 자기 식구 챙기기에만 급급하다. 자기 부처 업무만 챙기다 보니 국가 부채가 늘어나든, 기업이 망하든, 국민 부담이 늘어나든 별로 신경 쓰지 않는 분위기이다. 서비스 산업 육성 대책만 해도 그렇다. 총론에는 모두 동의하지만 각론에 가서는 다들 반대한다. 자기 밥그릇을 뺏기고 싶지 않기 때문이다. 사정 기관들도 경제에는 별 관심이 없는 듯하다. 본인 입장에서는 대어를 잡고 이름을 날리는 것이 더 중요할지 모른다. 이전에는 실무 차원에서 부처 협의도 많았는데 지금은 실무자들끼리 만나면 합의가 이루어지지 않는 경우가 많다. 모두 자기 부처만 대변하기 때문이다. 장관들이 만나야 그나마 해결이 된다.

이런 분위기라면 공무원들에게 국민 경제는 관심이 적어질 수밖에 없다. 이런 상황에서 누가 경제부총리가 되어도 제 기능을 하기 쉽지 않다. 훌륭한 정책이 나오기 어렵다. 정책은 한번 어긋나면 엄청난 후폭풍을 몰고 온다. 제때 월급이 나오는 공무원들이야 큰 걱정이 없다. 잘못된 정책의 최대 피해자는 힘없는 서민들이다.

경제민주화와
반기업 정서
5

몰매 맞는 대기업

2011년 한중일 정상회담 차 대통령을 수행해서 일본에 갔을 때였다. 당시 일본은 후쿠시마 원전 사태로 매우 어수선한 상황이었다. 자국 내에서 한중 양국 정상이 후쿠시마 피해 지역을 들러 위로도 하고 부근에서 재배된 채소도 먹는 이벤트를 실시했다. 정상 만찬에 나온 음식들도 후쿠시마 원산지가 상당히 많았다. 솔직히 먹기 찜찜했지만 어쩌겠는가, 이 역시 외교의 일환인 것을. 일본 언론들은 각국 정상들이 음식 먹는 모습을 방송했고, 후쿠시마 산 식재료들이 안전하다며 선전에 열을 올렸다.

다음날에는 일본 경제 단체가 주최하는 오찬 세미나에 참석했는데, 거기에는 후쿠시마 원산지 음식이 없었다. 참석한 일본인 간부에게 "어제 총리 만찬에서는 후쿠시마 원산지 음식이 있던데 여기에는 없습니까?"라고 물었더니 그의 대답이 걸작이었다. "총리가 그런 정치적 쇼만 하지 기업인들에게 실질적 도움이 되는 일은 하나도 하지 않습니다. 한국 기업들이 부럽습니다. 우리도 한국 대통령처럼 기업을 잘 아는 총리가 나와 주기를 학수고대하고 있습니다."

일본 산업계의 간절한 바람이 실현되었는지 노다 총리의 후임인 아베 총리는 2012년 후반부터 주변국이야 어찌되든 상관 않고 마구 돈을 찍어 내면서 엔화 약세를 몰고 나갔다. 다시금 경쟁력이 살아난 일본 기업들은 신이 났다. 70엔 대에서 단숨에 100엔까지 치솟았으니 수출 기업들이 좋아할 만하다.

반면 같은 시기에 한국 기업들은 경제민주화라는 이름으로 곤욕을 치르고 있었다. 국세청 세무 조사가 동시다발로 진행되고, 순환출자 금지, 일감 몰아주기 과세, 근무시간 축소, 통상임금 범위 확대 등 기업 부담이 늘어나는 정책들이 우후죽순처럼 쏟아져 나왔다. 대기업 회장이 3명이나 구속되기도 했다. 기업인들에게는 우리나라에서만 광범위하게 적용된다는 배임죄가 가장 무섭다고 한다. 이 죄목으로 걸면 피하기란 거의 불가능하기 때문이란다. 2012년 국내 굴지의 대기업 회장이 구속되었는데 당초 비자금 고발사건으로 수사를 받다가 별 내용이 없으니까 다른 배임죄가 적용되었다고 한다. 신문 보도에 따르면 13차례에 걸쳐 37곳을 압수 수색하고 임직원 350명을 6개월 동안 소환 조사했다. 결국 본인의 횡령이 없는데도 계열사 구조 조정을 승인한 이유로 실형을 받았다. 이렇게 하는데 걸리지 않는 기업이 세상 어디에 있겠는가.

2012년 초 어느 대기업 소속 건설회사가 부도 위기를 맞았다. 건설 경기가 워낙 나쁘고 회생 가능성도 미약해서 그룹은 이 회사를 포기하려 했다. 그런데 채권은행과 주주들이 강하게 반발했다. 대기업이 사회적 책임을 저버리고 꼬리 자르기를 한다며 말이다. 결국 그룹은 울며 겨자 먹기로 해당 회사를 지원해 살렸다. 그런데 이것도 위의 잣대로 보면 배임에 해당된다. 어려운 계열사를 지원하지 않으면 꼬리 자르기가 되고, 지원하면 배임이 되는 것이 우리의 현실이다. 또 기업 경영 과정에서 자산을 싸게 팔았다거나 비싸게 사면 그것 역시 배임이 된다고 한다. CEO의 경영 판단이 존중되지 않고 배임으로 다 걸 수 있으면 누가 과감히 사업을 할 수 있겠는가.

최근에는 보수적인 사법부마저도 기업에 대하여는 매우 엄격한 잣대를 적용한다. 과거에는 불법 행위로 재판 받는 기업인들에게 "비록 범죄 사실은 인정되나 그동안 국가 경제에 기여한 공을 참작해서…"라는 식의 배려가 있었는데 지금은 사회 지도층이라는 이유로 오히려 더 불이익을 받으니 격세지감이다. "국민과의 소통과 교류를 통해 국민 신뢰를 확보하는 것"이 사법부의 가장 큰 가치가 된 듯하다. 대법원장도 각종 행사의 말씀에서 이를 강조하고 있다.

2013년 4월 법의 날에서 국민훈장을 받은 한 원로변호사는 이렇게 말했다. "사법부는 인기나 여론에 휩쓸리는 재판이 아니라 소신과 용기를 갖고 법치에 입각해 판결해야 한다. 국민 여론에 반대되는 판결로 비난 받을까 두려워해서는 안 된다." 국민들은 사법부에 대해 국민 여론보다는 태산과 같은 무게로 우리 사회를 지키는 최후의 보루가 되어 주기를 원한다. 불법이나 부정을 저지른 기업인은 당연히 그 대가를 치러야 하고, 기업은 투명하게 경영되어야 한다. 그러나 사회 분위기에 편승하여 기업인이라는 이유로 더 매도당하고 반기업 정서가 확산되는 일은 없어야 한다. 기업은 우리 경제의 엔진이다. 여태까지도 그랬고 앞으로도 그래야 하기 때문이다.

대기업은 천하무적?

우리나라 대기업은 얼마나 강할까? 2008년 이후 원화 약세에 힘입어 많이 약진한 것은 사실이다. 매출이나 자산규모가 5년 사이 거의 2배가 되었다. 그러나 여기에는 착시 현상이 존재한다. 기업도 기업 나름이어서 삼성, 현대자동차 등 진짜 큰 기업들을 제외한 곳들은 성과가 별로 크지 않다. 2012년 30대 그룹의 당기순이익은 총 53.1조 원인데 이중 10대 그룹이 44.8조 원으로 84퍼센트를 차지할 정도이다. 향후 철강도 공급과잉이 예상되고, 효자산업이던 석유화학도 후발국과 산유국들이 자체 설비를 확장하고 있어 전망이 썩 밝지 않다. 특히 미국의 석유화학산업이 셰일가스로 무장하면서 경쟁력이 강화되고 있어 더욱 위협이 된다. 승승장구하던 휴대폰 시장도 갈수록 포화 상태에 다다르고 있다.

세계 시장에서는 얼마나 강할까? 그동안 한국은 일본의 고기술과 중국의 저임금 사이에 낀 샌드위치라는 말을 많이 들었다. 그런데 중국이 정말 우리보다 기술 수준이 낮을까? 절대 그렇지 않다. 중국은 자체 기술로 핵무기, 전투기, 고속철도를 개발했으며, 우주에 로켓도 쏘아 올리는 나라이다. 최근에는 항공모함까지 만들고 있다. 상업용 기술이 뒤져서 그렇지, 기초 과학기술은 세계 일류 수준이다. 중국은 세계에서 부품 소재 수출 1위국이기도 하다. 부품 소재 산업은 기초 기술 없이는 불가능하다. 우리가 일본에 무역역조 현상을 보여 왔던 것도 부품 소재 때문이었다. 중국에 진출한 국내 기업들이 사용하는 부품 소재의 한국산 비중이 2006년만 해도 40퍼센트 정도였으나 이제는 20퍼센트대로 낮아졌다. 그만큼 중국산이 따라오고 있기 때문이다.

　상업용 기술은 우리가 우위에 있다고는 하지만, 중국은 과거 십 수년이 걸리는 기술 개발도 이제는 그 기술을 보유한 회사를 사는 방식으로 해결한다. 중국의 외국 기업 쇼핑 금액은 지난 2007년 136억 달러에서 2011년 732억 달러로 크게 증가했다. 이와 함께 중국 기업들의 경쟁력도 급격히 상승하고 있다.

　해외에서의 경쟁은 상상도 하기 어려울 만큼 치열하다. 2000년대 중반만 해도 노키아는 휴대폰의 최강자였다. 얼마나 콧대가 높았는지 노키아의 임원을 만나기가 하늘의 별따기만큼 어려웠다고 한다. 그런 회사가 스마트폰 한방으로 갔다. 모토로라와 블랙베리도 마찬가지 신세가 되었다. 삼성전자가 소니(SONY)를 능가한 것은 참으로 대단한 일이다. 소니가 한눈을 팔았던 것이 삼성의 추격에 많은 도움이 되었다고 한다. 1982년 취임한 오가 노리오 회장은 도쿄대 음대를 졸업한 오페라가수 출신으로 세계 유명 지휘자들과도 친분이 깊었다고 한다. 그런 배경을 가진 그는 취임 이후 탈전자화를 시도

하면서 영화, 음악 사업에 집중했다. 초반에는 CD와 플레이스테이션 사업이 대박을 터뜨렸지만 이후 콘텐츠에 비해 기술이 경시되면서 LCD 등 새로운 기술 환경 변화에 제대로 적응하지 못해 경쟁력을 잃었다. 삼성도 언제 중국의 어떤 회사에 추월당해 제2의 소니가 될지는 모르는 일이다. 미국의 대표적 주가지표인 다우존스는 미국을 대표하는 우량기업 30개로 구성되는데 지난 100년간 계속 존속한 기업은 GE 하나뿐이라고 한다. 1900년 〈월스트리트저널〉이 선정한 '미국의 대표적 초우량기업 12개' 중 지금까지 건재한 기업 또한 GE뿐이다.

GE가 유일하게 경쟁력을 유지하고 있는 가장 큰 이유는 항상 변화했기 때문이라고 한다. 다윈이 《종의 기원》에서 주장한 말, 즉 가장 오래 살아남은 것은 가장 힘이 세거나 머리가 좋은 종이 아니라, 바뀌는 환경에 잘 적응한 종이라는 내용과 일맥상통한다. GE는 잭 웰치가 회장직에 오른 1980년 이후 일류가 되지 못하는 부서는 가차 없이 구조조정의 대상이 되었다. GE는 15년간 400개 생산 라인을 처분했는데 거기에는 미국의 상징인 토스트기, 텔레비전, 다리미 등도 포함되어 있었다. 멀쩡히 잘 굴러가는 사업이라도 1등이 아니면 처분 대상이었다. GE의 경영이념은 정원 관리와 흡사하다고 한다. "잘 자라고 예쁜 꽃에는 비료와 물을 주지만 그렇지 못한 꽃은 잘라버린다." 이렇게 잔혹해야만 살아남을 수 있는 것이 기업 환경이다. 미국의 대기업도 이처럼 생존이 쉽지 않거늘 하물며 우리 기업이야 어떻겠는가.

외국으로 나가는 기업들

심각한 인구고령화가 진행 중인 일본은 이미 오래 전부터 기업의 해외러시로 인해 국내 산업의 공동화가 시작되었다. 지난 20년간 조세수입이 25퍼센트가 줄어들 정도이다. 일본 자동차업계는 오래전부터 해외 진출로 경쟁력을 확보하고 있고, 현재 일본 경제를 이끌고 있는 기업들은 대부분 그동안 해외에 투자를 많이 한 기업들이다. 대표적으로 해외 투자를 많이 한 일본 7대 종합상사가 해외 자회사로부터 받은 배당금은 2011년에 역대 최고수준인 1조 엔에 이르고 있다. 파이낸셜 타임즈는 12.5월 "일본 종합상사가 과거 일본 경제와 흥망을 같이 해왔으나 최근 디커플링이 심해지고 있다"고 보도할 정도이다. 이제는 해외 투자가 일본의 경쟁력을 유지시키고 일본을 먹여 살린다고 해도 과언이 아니다.

 우리도 일본을 따라가지 않는다는 보장이 없다. 굳이 경제민주화가 아니더라도 이미 국내 기업들의 해외 투자가 늘고 있다. 이는 국내의 경제 환경이 좋지 않음을 반증한다. 자동차의 경우 2004년 해외 생산 비중은 13.4퍼센트였지만 2012년에는 50퍼센트를 넘어섰다. 해외 생산이 더 많아진 것이다. 국내 생산 능력은 그대로인데 해외 설비는 늘어났다. 국내 시장은 생산성도 낮고 설비 투자 시 노조의 동의를 받아야 하기 때문에 투자가 쉽지 않다. 현대차의 경우 설비는 똑같은데도 국내 공장의 시간당 생산 대수는 외국 공장의 60퍼센트에 불과하다고 한다. 생산성도 낮고, 1인당 인건비는 1억 원이 넘는데도 툭하면 노사분규가 일어나니 국내 투자가 갖는 메리

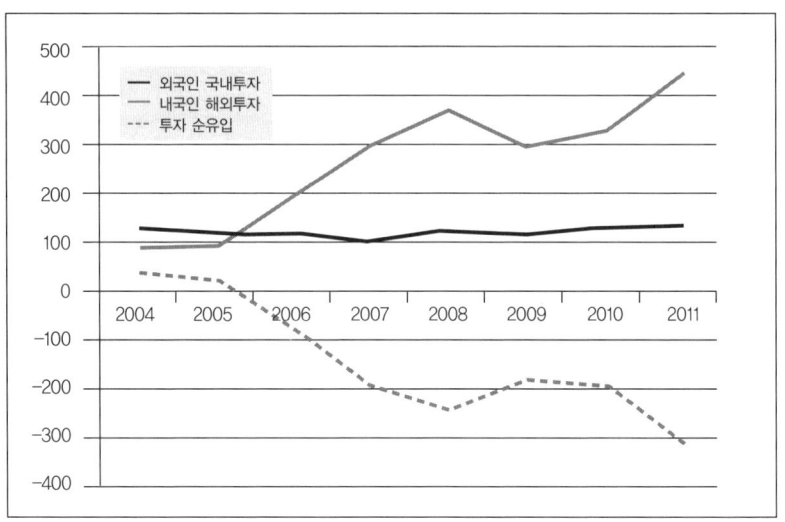

외국인 국내투자와 내국인 해외투자 추이(억 달러)

트가 전혀 없다. 오히려 강성 노조가 기업 투자를 해외로 밀어내어 국내 일자리를 없애고 있는 실정이다. 현대기아차의 미국 앨라배마 공장은 직간접적으로 일자리 3만 개를 창출했다고 한다. 노사분규로 임금이 올라가면 그 부담은 부품 중소기업과 소비자들에게 고스란히 넘어간다. 일본 도요타는 엔고가 한참인 2012년 상반기에 세계 1위를 탈환했다. 엔고에 대비해 연봉을 동결하면서 노사가 합심한 결과였다.

휴대폰은 해외 생산 비중이 2010년 16퍼센트에 불과했지만 단 2년 만인 2012년에는 80퍼센트 수준으로 올라갔다. 삼성전자 휴대폰을 생산하는 베트남 공장에는 27,000명이 근무하고 있으며 부품업체 등

간접고용까지 포함하면 거의 50,000명의 일자리를 창출했다고 한다. 이 정도면 거의 인구 20만 명, 충주시 정도를 먹여 살릴 수 있는 규모니 결코 작지 않다.

자동차와 전자뿐 아니다. 전체적으로 우리나라의 해외 직접 투자는 급속도로 증가하고 있다. 2011년 역대 최고인 445억 달러가 외국에 투자되었다. 불과 6년 전인 2005년 97억 달러에 비하면 무려 4.5배가 증가했다. 반면 외국에서 들어온 직접 투자액은 동 기간 116억 달러에서 137억 달러로 늘어 완만한 증가세를 보였다. 2006년부터는 국내 기업의 해외 투자가 외국 기업의 한국 투자보다 커졌고, 2011년 그 차이는 무려 308억 달러가 되었다. 2011년 우리 GDP가 1조 1,200억 달러 수준이니, 만약 이 돈이 국내에 투자되었다면 성장률이 3퍼센트는 추가로 높아졌을 것이며 국내 일자리도 40여만 개 더 창출될 수 있었을 것이다. 이러한 추세가 계속되면 우리도 일본 같은 국내 산업 공동화를 피할 수 없다.

'3불(不)' 사회, 분열되는 국민
6

사회를 위태롭게 하는 세 가지

대통령 비서실장을 지낸 정정길 전 울산대총장의 '아웃사이더론'은 매우 흥미롭다. 어떤 사회이든지 국민들 간에 '3불(不)' – 불안, 불신, 불만 – 이 생기면 위태로워진다고 한다. 사는 것이 불안하고, 정부는 못 믿겠고, 다른 사람과 비교하면 불만이 가득 찬다. 제도권에서 해결이 안 되어 사회가 '3불'에 빠지면 비제도권에서 아웃사이더가 등장하기 쉽다. 아웃사이더는 그동안 제도권 내에서 이루어진 모든 것을 부정하고 화려한 미래를 약속하면서 대중적 인기를 얻는다. 그러나 종국에는 파멸적 혼란을 가져온다.

그 대표적인 사례가 히틀러이다. 1차 세계 대전의 패배로 국가 재정이 파탄 나고 대공황까지 엄습해 오는 상황에서 히틀러는 분연히 나타났다. "전쟁 배상금을 갚지 않겠다. 빼앗긴 땅도 다시 찾겠다. 그리고 유태계 은행들을 모조리 국유화해서 그 돈으로 실업을 퇴치하겠다." 당시 피폐한 삶에 찌들고 고통 받던 독일인들은 그에게 열광했다. 특히 은행을 장악하면서 돈을 벌던 유태인의 재산을 뺏고 참살하는 것은 통쾌했으리라. 그러나 결과적으로 독일은 더욱 참담해지고 히틀러는 독일 역사상 부끄러운 존재가 되고 말았다.

또 다른 사례는 아르헨티나의 페론 대통령이다. 그는 근로자들 삶의 질을 높여 주겠다고 선언하고 이를 실현하기 위해 기업들마다 노조를 만들고 키웠다. 노조 세력은 결국 과도한 임금인상으로 이어졌고 국가경쟁력은 떨어지기 시작했다. 뒤늦게 정부가 통제하려고 했으나 이미 조정 불가능한 상황이 되었다. 결국 당시 세계 6위 경제권의 아르헨티나는 경제 약소국으로 추락해 아직까지도 회복하지 못하고 있다. 아르헨티나가 이렇게 된 데 대해 우파는 노조를 탓하고 좌파는 미국을 탓했다. 그러나 학자들은 정부에 대한 국민들의 불신이 경제 추락의 근본적인 원인이라고 진단한다. 국민들이 정부를 믿지 않으니 어떤 정책도 먹혀들지 않았다는 것이다.

우리 사회에서 '3불'은 사회 갈등으로 연결된다. 우리처럼 사회 갈등이 심한 나라도 많지 않다고 한다. 한 경제연구소 조사에 따르면, OECD 국가 중 종교 갈등이 심한 국가를 제외하고 가장 심한 나라라고 한다. 과거부터 있어온 지역 갈등, 이념 갈등에 더하여 노사 갈등과 양극화 갈등, 정규직과 비정규직의 갈등, 송전선 갈등, 해군 기지 갈등 등 상당히 많다. 역대 정부마다 사회통합위원회를 구성해 갈등을 완화하려 했지만 역부족이었다. 갈등의 근본 원인을 치료해야 하는데 너무 다양하고 복합적이어서 쉽지 않다. 가정에서의 갈등은 가장 큰 어른이 나서서 해결하는데, 우리 사회에는 제대로 된 큰 어른을 찾아보기가 너무 어렵다. 아니, 어른을 만드는 사회가 아니다.

  사회 갈등의 치유 없이 지속적 발전은 불가능하다. 사회 갈등의 해소는 정부와 정치권의 책임이지만 이 역시 국민이 분열되어 있는 상황에서는 쉽지 않다. 설령 제도권이 아무리 잘한다 해도 비제도권에서의 여론 형성이 매우 중요하다. 우리나라의 정신문화를 지도하는 그룹은 대체로 언론이나 NGO, 종교단체이다. 이들이 병들고 왜곡되어 있다면 우리의 미래는 어두울 수밖에 없다.

언론이 바로서야 나라가 산다

어느 나라든, 어떤 사회든 언론은 매우 중요한 역할을 한다. 언론이 신뢰를 잃은 사회에 미래는 없다. 대학 1학년 때 교양과목으로 언론학개론을 들었는데, 당시 교수가 했던 말이 아직도 기억난다. "언론의 속성은 신속성, 정확성, 계도성이다." 다른 것은 몰라도 계도성에 대해서는 의문을 제기하는 사람이 많다. 오히려 언론이 사회 혼란을 더 가중시키고 있지는 않은가. 계도보다는 이념이나 각 언론사가 처한 상황이 더 중요하기 때문일 것이다. 그러다 보니 국민들이 언론을 불신하는 경향은 점점 더 커져만 간다. 한국언론진흥재단이 발표한 2012년 언론수용자의식조사 결과를 살펴보면, 언론인의 도덕성과 신뢰도에 대한 국민의 평가는 5점 만점에 2.8점을 받은 데 그쳤다.

  이렇게 된 가장 큰 이유는 언론사와 언론인이 너무 많아 경쟁이 지나치게 과열되었기 때문이 아닐까 한다. 인터넷 포털 사이트의 뉴스 코너를 살펴보면 우리나라의 언론사가 얼마나 많은지 쉽게 알 수 있다. 전국을 대상으로 한 일간지 개수가 10개가 넘은 지 오래되었지만 인터넷의 발달로 수많은 매체가 계속 쏟아져 나온다. 2012년 현재 문화체육관광부에 등록된 인터넷 신문은 총 3,216개 사다. 2011년에는 2,438개였다. 1년 동안 약 800여 개의 신생 매체가 탄생한 것이다. 기자도 그만큼 많다. 2013년 대통령직인수위원회 출입기자는 193개 언론사에 983명이었다. 5년 전 151개 언론사에 736명이었을 때도 많다고 했는데 그보다 훨씬 더 늘었다. 한국언론진흥재단은 〈한국언론연감 2010〉에서 우리나라 기자 수가 20,969명이라고 발표하였다. 이 중 인터넷 신문 기자는 4,583명으로 전년 대비 55퍼센트 넘게 증가했다. 이는 가히 폭증세라고 할 수 있다. 외국과 비교해도 매우 많다. 우리나라는 인구 2,300명당 1명이 기자인데 미국은 7,300명당 1명, 프랑스는 12,000명당 1명꼴이다.

  경쟁이 치열하다 보니 기자들은 독자의 눈길을 끌기 위해 자극적인 기사를 작성하게 된다. 일례로 2010년 겨울에 발생한 구제역 보도를 살펴보자. 구제역으로 인해 무려 340만 마리가 넘는 소와 돼지를 땅에 파묻었다. 이처럼 수많은 무고한 생명을 매장해야 하는 것은 엄청난 비극이다. 매일 땅을 파고 아끼던 가축을 파묻어야 하는 축산 농가나 그 일을 맡은 공무원들은 참으로 힘들었을 것이다. 그 와중에

과로로 8명의 공무원이 운명을 달리했다.

그러나 당시 우리나라 언론들이 보여 준 보도 태도와 그 내용은 매우 참담했다. "내다버린 돼지들 땅위에 나뒹굴어 바이러스 확산 방치", "핏물이 도랑을 타고 줄줄, 구제역 침출수", "가축 매몰지에 병균 우글, 지하수로 퍼지면 질병대란" 등등. 출처나 팩트가 정확하지도 않은 자극적인 기사들로 인해 정부대책본부는 매일 전쟁을 치르듯 반박 자료를 내야 했고 그로 인한 행정 낭비도 극심해졌다. 결국 참다못한 축산 농가들이 나서서 "언론 보도로 인해 농촌과 축산 농가는 두 번 웁니다. 가축 매몰에 대한 자극적인 표현을 자제해 주시기 바랍니다"라는 내용의 호소문을 내고서야 진정되는 기미를 보였다.

언론인들과 이야기를 나눠 보면 '좋은 것은 웬만해서 기사거리가 안 된다'고 한다. 뭔가 나쁘고 자극성이 강해야 기사가 된다는 것이다. 세상 모든 일에는 빛과 그림자가 존재한다. 빛이 없으면 그림자도 없다. 그런데 빛은 무시하고 그림자만 자꾸 부각시키면 우리 사회가 점점 더 어두워지지는 않을까.

이념에 따른 '편 가르기 보도'도 많다. 몇몇 언론사들은 자사와 이념을 달리하는 정권을 무조건 배척한다. 좌파 정권이 들어서면 보수 신문이, 우파 정권이 들어서면 진보 신문이 가만히 있지 않는다. 언론이 각기 자기 나름의 이념 성향을 가지는 것은 나쁜 일이 아니지만, 우리나라의 경우는 너무 지나치기에 혼란이 야기되고 사회 갈등이 커진다. 언론인 스스로 언론은 갈등을 먹고살기 때문에 어쩔 수 없다고 하지만, 결국 피해는 고스란히 국민들이 입는다.

거짓말이 먹히는 사회

일부 NGO들이 자기 뜻을 관철하기 위해 거짓말을 서슴지 않는 것도 3불의 원인이 되는 큰 문제이다. 어떤 일이 있어도 국민을 상대로 거짓말을 해서는 안 된다. 이러한 거짓말의 사례는 한미 FTA 협상당시 가장 많이 등장하지 않았나 한다. FTA는 원래 국제 사회가 자유무역 체제를 지키기 위해 세계 공통의 규범을 만들려고 했으나 워낙 이해관계가 복잡해 포기하고 그 대안으로 탄생한 제도이다. 상대적으로 협상이 쉬운 두 나라 간에만 협정을 맺어 상호 이익을 보자는 게임이다. 이런 양국 협정으로 이루어지는 무역이 세계적으로도 전체 60퍼센트 이상이고 갈수록 늘어나는 추세이다.

수출이 GDP의 50퍼센트를 차지하는 우리나라에게 FTA는 단순한 수출기업 지원 차원이 아니라 국민 생존을 위해 절대 필요한 제도이다. 이념이 개입하면 안 되는 분야이다. 그러나 당시 반미 단체들이 FTA를 반대하면서 내세운 주장들은 허무맹랑한 내용들이 많았다. "우리의 의료 시스템이 붕괴되어 맹장 수술에만 900만 원이 든다." "ISD, 즉 미국 사람들이 한국 정부의 정책을 상대로 소송을 걸어 우리 주권이 무너질 것이다." "광우병이 창궐할 것이다." "전기, 가스 등의 공공요금이 폭등할 것이다." "수도세도 엄청나게 올라 빗물을 써야 할 것이다" 등의 전혀 근거 없는 루머와 이야기가 떠돌았지만 누구 하나 책임지는 사람이 없다. 거짓말로 나라 전체가 혼란에 빠졌다. 미국과의 FTA를 반대한다면 EU와의 FTA도 반대할 이유가 충분하다. 그런데도 오직 미국과의 FTA만 결사반대를 한 이유에 대해서는 별도의 설명이 필요하지 않을까.

 2008년 광우병 촛불시위에서 나온 거짓말도 정리할 필요가 있다. 모 방송사의 왜곡 보도에서 시작된 내용이 온 나라를 불안과 불신에 빠뜨렸다. 언론이 얼마나 국민들에게 영향을 미칠 수 있는지를 단적으로 보여 주는 사례였다. 나중에 수사 과정에서 PD들이 주고받은 이메일 내용이 공개되어 국민의 공분을 샀다. 이후 뉴스 시간대가 바뀌는 등 이 방송사도 타격을 입었다.

 그런 후 한동안 잠잠하다가 2012년 다시 미국에서 광우병 걸린 소가 한 마리 생겼다. 수입 조건상 우리나라에는 절대 들어올 수 없는 11년짜리 젖소였고, 그 소가 걸린 광우병은 비정형이었다. 비정형은 정형과 달리 사료로 전염되는 것이 아니라 주로 늙은 소에게서만 나타난다. 사람으로 치면 치매와 비슷한 증상이다. 전염성이 없어 걱정하지 않아도 된다. 농림부는 이 점을 감안하여 수입중단 조치는 취하지 않되 국민 여론을 의식해 일시적인 검역중단 조치만 행했다.

 하지만 반미단체들은 이때도 수입을 중단하지 않는다고 대형 집회를 열고 정부를 규탄하는 등 2008년 촛불집회의 추억을 되살리기 위해 안간힘을 썼다. 야당 국회의원들도 길거리로 나섰다. 소위 보수단체들조차 왜 당장 수입을 중단하지 않아서 좌파단체들에게 빌미를 주냐며 불만을 터뜨렸다. 언론에서도 연일 대서특필하여 문젯거리로 삼았고 청와대 내에서도 정무 쪽에서는 수입중단을 요구했다. 경제팀은 거의 고립무원의 처지에 빠졌다.

 사실 수입중단 조치를 취하면 정부도 편하다. 그러나 이는 책임 있는 자세가 아니다. 미국산 쇠고기를 수입하는 유럽, 일본, 캐나다,

멕시코 등 세계 100여 개 나라 중 어느 국가도 조치를 취하지 않는 상황에서 무역으로 먹고사는 나라가 수입을 중단한다면 현실이 어떻게 되겠는가? 다행히도 이번에는 이 단체들의 선동이 먹혀들지 않았다.

제주 해군기지 건설사업도 2012년 총선부터 논란의 대상이 되고 있다. 제주 해군기지는 우리나라의 안보와 직결되는 중요한 사항이다. 2012년 기준으로 우리나라 항만에 들어오고 나가는 선박의 운행 횟수는 약 40만 회에 달한다. 이들을 지키는 일은 우리의 몫이다. 외국으로 나가고, 해외에서 들어오는 배를 지키기에는 제주도 남단이 가장 최적지라는 것이 해군의 판단이다. 외국의 예를 보면 해군 기지가 위치한 곳은 관광지로도 잘 활용되고 있다. 제주로서도 좋은 기회가 될 수 있다.

그러나 이 역시 반대하는 사람들이 나타나 사업을 방해한다. 평화의 섬이라는 이미지가 훼손된다는 것이 주된 이유이다. 평화는 힘이 있어야만 가능하다는 사실을 모르는 것은 아닐까. 이들로 인해 해군기지 설득에 들어가는 사회적 비용이 너무 크다. 제주에서는 차제에 해군기지 옆에 15만 톤급 크루즈선 2척이 동시에 정착할 수 있는 민간 항만도 건설해 달라고 요청했다. 전 세계에 15만 톤급 크루즈선은 통틀어 7척이어서 2척이 동시에 제주를 방문하기란 불가능하니, 사업 규모를 줄이자고 해도 듣지 않고 막무가내여서 결국 추진되고 있다. 이로 인한 부담은 모두 국민 세금 혹은 부채이다.

4대강: 신의 영역? 과학의 영역?

종교단체도 사회에 막강한 힘을 과시한다. 그 대표적 사례가 2010년 천주교의 4대강 반대 활동이다. 모 대학 교수가 "4대강 사업은 생명을 죽이는 사업이니 즉시 중단해야 한다"고 역설하면서 불이 붙었고 일부 다른 종교에게도 번져 나갔다. 이 사건 역시 온 나라를 시끄럽게 하고 나서야 끝났다. 관련된 모든 부처들이 나서서 홍보하고, 천주교 신부들과 반대하는 사찰 주지들에게 찾아가 설명하는 등 적극적으로 설득하고 노력했지만, 한번 불붙은 정부 불신은 진화가 어려웠다. 오히려 원로 신부들과 평신도들이 제동을 걸은 것이 반대 활동이 종료되는 데 결정적인 역할을 하였다.

 4대강 사업이 실제로 환경을 오염시키고 생명을 죽이는지의 여부는 사실 '신'의 영역이 아니라 '과학'의 영역이다. 그런데 과학의 영역에 있는 어느 누구도 속 시원히 말을 하지 않는 바람에 국민적 대혼란이 발생했다. 애초 국토부가 홍보를 게을리 한 행태가 한몫한 듯하다. 천주교에서 여러 차례 문의를 했는데도 국토부 실무자들이 무시했다고 한다. 그러다 나중에 어쩔 수 없이 등 떠밀려 천주교에서 주최한 토론회에 참석했다가 반대론자들에게 호되게 당했다고 한다. 제대로 준비도 하지 않고 갔으니 당연한 결과이리라.

 반면 4대강 반대론자들은 구체적으로 피부에 와 닿는 설명을 했다. "강에 보를 설치하면 물의 흐름을 끊고, 흐름이 끊긴 물은 결국 썩기 마련이다. 4대강 사업은 강을 오염시키고 결국 그 안에 있는 생물은 모두 죽게 된다." 천주교와 일부 종교단체들의 4대강 반대 활동이 확산되는 시점에서 오히려 예기치 않게 미국 위스콘신 대학의 한 교수가 반대론자의 논리를 반박했다. "보는 치수의 기본이다. 물이 풍부해지면 자생력이 커진다. 미국은 200만 개가 넘는 보와 댐이 있다. 유럽에도 다뉴브강에 59개, 영국 템스강에 45개, 프랑스 센강에 34개가 있다. 센강에 보를 설치할 때 환경단체들이 반대하기도 했지만 지금은 모두 잠잠하다." 나중에 일부 국내학자들도 거들고 나섰다. "한강에도 보가 설치되어 있다. 이미 1980년대에 설치되었는데 보를 설치하고 난 후 물이 풍부해지면서 생태계도 다양해졌다." 도대체 누구 말이 맞는 걸까? 우리나라 토목공학의 수준이 이런 것도 제대로 분별하지 못할 정도라니 통탄하지 않을 수 없다.

4대강 사업에 대한 외국의 시각은 대체로 긍정적이다. 모로코, 파라과이, 태국처럼 물난리를 겪은 나라들은 우리와 물 관리 기술협력 양해각서(MOU)를 체결했다. 특히 태국은 수상이 직접 방문해 보고 가기도 했다. 2012년 말 태국은 방콕 시내를 관통하는 챠오프라야강 치수사업에 대한 국제입찰을 냈다. 이 강의 홍수 피해가 갈수록 커져 방치해서는 안 되는 상태가 되었기 때문이다. 우리나라를 위시하여 일본, 중국, 독일 등 경쟁국들이 참여했다. 우리는 수자원공사가 주축이 되어 4대강 사업에 참여했던 기업들이 컨소시움을 만들어 응찰했다. 그런데 이렇게 중요한 시점에서 우리나라 환경단체들은 태국 정부를 향해 우리나라 4대강 사업을 본받지 말라고 시위를 벌였다. 이것은 정말 아니다. 태국 치수 사업은 우리나라가 본격적으로 추진하는 해외 물 관리 사업으로, 성공할 경우 앞으로 큰 기회를 많이 얻을 수 있다. 그래서 대통령도 2012년 태국을 직접 방문했다. 주택 경기 불황으로 건설업계가 줄줄이 무너지는 힘든 상황에서 해외에 새로운 기회를 만드는 사업임을 생각할 때, 일부 환경단체들의 행동은 참 안타깝다.

하천에 보를 설치한 것이 과연 수질을 악화시키는지 여부는 좀 더 시간이 걸려야 알 수 있겠지만, 그에 관한 정확한 평가가 나오면 분명 엄정한 평가를 받아야 할 사람들이 있을 것이다. 우리나라는 거짓말을 하거나 엉터리 논리를 제시한 사람들에게 관대한 편이다. 세계적인 허브 공항으로 손꼽히고 있는 인천공항이 건설될 때도 잘못된 논리로 반대하는 사람들이 있었다. 갯벌 때문에 지반이 침하된다, 새가 많아 비행기 운항이 어렵다, 투자비가 예상보다 훨씬 더 들어갈 것이다 등의 여러 주장이 난무했지만 결국 모두 엉터리로 판명 났다.

그때 엉터리 주장을 한 사람들이 다른 국책사업에 다시 등장하는 일들이 많다. 부정확한 정보나 잘못된 정보로 국민을 현혹시키고 오도하는 것은 매우 위험한 일이다. 국정 불신은 3불 중 나라를 망가뜨리는 가장 무서운 요인이다.

3장

또 한 번의 도약을 위하여

Korean Economy in the Trap

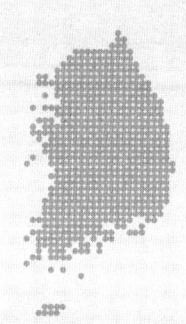

지구상에서 가장 큰 새는 알바트로스이다. 이 새는 날개 끝까지의 길이가 3.5미터에 달할 만큼 큰 데다 비행 전략이 좋아 12일 동안 6,000킬로미터를 날 수 있다고 한다. 바람이 불 때 날개의 각을 세워 일단 높은 곳으로 올라가고, 서서히 하강하면서 앞으로 나가기 때문에 실제 날갯짓은 별로 하지 않는다. 반면 세상에서 가장 작은 새인 벌새는 1초에 60번 이상 날갯짓을 해야 날 수 있다. 벌새도 제법 먼 거리를 날아갈 수 있지만 엄청난 에너지를 소모하기 때문에 목적지에 도착하면 몸무게가 급격히 줄어든다고 한다. 알바트로스는 수명이 40년이지만, 끊임없이 날갯짓을 하는 벌새의 수명은 평균 4년 정도라고 한다.

 뜬금없이 새 이야기를 하는 이유는, 이 사례가 국가 운영에도 참 잘 맞는다고 생각하기 때문이다. 정책을 수립할 때 방향을 제대로 잡고 체계적인 시스템을 갖추면 알바트로스처럼 효율적으로 운행할 수 있다. 이렇게 되면 국가가 편안해진다. 그러나 반대의 경우, 정책 담당자는 마치 벌새처럼 바삐 움직이지만 문제는 해결되지 않고 사회 갈등만 늘어난다. 그러면 국가 전체가 피곤하고 힘들어진다.

한국을 잘 아는 외국 사람에게서 이런 말을 들은 적이 있다. "한국에는 하도 많은 일이 일어나니 외국에 3주만 갔다 와도 사람들과의 대화에 참여할 수 없다. 그런데 한 3년 갔다가 돌아오니 별로 달라진 것이 없더라." 썩 기분 좋은 말은 아니지만 맞는 점도 분명 있다. 또 한 번의 도약을 위해서 우리는 벌새가 아니라 알바트로스처럼 살아야 한다.

> # 국가 재정을
> # 지키자
> # 1

클린턴 대통령의 모험

지금 상황에서 가장 우려되는 것은 국가 재정이다. 고령화와 양극화가 진전되면서 복지 재정에 대한 수요는 늘어날 수밖에 없다. 이것만으로도 힘든데 여기에 정치적 이유로 포퓰리즘적인 사업까지 추진되면 감당하기 어렵다. 특히 복지 예산은 한번 늘어나면 줄일 수 없다. 훗날 통일이라도 되면 정말 대책이 없을 정도이다. 앞에서도 살펴보았듯이 우리나라처럼 작은 경제는 국가 부채가 늘어나면 치명적이다.

국가 재정을 지키는 일은 국가 경제 최후의 안전판일 뿐 아니라 경제 활성화에도 도움이 된다. 미국이 가장 오랫동안 호황이었던 기간은 클린턴 행정부 시절인 1990년대이다. 1,800만 명의 신규 고용, 실질 임금 상승, 소득 불균형의 점진적 개선이 이루어져 1957년 이후 평화 시 최저 실업률을 기록했다고 평가 받는다. 클린턴 대통령이 무엇을 했기에 이처럼 경제가 좋았던 걸까? 누군가는 당시 IT 산업이 비약적으로 발전해서 산업 전반의 생산성이 높아졌기 때문이라 하고, 어떤 이는 싼 중국산 제품이 수입되어 물가 안정이 이루어졌기 때문이라고 한다. 부분적으로는 옳지만 그게 다는 아니다. 왜냐하면 이 현상은 미국에만 국한된 것이 아니기 때문이다.

더 정확히 설명하자면, 당시 클린턴 대통령이 수십 년간 이어진 만성적인 재정 적자를 흑자로 바꾼 것이 결정적이었다고 할 수 있다. 《MAESTRO 마에스트로 그린스펀》(한국경제신문사)이라는 책에 그 과정이 잘 나와 있다. 클린턴이 당선된 1992년은 미국 경제의 어려움이 지속되던 시절이다. 오죽하면 식자층에서 미국이 일본의 경쟁력을 도저히 따를 수 없다는 한탄이 나올 정도였다. 당시 미국연방은행 의장 그린스펀은 공화당원으로서 1987년 레이건 대통령에 의해 처음 임명되고 이후 1991년 부시 대통령 때 재임되었다.

1992년 말 클린턴 당선자는 숙소인 알칸소로 그린스펀을 불러 미국 경제를 살리려면 어떻게 해야 하는지 자문을 구했다. 그린스펀은 이렇게 말했다. "경제가 회복되려면 장기 금리가 낮아져야 한다. 단기 금리는 연방은행이 통제 가능하지만 장기 금리는 시장에서 결정된다. 장기 금리를 낮추려면 레이건 대통령 시절 산더미처럼 쌓인 재정 적자를 줄여야 한다. 재정 적자가 줄어들면 일자리도 같이 줄어들까 걱정하는데 그렇지 않다. 이제 일자리를 늘리기 위해 재정

지출을 늘려야 한다는 케인지안 모델은 더 이상 적용되지 않는다. 재정 적자를 줄여 장기금리가 떨어지면 모기지 금리 인하로 주택 건설이 활성화되고, 기업 설비 투자도 늘어나며 주식시장도 저절로 살아난다."

그린스펀의 제안을 수용한 클린턴은 1993년 집권하자마자 정치적으로 대단히 큰 모험인 재정 적자 축소 계획부터 수립했다. 그 결과 1990년대 말에 이르러서는 미국 국채 시장에서 정부가 70년 만에 처음으로 자금의 공급자가 되었다. 국채가 축소되기 시작한 것이다. 그리고 경제는 사상 유례없는 호황을 누렸다. 클린턴은 재정 적자를 줄이면서도 민주당 역사상 루스벨트에 이어 두 번째로 재선에 성공했다. 재정이 흑자로 돌아서면서 지출을 늘리자는 요구가 빗발쳤지만 클린턴 대통령은 다음과 같은 말로 일축했다. "우리가 재정 적자를 축소하기 위해 이제껏 감수했던 고통을 절대 잊어서는 안 된다." 정치인으로서 인기에 영합하고픈 유혹을 버리고 재정 적자 축소를 단행한 것은 대단하다고 생각한다. 또한 정치적 배경과 관계없이 전문가를 발탁하는 것도 배울 점이다.

굿바이 경제 예산

지금처럼 복지 예산이 늘어나는 상황에서 국가 재정을 지키려면 증세가 필요하다. 그러나 정치적으로 쉽지 않은 일이다. 과거 사례를 통해, 증세를 감행하면 선거에서 질 확률이 크다는 것을 알기 때문이다. 증세가 안 되면 다른 방안이 없다. 타 분야 예산을 줄이든지 아니면 최소한 비중이라도 축소시켜야 한다. 그렇게 하지 못하고 '이것도 중요하고 저것도 중요하다'고 해서 모두 늘리다가는 모두 다 망하게 된다.

예산을 줄일 수 있는 분야는 우선 경제이다. 예산 비중이 제법 큰 국방이나 교육 분야는 경직성 경비가 많아 사실상 줄이기 어렵다. 우리 예산 중 경제 분야 비중은 22퍼센트로 선진국의 10~15퍼센트 수준에 비하면 아직 높은 편이다. 사회간접자본, R&D, 산업, 에너지, 농업 등 경제 분야 예산이 국가경쟁력을 강화시킨다는 명분하에 여전히 높은 수준을 유지하고 있다.

도로나 철도 같은 사회간접시설은 이미 상당히 갖추어진 상태이다. 이 좁은 국토에, 앞으로 인구도 별로 늘지 않는데 도로와 공항, 철도 등을 계속 건설해야 할 이유가 없다. 특히 도로가 잘 깔려 있는데 그 옆에 친환경이라는 명분으로 철도를 까는 일도 낭비다. 인천공항철도가 그 좋은 사례이다. 도로건설 예산은 국회에서 대부분 증액된다. 지역구 국회의원 입장에서는 도로나 철도만큼 가시적인 사업이 없기 때문에 앞으로도 요구는 계속 늘어날 것이다. 공항도 이 좁은 땅에 이미 15개가 있다. 정치적으로 큰 논란을 일으켰던 동남권 신공항도 신중할 필요가 있다. 작은 나라에 15조여 원을 투입해 제2의 허브공항을 만들어 봐야 항공사들이 들어오지 않으면 무용지물이다. 먼저 국내외 항공사들의 의견부터 귀 기울여 들어야 한다. 무안공항 설계 시 예측 수요는 878만 명이었으나 이용 실적은 10만에 불과하여 국민 세금을 낭비한 사례가 반복되어서는 안 된다.

일본은 1990년대 소위 '잃어버린 10년' 시절 경제를 살린답시고 도로 등 사회간접자본에 엄청 투자했다가 결국 국가 부채만 늘리고 말았다. 그래서 일본에는 지금도 차가 다니지 않는 도로가 많다고 한다. 우리나라도 기존 사회간접자본 투자가 상당 부분 이루어지고 4대강 투자도 완료됨에 따라 이제 큰 수요는 없다.

산업 지원 예산도 마찬가지이다. 우리나라의 경제 규모나 수준에 비추어 볼 때 산업 분야는 성인에 해당된다. 이제 스스로 파고를 헤쳐 나가야 하는데 아직도 많은 국가 지원을 받고 있다. 경제 위기 시 급격히 늘어난 신용보증 규모가 위기가 끝난 후에도 계속 유지되어 GDP 대비 정부 지원 보증 규모는 아마 세계 최고일 것이다. 중소기업 지원 시책은 더 이상 아이디어를 짜내기 어려울 만큼 많다.

에너지도 민간의 역할을 키워 국가 부담을 줄여야 한다. 과거에는 해외 에너지나 자원 분야에 관련된 전문가도 부족했고 리스크도 워낙 컸기 때문에 국가가 지원했지만, 지금은 민간 기업들이 잘하고 있다. 석유공사, 가스공사 같은 에너지 공기업의 자산도 크게 늘어나 정부 역할을 조금 줄여도 문제는 없을 것이다.

R&D는 비효율을 없애는 것이 급선무이다. 그동안 미래 신성장동력 같은 그럴듯한 명분으로 계속 늘려 왔지만 이제는 내실화해야 할 때이다. 어떤 예산이든지 급격히 증가할 경우 그 이면에는 반드시 비효율이 자라기 마련이다. 나눠 먹기가 아니라 잘할 수 있는 분야에 집중하고 성과 관리를 철저히 해야 하지만 말처럼 쉽지 않다. 2007년경 국가 R&D 사업을 평가해서 미흡 판정을 받을 경우 다음 연도 예산에서 20퍼센트 삭감하기로 했다. 그런데 과학기술부에서

성과를 평가한 결과 미흡하다고 판정된 프로젝트는 전체의 1퍼센트에 불과했다. 그 많은 R&D가 99퍼센트 성공했다면 지금 우리나라는 엄청난 과학 경쟁력을 가지고 있을 것이다. 온정주의적인 우리 과학기술계의 단면을 보여 주는 행태이다. R&D는 전문 분야이기 때문에 일반 공무원이 접근하기가 쉽지 않다. 과학기술계가 목소리를 높이는 만큼 책임이 수반되어야 하는데 그것을 기대하기는 아직 이른 것이 사실이다.

지방 재정도 뼈를 깎는 구조조정이 필요하다

정치권이나 언론은 중앙정부에 대해서는 매우 엄격한 잣대를 갖다 대는 반면 지방자치단체에는 관대한 경향이 있다. 그러나 국가 재정을 지키려면 지방 재정도 효율화해야 한다. 전체 세수 중 지방세와 국세가 차지하는 비율은 2 대 8로 지방이 적다. 그러나 교부세나 보조금 등을 통해 중앙에서 지방에 내려간 돈까지 포함하면 지방과 중앙 재정이 6 대 4로 지방 재정이 오히려 더 크다.

지방 재정을 효율화하려면 중앙정부와 마찬가지로 지출의 우선순위를 재정립하고 낭비성 지출을 없애야 한다. 1980년대 후반 구(舊) 경제기획원에서 영국의 지방자치 제도를 조사하였다. 지금은 마지막이 되어버린 제7차 경제사회발전5개년계획(1987~1991)이 지역발전에 중점을 둘 예정이었기 때문이다. 영국에서는 지방자치를 하는 이유가 국민의 실생활과 관련된 시책은 중앙정부보다 주민 생활에 밀

접한 자치단체가 추진하는 것이 더 효과적이기 때문이라고 했다. 그리고 자치단체가 맡아야 할 분야로 교통, 교육, 치안, 복지 등 4개를 꼽았다.

그러나 이 기준에 따르면 우리나라 자치단체들은 별로 할 일이 없다. 자치경찰제가 되어 있지 않으니 교통과 치안은 중앙경찰청 소관이고, 교육은 교육 자치가 따로 존재하니 자치단체가 관여할 여지가 거의 없다. 오로지 복지 하나 남는다. 하지만 자치단체들은 복지마저 돈이 없어 지출할 수 없다고 울상이다. 왜 그럴까? 중앙정부는 자치단체가 감당하지 않는 국방, 교육, 치안, 외교, 국회, 법사 같은 분야에 많은 돈을 쓰고도 복지 예산의 비중이 29퍼센트에 달하는데 자치단체의 복지 예산 비중은 평균 21퍼센트에 불과하다. 자치단체들

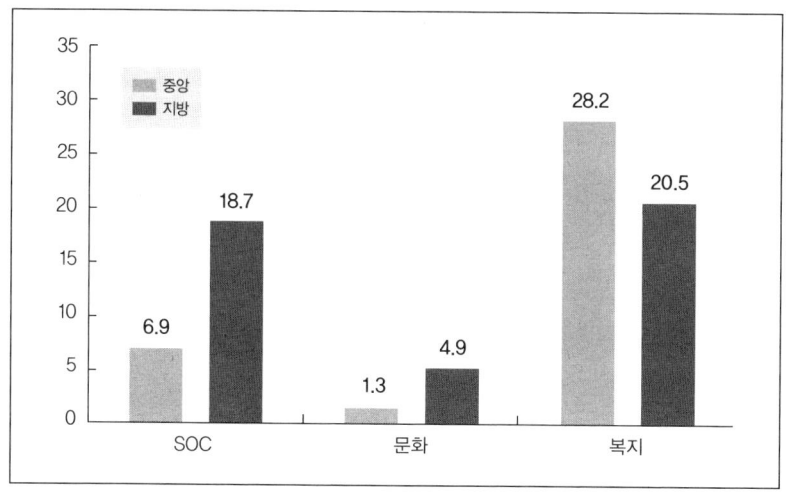

은 아직 도로건설 등 경제 예산과 행정 분야에 돈을 많이 쓴다는 소리이다. 중앙정부와 마찬가지로 지방정부도 이제는 예산의 우선순위를 경제가 아닌 복지로 대폭 수정해야 한다.

자치단체들의 예산 낭비는 갈수록 도가 지나치고 있다. 과거의 예산 낭비사례는 주로 멀쩡한 보도블록을 파헤치고 다시 까는, 귀여운(?) 수준이었지만 지금은 그 규모가 전혀 다르다. 수천억 원에서 조 단위의 예산이 잘못 투입되는 일이 늘고 있다. 호화청사, 인공 섬, 경전철 등 귀 따갑게 들은 사업 이외에도 돔구장, 영어마을, 복합 테마파크 조성 등 타당성 없이 무작정 밀어붙이다가 망한 사례들이 적지 않다.

특히 호화청사는 국민들의 눈살을 찌푸리게 만든다. 주변 환경과 전혀 어울리지 않는 서울시 청사는 3,800억 원, 성남시 청사는 3,470억 원이 소요되었다. 4,000억 원이 넘는 비용이 든 지방 도청들도 있다. 2007년 이후 신축한 24개 자치단체의 청사 연면적은 종전보다 평균 3배로 커졌다. 용인시 수지구청은 면적이 거의 10배로 넓어졌다.

엉터리 사업의 대표격인 용인 경전철은 일평균 이용객을 14만 명으로 추정하고 사업을 벌였지만 실제는 3만여 명에 불과하다. 건설비 1조 원은 차치하고 앞으로의 운영이 더 걱정이다. 갈수록 적자가 눈덩이처럼 커질 것이다. 다른 지역 경전철도 사정이 비슷한 경우가 많다. 평창동계올림픽 유치를 목표로 무리하게 건설한 알펜시아 리조트는 강원개발공사에 8천억 원가량의 빚을 안겼다. 인천시는 별로 알아주지도 않는 아시안게임을 유치한다고 엄청난 돈을 쓰고 모자라 중앙정부에게 손 내밀고 있다. 4,600억 원이 투입된 태백시의 오투리조트는 자치단체를 파산으로 몰고 갈 수 있을 정도로 심각하다.

각종 지방 축제도 골칫거리가 될 수 있다. 어느 군의 나비 엑스포는 수백억 원의 적자를 내고 중단되었다고 하는데 사실 이보다 못한 축제가 더 많다. 한 자치단체의 축제가 인기를 끌면 그와 유사한 축제들이 줄줄이 이어지는 것도 문제이다. 각 자치단체들이 벌이는 경쟁적인 축제 행사에 들어가는 돈이 1조를 넘는 것으로 추정된다.

사정이 이렇다 보니 지방의 부채도 빠른 속도로 늘고 있다. 한국은행 자금순환분석 자료에 의하면 자치단체의 부채는 2005년 7조에서 불과 5년 뒤인 2010년 17조로, 지방 공기업들은 같은 기간 중 15조 원에서 41조 원으로 크게 확대되었다. 자치단체의 실패도 결국 국민의 부담으로 작용한다. 1990년대 브라질의 국가 재정 위기의 주원인이 자치단체들의 과다한 부채였음을 상기해야 할 것이다.

하지만 이러한 자치단체들의 낭비 사태를 마땅히 응징할 수단이 없다는 것이 문제이다. 결국 국민들이 감시하는 방법밖에 없는데 단체장 선거는 4년마다 이루어지고 주민소환제도 거리가 멀다. 최근 적잖은 NGO들이 예산 낭비 사례를 고발하고 있는데 매우 바람직한 현상이다. 정부도 지방자치단체들의 회계자료나 성과를 더 자세하게 공개해야 한다.

필자는 통계청장 시절 'e-지방지표'를 개발하여 통계청 홈페이지에 올린 적이 있다. 자치단체별로 1인당 소득, 주민 1,000명당 공무원 수, 재정자립도, 부채규모, 복지 예산 비중, 문화시설 현황, 물가 상승률 등 지표를 비교 가능하게 순위별로 작성했다. 이 자료를 보면 4년 전에 비해 우리 지역이 다른 지역과 비교해서 얼마나 좋아졌는지 한눈에 알 수 있다. 자치단체장 선거 시 유용하게 사용되리라 기대했지만 별로 활용되지 않는 듯해 아쉬움이 남는다.

잘할 수 있는 분야에만 집중하자

중국 《시경》 소아 편에 '포호빙하(暴虎馮河)'라는 말이 나온다. 맨손으로 호랑이를 잡고 걸어서 황하를 건너겠다는 뜻으로 "포호빙하하다 죽더라도 후회하지 않겠다"고 말하는 사람과는 함께하지 말라고 나온다. 무모한 만용을 경계하는 교훈이다.

 이 말은 경제 분야에도 잘 적용된다. 과거 기업들이 무모한 사업 결정으로 국민 경제에 폐해를 끼친 사례가 적지 않다. 삼성과 쌍용이 자동차 산업에 뛰어들었다가 엄청난 타격을 입고 결국 쌍용은 망했다. 당시 쌍용은 30대 그룹 중에 가장 재무구조가 건실한 기업이었다. 1990년대 삼성, 현대, 대우가 우주항공 산업에 뛰어든 것도 무모함의 극치였다. 사업성에 대한 면밀한 검토 없이 겁 없이 뛰어들다가 자신들도 피해를 봤지만 국민 경제에도 부담을 주었다. 결국 외환위기 이후 구조조정 차원에서 한국항공우주(KAI)라는 하나의 회사로 합쳐졌고, 이후 적자를 보전하기 위해 채권단과 산업은행이 두 차례에 걸쳐 부채를 자본으로 전환해 주었다. 지금도 정부예산 사업을 통해 유지되고 있다.

항공우주 산업 같은 분야는 신중히 추진되어야 한다. 우리나라와 선진국의 수준 차가 너무 크기 때문에 경쟁력 확보가 힘들다. T-50이라는 고등훈련기 사업이 있다. 2조 원이 넘는 개발비가 소요되어 몇 년 전부터 제작하고 있지만 수출이 되지 않아 골칫덩어리로 전락했다. 다행히 2012년 정상외교를 통해 인도네시아에 몇 대 수출하기 시작했지만 아직도 갈 길이 멀다. 1990년대 중반 처음 구상 당시 타당성 없는 사업으로 분석되었으나 우여곡절 끝에 시작된 결과였다.

헬기 사업도 마찬가지이다. 2013년 세계 11번째 헬기 생산국이라는 자랑과 함께 생산이 개시되었지만 부가가치가 그만큼 나올지 의문스럽다. 이 역시 2004년 사업구상 단계에서부터 논란이 많았다. 당시 기획예산처는 헬기 사업이 이미 생산국이 10개에 달하는 전통 산업이며, 세계 헬기 시장은 수년간 정체되어 있어 시장성이 없다는 근거를 내세우며 반대했다. 그러나 국방부와 산업자원부의 연합 공세를 이길 수 없었다. 국방부는 우리 군이 보유하고 있는 모든 헬기를 하나의 기종으로 통합시키면 '규모의 경제'가 작용해서 내수만으로도 충분히 생산 가치가 있다고 주장했다. 일명 '다목적 헬기사업(KMH)'이다. 다양한 목적과 기능에 맞추어 운영되고 있는 헬기들을 다목적인 하나로 통합한다는 전제 자체가 이해되지 않았지만 결국 추진되었다. 2조가 넘는 연구 개발비가 투입되어 진행되면서 사업명도 다목적이란 이름은 슬그머니 사라지고 '수리온 사업'으로 바뀌었다. 터키가 엄청난 예산을 투입해서 공격형 헬기를 만들었는데 수출하지 못해 고생하고 있는 상황을 타산지석으로 삼아야 한다.

　국가 안보를 돈으로 바꿀 수는 없지만 국방도 코스트 개념을 생각해야 한다. 2013년 차세대 전투기를 구매하는 FX사업이 연기되었다. 유일하게 예산 범위에 들어온 F-15SE가 스텔스 기능이 없는 구형이라는 이유 때문이다. 결국 스텔스 기능을 보유한 F-35는 미완성으로 언제 개발이 끝날지, 또 가격은 얼마가 될지 모르는데 이를 사전에 암묵적으로 지정한 모습이 된다. 일본이 F-35를 선택했다지만 일본은 미국과 같이 개발하면서 자기들 부품을 많이 공급하고 실제 제작도 일본에서 이루어져서 기술 이전 등 짭짤한 부수효과를 누릴 수 있다.

　군 일각에서는 앞으로 전투기도 우리 손으로 만드는 사업을 구상한다지만 이것도 신중해야 한다. 엄청난 돈을 들여서 현재 F-16보다 조금 나은 수준의 전투기를 만든다는 이야기인데, 최신예 F-15SE도 구형이라고 거부하면서 이런 중급 전투기 사업을 제작한다니 앞뒤가 맞지 않는다.

　2012년 5,000억 이상의 예산이 투입된 나로호사업 역시 우리의 한계를 여실히 드러낸 사례이다. 러시아 발사체 도움을 받고도 두 차례 실패한 끝에 2013년 초 간신히 성공했다. 세계 11번째로 스페이스 클럽에 가입했다고 자랑했지만 뒷맛은 씁쓸하기 그지없다. 로켓 발사는 이미 1950년대 성공한 기술이 아닌가. 그래도 로켓 기술은 여러 목적이 있어 괜찮지만 관련 기관에서는 이를 계기로 2020년경 달에 탐사선을 보내자는 야심찬 계획을 세우고 있다. 달 탐사는 구소련이 1959년 최초로 무인탐사선을 성공시켰고 우주인 착륙은 1969년 미국이 처음이다. 그리고 이후 인간이 달에 가는 일은 없었다. 막대한 예산이 소요되는 데 반해 뚜렷한 경제적 이득은 없기 때문이다. 이런 사업들을 지금 단계에서 우리가 빚을 내면서라도 따라 해야 하는지 신중히 생각해야 한다. 우리보다 선진국이면서도 항공기나 로켓 산업에 손을 대지 않는 나라들이 많다. 항공우주 분야만 언급했지만 다른 분야에서도 이와 유사한 사례는 많을 것이다.

포퓰리즘으로부터 재정을 지키자

"현자는 책이나 남의 경험을 보고 배우지만 어리석은 자는 당하고 나서야 배운다"는 옛말이 있다. 유럽의 재정 위기와 일본의 국가부채 문제는 우리에게 좋은 교훈이 되었다. 1980년까지 세계 우등국가였던 그리스가 정당 간 복지 경쟁이 불붙으면서 무너진 것을 반면교사로 삼아야 하는데, 우리는 2012년 대선 이후 여야가 경쟁적으로 복지 사업을 내놓으며 그 뒤를 따르는 것 같아서 걱정이다.

선진국들은 그동안 무분별하게 확대된 재정적자를 줄이는 데 많은 노력을 기울이고 있다. 우리가 2012년 대학 등록금을 반으로 줄이자는 논란을 벌이던 시기에, 영국 의회는 대학 등록금 상한을 3배로 올리는 의결을 했다. 2012년 9월 학기부터 연간 3,290(당시 환율 기준 590만 원)파운드에서 9,000(1,620만 원)파운드로 올렸고 옥스퍼드, 캠브리지 등 대부분의 대학이 이에 따랐다. 그러지 않으면 정부 보조가 끊기니까 어쩔 수 없다. 우리 기준으로 보면 한해에 무려 1,000만 원을 인상한 것이다. 의회는 2013년도 각종 복지관련 수당의 연간 인상률을 1퍼센트 이내로 제한하는 법안도 통과시켰다. 그밖에도 각종 예산 절감 조치를 강도 높게 추진하고 있다.

영국은 지금 성장률이 1퍼센트 미만이며 실업률은 8퍼센트가 넘는다. 특히 청년실업률은 20퍼센트가 넘었다. 복지를 줄일 상황이 아니다. 국가 채무는 2011년 GDP 대비 82퍼센트로 OECD 평균 102퍼센트, 유로존 평균 88퍼센트보다 낮아 여유도 있는 편이다. 그런데도 영국이 강도 높은 재정개혁을 단행하는 이유는 그만큼 국가 부채의 무서움을 잘 알기 때문이다.

우리나라 정치권이 모든 노인을 대상으로 한 기초노령연금을 지금보다 2배 올려 주겠다고 호언하는 시기에, 1인당 소득이 8만 달러를 넘고 국가 채무도 GDP 대비 55퍼센트에 불과한 노르웨이는 1963년 이후 출생자에 관한 기초연금제도를 폐지했다. 풍부한 석유 자원으로 대규모 석유 기금을 보유하고 있지만 노령화에 대비하는 것이다. 세계 최대의 복지국가로 유명한 스웨덴은 1998년 기초연금 제도를 폐지하고 저소득 노인에게만 선별 지원하는 방식을 택했다. 1999년에는 연금 제도도 개혁하여 종전 현역 시절의 최고 급여 기준에서 자신이 낸 만큼만 연금 급여를 받는 방식으로 바뀌었다. 이처럼 다른 나라들은 연금 제도를 축소하고 있지만 우리나라는 오히려 더 확대하는 경향을 보인다.

우리나라의 기초노령연금은 2007년 도입되었다. 도입 당시에는 노인 복지 차원보다는 국민연금개혁이 더 큰 이유였다. 당시 국민연금은 2036년경 연간 수지가 적자로 전환되고 2047년에는 기금 적립금이 바닥나게 되어 있었다. 이것을 연장하기 위해 돈은 더 내고 혜택은 줄이는 개혁을 추진해야 하는데 노인들의 반대가 워낙 심해서 불만을 다독거려 주기 위해 도입된 제도이다. 1988년 도입된 국민연금이 20년이 되는 2008년부터는 수급자들이 본격적으로 늘어나기 때문에 2008년 이전에 국민연금을 개혁해야만 했다. 그런데 지금 와서 보니 연금개혁을 위해 도입된 기초노령연금 제도가 더 재정을 위험하게 만드는 요인이 되지 않을까 우려된다. 배보다 배꼽이 더 커지는 셈이다.

우리나라가 선진국에 비해 복지 수준이 낮은 것은 사실이다. 2009년 기준 OECD 발표 자료를 보면 GDP 대비 공공사회 지출 비중이 7.6퍼센트로 25퍼센트가 넘는 유럽 선진국은 물론 미국 16퍼센트, 일본 19퍼센트보다 훨씬 낮다. 아직 국민연금이 걸음마 단계 수준이고 조세 부담도 작아 재원이 없기 때문이다.

복지의 절대 규모는 아직 낮지만 늘어나는 속도는 매우 빠르다. 2000~2007년간 우리나라의 복지 지출 증가율은 연평균 6.6퍼센트로 같은 기간 중 OECD 평균 0.3퍼센트를 크게 앞지른다. 조세연구원 추계에 따르면 현행 복지 제도를 그대로 유지하더라도 고령화 등에 따라 공공사회 지출 비중이 2030년에는 GDP 대비 15.2퍼센트, 2050년에는 21.6퍼센트로 늘어날 전망이다. 세금 등 국민 부담이 현 수준을 유지하면서 복지만 OECD 평균 수준으로 늘릴 경우 2050년 부채 규모는 GDP의 209퍼센트가 넘을 거라는 연구 보고도 있다. 지금부터 치밀하게 관리하지 않으면 우리의 미래 세대는 매우 힘들어진다.

복지 지출은 '투트랙(two track)' 방식이 맞는 듯하다. 즉 돈 있는 사람은 알아서 시장에서 해결하고, 정부는 돈 없는 사람만 중점적으로 지원하는 것이다. 이 원칙은 이전부터 천명되어 왔다. 2005년 대통령 주재 재원배분회의에서 확립된 '재원배분 10대 원칙' 중 원칙 2에 잘 나와 있다. "국가 재정은 국가의 역할과 지원이 필요한 계층에 역량을 집중한다. 고소득층에 대하여는 시장 중심으로 서비스가 공급되도록 하여 국가의 부담을 최소화하고 그 여력으로 저소득층에 대한 지원을 강화한다. 이를 위해 민간시장에서 소득계층에 맞는 다양한 서비스가 공급될 수 있도록 각종 규제를 철폐한다." 이후 정권이 바뀌면서 흐지부지되었지만 지금도 이 원칙들은 유효하다고 본다.

국가 부채가 늘어나는 상황에서 돈 있는 사람까지 정부가 재정 지원을 하는 것은 비현실적이고 비효율적이다. 2001년 OECD는 한국에 대해 고령사회에 효과적으로 대처하기 위해 소득과 관계없이 모두에게 다 지급하는 보편적 노령연금제도의 도입을 권고했다. 그러나 2012년에는 정부는 저소득 노인에게만 선별적으로 지원하고 고소득층은 사적연금제도를 활용하라고 권고를 바꾸었는데 이 역시 투트랙과 같은 맥락으로 볼 수 있다.

복지를 확대하기 위해서는 증세를 해야 한다. 빚에 의존해서는 절대 안 된다. 그리고 꼭 복지 예산이 아니더라도 인기 위주의 사업들이 무분별하게 추진되는 것도 경계해야 할 대상이다. 이러한 사업들이 발을 붙이지 못하도록 국회가 제도적 장치를 마련해야 한다. 이를 위해 국회 예산결산특별위원회가 상임위원회로 전환되어 예산을 더욱 엄격히 심의하는 것도 좋은 대안이다. 지금도 국회법에 따르면 대규모 예산이 소요되는 법안은 예결위 심의를 거치도록 되어 있는데 국회의 시행 규칙이 마련되지 않아 사장 상태에 있다. 이 또한 조속히 시행되어야 한다. 마지막으로 국가 부채를 일정 수준 이하로 묶는 법도 검토되어야 한다. 그동안 종종 논의는 있었으나 가장 강력한 제어 수단이어서 집행 보류되었지만 지금 시점에서 다시 추진할 필요가 있다. 이들 모두 국회의 몫이다.

경제 안전판을 강화하자 2

성공한 경제대통령, 실패한 경제대통령

역대 대통령들은 모두 경제대통령이 되기를 원했다. 물론 주변의 권유나 그때그때 상황에 맞춰 교육대통령, 문화대통령, 환경대통령 등을 선언한 경우도 있었지만 주류는 아니었다. 모두 경제대통령이 되기를 원한다는 것은 그만큼 경제가 국민 생활에 직격으로 영향을 미치는 중요한 정책이기 때문이다. 경제가 몰락하고 돈이 없으면 이념이나 다른 논쟁거리들은 아예 설 자리가 없어진다. 그래서 역대 대통령들은 취임 이후 경제를 살린, 아니면 적어도 향상시킨 대통령이라는 평가를 받기 위해 많은 노력을 기울인다.

선거 때 제시한 관련 공약들과 '○○정부의 정책과제' 같이 국민들에게 약속한 과제들의 추진 상황을 점검하고, 수출전략회의도 개최하며 일자리 창출, 규제 완화 등 경제 활성화에 도움이 되는 일들을 열심히 챙긴다. 기업도 방문하고, 어려운 이웃도 찾아가고, 해외 순방도 열심히 한다. 그러나 실제 경제대통령으로 성공한 대통령은 그리 많지 않다. 공약이나 정책과제를 챙기지 못해서가 아니라 예상치 못한 리스크가 발생하여 발목을 잡았기 때문이다.

김영삼 대통령은 금융실명제, 경제자율화 등 잘한 일도 많지만 외환위기로 인해 모든 업적을 빼앗겼다. 당시 금융실명제는 공정사회의 기틀을 마련했고 소위 '가진 자'에게 엄청난 타격을 주었다. 대통령 스스로 가진 자에게 고통을 주겠다는 발언까지 함으로써 물의를 빚기도 했다. 하지만 경제가 나빠지자 오히려 서민들이 경제 불황을 금융실명제 탓으로 돌리며 원망할 정도였다. 김대중 대통령은 외환위기를 슬기롭게 극복하고 경제투명성을 제고하는 업적을 남겼지만 마지막 해에 카드 신용위기와 부동산 투기가 그의 발목을 잡았다. 노무현 대통령도 신용 위기를 잘 넘기고 일반의 예상과 달리 경제를 잘 운영했지만 부동산 투기와 과도한 PF들이 서민대통령으로서의 이미지를 훼손시켰다.

다만 이명박 대통령은 DTI 규제완화 등 가계 대출 위험을 초래할 수 있는 유혹들이 있었지만 후반기에 리스크 관리를 철저히 하여 큰 문제없이 넘어갈 수 있었다. 과거 세계 경제 위기가 발생하면 우리나라는 항상 직격탄을 받아왔다. 2013년 미국이 양적 완화 조짐을 보이자 아시아 국가들에서 환율이 폭락하고 주가가 떨어지는 등 금융 불안이 발생했지만 한국은 오히려 외국인 투자자금이 더 늘어나는 이변을 보였다. 그만큼 경제가 튼튼해졌다는 반증이다.

　우리나라는 중국이나 미국과 같은 대국들에 비하면 대통령 평가에 인색한 것 같다. 중국은 경제에 실패한 마오쩌둥에 대해서도 '공'과 '과'를 분명히 해서 아직도 추앙받는 인물로 남아 있게 했다. 미국의 부시 대통령은 이라크 공격으로 재정 적자를 심화시키고 글로벌 금융위기를 초래했지만 우리 같은 잣대로 비판 받지 않는다. 우리와는 많이 다른 점이다. 기업의 CEO는 평가받을 때 업무 실적에 따라 A+B+C…등으로 평가된다. 어느 하나를 잘못해도 다른 것들을 월등히 잘하면 전체적으로 좋은 평가를 받는다. 반면 우리 국민의 대통령 평가는 A×B×C이다. 아무리 잘해도 하나만 0이면 모든 업적이 0이 된다. 성공한 경제대통령이 되기 위해서는 위기관리를 철저히 해야 하는 이유이다.

　어느 일본 소설가는 "가을은 여름이 지나고 오는 것이 아니라 여름의 한가운데서 잉태한다"라고 했는데, 이는 경제에도 잘 맞는 듯하다. 지나고 보니 불황은 호황 시절에 잉태되었고, 좋은 시절을 제대로 관리하지 못해 힘들어진 적이 한두 번이 아니다. 다가오는 미래는 변화가 빠르고 급격해 예측하기가 매우 어렵다. 변화를 빨리 인지하고 남보다 한발 먼저 대응하는 것만이 살길이다. 특히 언제 어디서 들이닥칠지 모를 리스크 요인에 슬기롭게 대응해야 한다. 이는 결코 말처럼 쉽지 않은 일이다. 그래서 시스템이 중요하고 경제 안전판을 강화해야 한다.

금융감독 기능을 강화하자

경제 안전판 구축 1번으로 금융감독 기능 강화를 제시한 이유가 있다. 과거 우리나라가 위기를 겪을 때 가장 직접적인 원인을 제공한 것이 바로 부실한 금융 시스템이었기 때문이다. 금융 쏠림 현상을 사전에 인지하지 못했다. 1997년 외환위기 때는 대기업에 금융이 너무 쏠렸다. 1997년 초부터 한보, 삼미, 진로, 한양주택, 우성, 유원, 기아차 등 이름만 들어도 알 만한 대기업들이 연달아 부도가 나니 관련 은행들도 덩달아 무너지면서 사상 초유의 경제 위기가 닥쳤다. 2002년에는 신용카드사들의 무분별한 경쟁 때문에 신용위기가 왔다. 2006년 극심한 부동산 투기에는 금융기관들의 주택담보대출 경쟁이 일조했다. 2011년은 그동안 누적되어온 저축은행 PF가 부실해지면서 나라가 어지러워졌다. 많은 금융기관이 '묻지 마 PF'에 뛰어든 결과였다. 비싼 금리를 물어가며 해외공항 건설 사업까지 뛰어들었다가 망한 저축은행이 있을 정도이니 할 말이 없다. 원래 공항 사업은 해당국에서 부지를 제공하는 것이 일반적인데, 우리 저축은행들은 부지까지 매입했으니 성공 가능성이 희박하다.

금융의 핵심은 리스크 관리이다. 개별 금융기관들이야 자기 회사의 리스크 관리에 만전을 기하겠지만 국가 전체의 금융 리스크는 금융감독원이 철저히 관리해야 한다. 금융이 잘못되면 그 영향이 다른 산업과 차원이 다르다.

지금의 금융감독원 체제로는 리스크를 제대로 관리할 수 없다. 저축은행 비리사건이 터진 2011년은 금융감독원 직원들에게는 악몽과 같은 해일 것이다. 그러나 당시 상황을 보면 금융감독원의 모럴해저드가 상상을 뛰어넘었던 것도 사실이다. 가장 중요한 인사가 적재적소 배치원칙이 아니라 퇴직 후 자기가 어디로 갈지에 따라 정해졌다고 하니 책임 있는 감독이 이루어질 수 없다. 결국 여론의 뭇매를 맞고 종전의 관행이던 퇴직 후 금융기관 감사로 내려가는 것이 중단되었다. 횡령이나 뇌물 수수가 아닌 업무 태만으로 직원이 구속되는 사태도 벌어졌다. 이것은 너무 심했다는 동정론이 있었지만, 당시 사회적 여론이 그만큼 좋지 않았다.

경제 위기의 핵심이 금융 위기인 만큼 금융감독 기능을 강화해야 한다. 이를 위해 금융감독원 체제를 근본적으로 바꿔야 한다. 금융감독원의 문제는 그 전문성과 폐쇄성에서 비롯된다. 폐쇄적인 조직문화는 소위 '그들만의 세계'를 만들면서 문제가 생긴다. 금융감독원 외에도 한국수력원자력이 대표적인 사례이다. 과거 율곡 비리사업도 그렇다. 현재 금융감독원이 여러 가지 개혁 작업을 추진하고 있고 그 성과도 나타나지만, 더 근본적으로 폐쇄적인 문화를 바꾸는 것이 중요하다.

그 대안으로 금융감독원을 아예 정부 조직화하는 것도 좋다고 생각한다. 공무원 조직이 되면 더 투명하고 공정하게 업무를 진행할 수 있다. 윤리적 측면이 강화될 뿐 아니라 다른 부처와의 인사 교류도 가능하니 폐쇄성을 제거할 수 있다. 직원들 입장에서도 열심히 일하면 정무직 공무원도 될 수 있고 적성에 맞지 않는 것 같으면 다른 부처로 옮길 수도 있으니 좋은 동기부여가 된다.

과거 금감원을 공무원 조직으로 전환하려는 움직임이 있었지만 봉급과 예산이 제약 요인으로 작용했다. 금융감독원 직원의 급여 수준이 공무원보다 훨씬 높고, 현재 금융기관으로부터 받는 수수료가 재원인 금감원 예산을 국가가 감당하려면 수천억 원이 소요되기 때문이다. 그러나 이러한 문제는 국가 전체의 이익과 비교하면 사소하다. 급여 문제는 금융감독 수당을 만들거나 별도의 보수체계를 통해 충분히 대처할 수 있다. 예산 문제는 현재 특허청처럼 특별 회계를 신설하여 계속 금융기관으로부터 수수료를 받아 운영하면 된다.

매번 정권이 바뀔 때마다 대통령들이 신경 쓰는 것은 정부 조직 개편이다. 김영삼정부 출범 이후 이명박정부까지 20년간 무려 8차례의 조직 개편이 있었고 부처 신설과 통폐합이 20건에 이른다고 한다. 반면 미국은 50년간 신설 부처는 5개 불과하고 1988년 이후 행정조직의 큰 틀이 현재까지 유지되고 있다고 한다. 그래도 세계 최강의 국가를 유지하는 데 큰 문제없다. 일본은 10년의 준비기간을 거쳐 2001년 개편한 조직을 현재까지 유지하고 있다. 우리나라도 부처 기능을 여기 붙였다 저기 붙였다 반복하지 말고 금융감독 같은 주요 기능을 개편하는 것이 더 중요하다.

산업은행, 원위치로

2008년 산업은행 개혁 방안이 발표되었다. 산업은행을 민영화하고 종전 산업은행이 맡던 정책 금융은 산업은행에서 분리된 정책금융공사가 맡게 하는 것이다. 산업은행을 매각한 수입은 중소기업 지원 자금으로 활용한다는 것이 주 내용이다. 그러나 이 개혁 방안은 정치권의 반대로 무산되었다. 법 개정 사항이라 국회통과가 필수 요건이다. 이후 산업은행은 민간은행도 아니고 정책 금융기관도 아닌 어중간한 상태로 몇 년이 흘러갔다. 그동안 민영화한다고 소매금융을 강화하는 등 정치권과 엇박자로 나갔다. 이제 재정리를 해야 하는데 산업은행은 다시 정책 금융기관으로 자리 잡는 것이 옳다고 본다. 이유는 세 가지이다.

첫째, 산업은행이 민간 영역으로 가버리면 정부 내에서 정책금융 역할을 하는 기관은 사실상 수출입은행뿐이다. 무역보험공사와 정책금융공사가 있지만 그 성격이 다르다. 특히 정책금융공사가 공사 형태로 과거 산업은행 역할을 대행하기가 쉽지 않다. 우리 기업들이 해외 건설과 플랜트 사업에 많이 진출하면서 필요한 프로젝트 파이낸싱(PF) 금액이 갈수록 커지고 있다. 해외 프로젝트 규모 자체가 커지기 때문이다. UAE 원전은 186억 달러, 한화건설이 이라크에서 수주한 신도시 건설공사는 78억 달러, 포스코의 브라질 제철소는 44억 달러, 두산의 사우디 발전소는 34억 달러, 삼성중공업의 호주 해양 플랜트 27억 달러 등 어지간하면 다 20억 달러가 넘는다. 이명박정부 기간 중 수주한 해외 건설만 3,000억 달러에 가까운데 이는 거의 우리나라 일 년 예산 규모와 맞먹는 금액이다. 이러한 프로젝트 파이낸싱을 수출입은행 혼자서 부담하기는 힘들다.

2012년 초 비상경제대책회의에서 제2의 중동 붐에 대비하여 해외 프로젝트 수주에 대한 금융지원 활성화 방안을 논의한 적이 있다. 당시에도 수출입은행에 대한 자금 부담이 너무 커서 그 보완책으로 국내 시중은행의 참여를 적극 유도했지만 잘되지 않았다. 해외 대형 프로젝트들은 대부분 10년 이상 걸리기 때문에 수주 경쟁력은 자금 조달 코스트에 달려 있다고 해도 과언이 아니다. 자금은 대부분 외화로 조달해야 하는데 시중은행은 국책기관보다 해외에서 비싼 금리로 외화를 가져와야 하기 때문에 사실상 참여가 어려웠던 것이다. 해외 발주처들도 시중은행보다 안전한 정부 소유 은행이 맡기를 원한다. 결국 산업은행이 다시 해외 PF에 참여해야 하는 이유이다. 오랜 명성을 소유한 산업은행은 해외에서 자금조달에도 유리하기 때문에 이에 적격이다.

둘째, 경제 불황기에는 경영이 어려운 기업들이 생기기 마련이다. 경제 환경이 급변해 단기적인 유동성의 어려움으로 파산하면 경제 전체에 큰 손실이다. 이런 때에 금융기관이 그 회사를 인수하고 몇 년 후 상황이 호전되었을 때 되팔아서 이익을 남긴 사례가 많다. 현대건설이 매입 비용의 3배, 대우건설이 5배, LG카드가 2배 등으로 매각해서 금융기관도 좋고 국민 경제에도 좋은 선순환 효과를 가져왔다. 과거 산업은행은 이러한 역할을 수행해 국민 경제에 이바지해 왔다. 만약 산업은행이 시중 은행화 되면 이런 역할을 할 기관이 마땅치 않다.

셋째로, 산업은행을 민영화하려 해도 살 사람이 없다. 그동안 우리은행, 기업은행 주식도 팔지 못하고 있는 상황이다. 재벌은 물론 안 될 테고 우리 경제의 핵심 젖줄 역할을 해온 은행을 해외은행이나 펀드에 파는 것도 바람직하지 않다. 그렇다면 기존 국내 금융그룹밖에 없는데 이 역시 쉽지 않은 상황이다. 더 중요한 것은 어차피 국회에서 법이 통과되지 않으리라는 것이다. 따라서 어정쩡하게 있는 것보다 산업은행을 정책 금융기관으로 회귀시키는 편이 좋다고 본다. 경제 안전판으로서 산업은행의 역할은 반드시 필요하기 때문이다.

정부 출연 연구기관, 구관이 명관이다

좋은 정책은 좋은 관료가 만든다. 좋은 관료는 상황을 제대로 판단하고 예측하는 능력을 지녀야 한다. 이러한 능력은 저절로 생기는 것이 아니며 상당한 지식과 경험을 필요로 한다. 우리의 경우 관료들이 공부도 많이 했고 능력도 많이 향상되었지만 부처의 중추라 할 수 있는 실국장급이 자주 바뀌다 보니 전문성에서 취약한 측면이 없지 않다. 관료들의 능력이 모자라 정책이 잘못되거나 시기를 놓치면 겪지 않아도 되는 어처구니없는 피해가 발생할 수 있고 지금처럼 급변하는 상황에서는 위기로 연결될 수 있다.

따라서 관료들의 부족한 부분을 잘 보완해 줄 수 있는 방법이 필요하다. 그 대안이 바로 정부출연 연구기관이다. 출연 연구기관의 연구위원들은 이론적으로도 무장되어 있지만 공무원같이 자리를 옮기지 않고 평생 자기 전문 분야만 집중하니 경험도 축적되어 정책수립에 큰 도움이 된다. 필자도 사무관, 과장 시절 KDI 등 국책연구기관 연구원들과 접촉하면서 많이 배웠다. 연구원들도 부처 공무원과 논의하는 과정에서 실무를 접할 수 있는 기회를 가질 수 있어 누이 좋고 매부 좋은 구조이다. 그런데 지금 출연 연구기관들이 과거와 같은 역할을 수행하고 있는지 의문을 제기하는 사람들이 많다.

출연 연구기관은 정부가 바뀔 때마다 제도가 바뀌어 온, 많지 않은 분야 중 하나이다. 그만큼 문제가 많다는 의미이다. 김영삼 대통령 시절인 1995년 청와대 경제수석실에서 비밀리에 통폐합 작업을 추진했다. 1980년대 이후 우후죽순처럼 늘어난 출연 연구기관들이 국가예산을 5,500억 원이나 쓰면서도 제대로 기능하지 못한다는 판단 때문이다. 기관이 많으니 업무 중복도 잦았고 산업계 등 최종 수요와 연계도 잘되지 않는다고 보았다. 더구나 행정 지원 인력이 전체의 3분의 1이나 되는 등 연구기관들이 방만하고 비효율적으로 운영되는 것에 철퇴를 가하겠다는 것이었다. 당시 인문사회 계열 20개 기관을 7개로, 이공계 30개는 16개로 줄이는 대단히 개혁적이고 의욕적인 작업이었다. 그러나 결론부터 말하면 이 작업은 무산되었다. 단 한 개도 통폐합을 시키지 못했다. 출연 연구기관들이 소관 부처들과 함께 워낙 강하게 반발하는 바람에 청와대도 지고 만 것이다.

김대중정부가 들어서면서 개혁 작업은 다시 추진되었다. 강제적인 통폐합 작업이 심한 반발을 불러온 지난 경험을 반면교사 삼아 자연적으로 구조조정이 이루어지도록 하는 것이 키포인트였다. 연구기관들은 최소한의 경비만 지원받고 나머지 예산은 부처나 다른 민간 부문의 용역을 받아 충당하는 구조이다. 가만히 앉아서 부처 예산에만 의존하지 말고 스스로 경쟁해서 돈을 벌어 오라는 말이다.

당초 정부가 이 계획을 수립한 배경은, 출연 연구기관 숫자가 많아 통폐합이 필요한데 저항이 너무 심하니 경쟁 체제를 만들어 놓고 경쟁력 없는 기관은 구조조정하려 한 것이다. 구조조정이 원활히 이루어질 수 있도록 모든 출연 연구기관을 국무총리실로 이관함으로써 부처와의 연결고리를 끊었다. 과거 사례를 살펴보면 자기 소속 연구기관의 통폐합을 가장 강력히 반대한 것이 바로 부처이기 때문이다. 총리실에는 연구기관 업무를 담당하는 5개 연구회가 설치되었다. 이 연구회들이 예산과 인사 관리 등 과거 부처의 역할을 수행하는 것이다.

이 계획은 1999년 시행되었으나 14년이 지난 2013년까지 제도 개혁의 목적인 구조조정된 기관은 단 하나도 없다. 오히려 부작용만 발생했다. 먼저 연구회라는 조직이 5개 신설되어 이들에 대한 인력과 예산이 새로 늘어났다. 연구회 이사장은 당초 비상임으로 정했으나 결정 과정에서 결국 상임으로 바뀌어 고위직 자리만 늘어났다. 반면 부처와의 연결고리가 없어진 연구기관들은 연구의 독립성을 주장하면서 수요자인 부처와 갈수록 멀어지게 되었다. 애초 정부가 직업 공무원에게 취약한 연구 분석 기능을 보강하려는 취지와 반대로 가고 말았다.

이러한 문제점을 개선하기 위해 노무현정부 시절인 2004년 이공계 관련 3개 연구회와 연구기관을 총리실에서 과학기술부로 이관하였다. 이명박정부 들어서는 과학기술부가 없어지고 이공계 연구회는 교육과학부와 지식경제부로 이관되었다. 그리고 다시 국가과학기술위원회(국과위)가 탄생하면서 연구기관 거버넌스에 혼란이 왔다. 국과위는 2012년 모든 이공계 출연 연구기관을 가칭 '국가연구개발원'이라는 한 개의 기관으로 통합하는, 대단히 혁신적인 안을 만들었다. 최근 연구의 융복합화를 감안한 것이었으나 국회 문턱을 넘지 못했다. 과거 한두 개 연구기관을 통합하는 것도 진통이 커서 실패했는데 전체 이공계 연구기관을 하나로 통합하려 했으니 쉬울 리 없다.

정권마다 추진된 출연 연구기관의 개혁 작업은 워낙 복잡하고 전문적이어서 일반 국민들은 별 관심이 없었지만, 지나고 보면 정부 부처 개편보다 어려웠다. 정답이 없는 것 같지만 현 상황이 최선이라고 말하기도 어렵다. 정부 필요에 의해 만들어졌지만 몇몇 연구기관을 제외하고는 존재의 이유를 모르겠다는 공무원들도 많다. 연구기관들이 제 역할을 하지 못하기 때문에 나오는 말이다.

이런 상황일수록 원칙에 충실해야 한다. 애당초 정부가 출연 연구기관을 만든 취지대로 출연 연구기관을 관련 부처로 돌려주는 것이 최선이다. 다만 부처도 출연 연구기관의 세세한 사항까지 감독하고 통제할 생각을 버리고 협력적 관계로 가야 한다. 연구 수주 경쟁을 통해 예산을 확보하는 것도 별 효과가 없었으니 폐지하고, 과거처럼 안정적인 연구가 가능하도록 출연금을 지원하는 것이 바람직하다. 더 나아가 공무원과 연구원이 인사 교류를 하는 것도 좋은 대안이다. 둘이 힘을 합해야 예기치 못하게 발생할 수 있는 경제의 리스크를 줄일 수 있다.

한수원은 한전과 통합하자

전력 공급의 30퍼센트를 차지하고 있는 원전은 우리나라의 전기 요금이 주변국보다 낮은 주요인이다. 이산화탄소 배출이 없는 친환경 에너지원이기도 하다. 우리 자체 기술로 개발한 원전을 UAE에 수출함으로써 새로운 성장 동력으로도 각광 받고 있다. 안정적인 경제 운영을 위해 원전은 필수이다.

그런데 2012년부터 원전 마피아다 뭐다 하는 비리가 계속 터져 나오면서 원전에 대한 국민의 신뢰가 땅에 떨어지고 해외 경쟁력도 추락하고 있다. 이래서는 안 된다. 비리에 대해 대통령이 화를 내고, 검찰이 강도 높은 사정을 단행해도 근본적인 문제 해결이 아니다. 이런 상황에까지 이른 원인을 먼저 분석해야 한다.

앞서 금감원을 이야기할 때 밝혔듯이, 전문성과 폐쇄성으로 인해 외부에서 투명하게 볼 수 없는 조직은 항상 문제를 일으킨다. 우리가 한수원 직원의 입장이 되어서 사태를 직시해 보자. 대학에서 원자력을 전공을 하고 한수원에 들어왔다. 입사 직후부터 평생을 오지에 있는 둥그런 시멘트 건물 안에서 근무해야 한다. 평생 열심히 일해 봐야 사장 자리까지 올라가기 힘들다는 것은 너무나 잘 안다. UAE에 원전을 수출해 봐야 일만 늘어날 뿐 딱히 보상이 있는 것도 아니다. 직원들은 대부분 선후배로 동질성이 강하고 그들의 업무는 워낙 전문적이라 외부에 잘 알려지지 않는다. 주변에 있는 원전 부품회사들도 다 아는 사람들이 경영하고 있고 자기가 퇴직하면 가야 할 곳이기도 하다. 상황이 이런데 대체 누가 유혹에 넘어가지 않을 수 있겠는가.

원전 비리를 근본적으로 해소하려면 이러한 한수원의 조직문화를 바꾸어야 한다. 가장 좋은 방안은 한국전력과 다시 통합하는 것이다. 김대중정부 때 한전을 여러 회사로 분리했다. 특히 발전 부문 중 수력과 원자력을 한수원으로, 화력은 중부, 남부 등 지역별로 5개 자회사로 분리했다. 이외에도 한전기술 등 여러 회사가 생겨났다. 상호경쟁을 통해 효율을 증진시킨다는 차원으로 나름의 논리가 있다. 그러나 10여년 넘게 지난 지금 부작용이 더 크지는 않은지 다시 판단해야 한다. 쪼개진 조직이 작다 보니 직원들은 비전도 없이 작은 조직에서 평생 근무하면서 각종 유혹에 시달린다. 조직이 커지면 폐쇄성이 사라진다. 그들만의 세상이 없어지고 그들의 행위를 다른 사람들이 볼 수 있다. 이렇게 되면 자연히 '그들만의 비리'도 사라지지 않을까.

내수 위주
성장은 없다
3

최근 우리 경제의 화두 중 하나는 내수 위주의 성장이다. 그동안의 수출 위주 성장은 대외환경 변화에 너무 민감하고 대기업만 유리해서 양극화를 부추겼다는 인식에서 출발한다. 사실 우리 경제에서 수출이 차지하는 비중은 압도적으로 높다. 2011년 GDP 대비 절반인 50퍼센트에 이른다. 수출을 많이 한다는 중국도 26퍼센트, 일본이 14퍼센트에 불과하다. 미국은 10퍼센트 수준이다. 다만 독일이 41퍼센트, 우리보다 높은 나라는 66퍼센트에 달하는 대만이 유일하다.

 안정적인 경제 운영을 위해서는 수출과 내수의 균형 있는 성장이 바람직하다. 어느 진보 경제학자는 우리나라도 이제 내수 위주로 성장하여 수출 위주의 대기업이 아니라 중소기업과 영세 상인층이 그 성장의 온기를 누려야 한다고 역설했다. 그렇게만 될 수 있다면 누가 반대하겠는가. 그러나 불행히도 우리나라는 내수 확충이 쉽지 않다.

고령화로 내수는 더 위축된다

2장에서 살펴보았듯이 한국은 고령화로 인해 내수가 작아지면 작아졌지 더 커지기는 힘든 구조이다. 2010년 통계청 조사에 의하면 가구주가 60대 이상인 가구의 소비 지출은 40대 가구주의 56퍼센트로 절반이 약간 넘는 수준에 불과하다. 앞으로 40대 이하 인구는 계속 줄어들고 60대 이상만 늘어나는데 소비가 늘어날 수 있는가? 또한 소비가 늘지 않는데 내수 위주로 성장한다고 수출까지 위축되면 기업들이 설비에 투자하겠는가?

건설 투자도 한계에 달했다. 주택 경기는 살아나기 힘들다. 일반적으로 주택을 구입하는 연령층은 35세에서 55세로 본다. 실제 통계청 조사에서도 부동산 보유 자산이 30대부터 늘어나고 50대 후반으로 접어들면서 줄어드는 것으로 나타난다. 외국의 경우도 이 연령층이 주택 가격이 많은 영향을 미치는 것으로 조사된다.

다음 표에서 보듯이 일본은 1990년대 초 부동산 가격이 계속 내림세를 보이고 있는데 35~55세 연령층 인구와 같은 추이를 보이고 있다. 미국도 마찬가지이다. 이 연령대가 주춤하면서 주택 가격이 하락하고 이는 곧 서브프라임 사태로 이어졌다. 다른 유럽 국가들도 비슷한 양상을 보였다. 우리나라도 35~54세 인구가 2011년을 정점

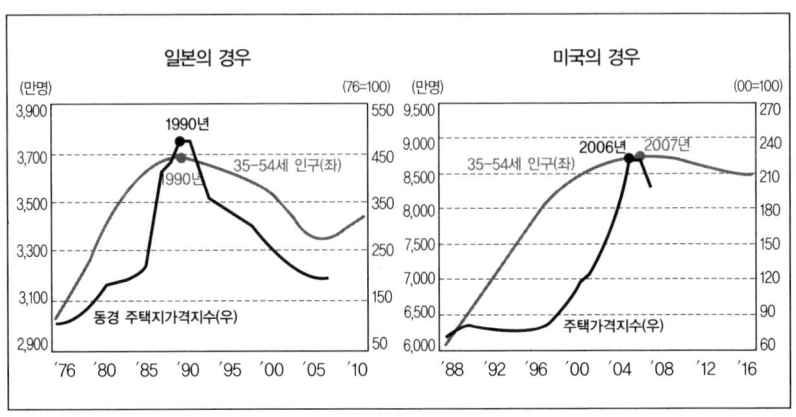

으로 감소한다. 주택 경기가 살아나기 힘든 구조이다. 주택 경기는 주택건설에만 영향을 미치는 것이 아니다. 한국 국민의 자산 구조를 보면 주택 같은 부동산이 약 75퍼센트를 차지한다. 부동산 경기 침체는 곧바로 소비심리에도 부정적인 영향을 미친다.

　내수를 키우기 위해 공공투자를 늘리는 것도 방안이지만 이 역시 한계가 있다. 이미 도로, 교량, 공항, 철도 등 사회간접자본 시설이 상당 부분 갖추어져 있기 때문이다. 지방에 가보면 차도 없는데 길은 멋있게 닦아 놓은 곳이 많다. 더는 투자 소요를 찾기 어려운 상황이다. 가장 어려웠던 수자원관리도 4대강 사업으로 마무리 되었다. 그리고 무엇보다도 복지 예산을 충당하기 위해 사회간접자본 투자는 앞으로 줄어들 수밖에 없다. 이러한 점들을 고려할 때, 향후 내수가 확장될 수 있는 여지는 극히 좁다.

서비스 산업, 국민정서법으로부터 탈출하자

그나마 내수를 키우기 위해서는 돈 있는 사람이 국내에서 돈을 쓰게 만들어야 한다. 그리고 외국인들이 한국에 와서 돈을 쓰게 해야 한다. 현 상황에서 이것을 가능하게 할 수 있는 유일한 돌파구는 서비스 분야이다. 그러나 우리나라는 서비스 산업이 워낙 취약하다. 의료, 교육, 보육, 관광, 사회 서비스 등 어느 분야도 많은 돈을 쓸 수 있는 여건이 조성되어 있지 않다. 돈 있는 사람들은 외국에 가서 돈을 쓰고, 외국인은 한국에 와서 기념품 같은 선물 사는 것 외에는 돈쓸 일이 별로 없어 악순환이 계속된다. 면세점에서 취급하는 물건들도 대부분 외국산 명품들이어서 우리에게 떨어지는 부가가치가 많지 않다.

취약한 서비스 부문을 발전시키면 내수 기반을 확충할 뿐 아니라 일자리도 늘릴 수 있다. GDP가 10억 원 늘어나면 일자리 창출 규모는 제조업이 9.3명인 데 반해 서비스업은 16.6명이다. 정부도 10여 년 전부터 서비스 산업이 새로운 수요를 창출하는 분야라고 보고 많은 노력을 기울여 왔으나, 불행히도 제대로 진전되지 않고 있다. 국민정서법이라는 엄청난 벽에 부딪히기 일쑤이기 때문이다. 각 부처도 총론에서는 찬성하지만 각론에 가서는 반대한다.

먼저 의료 서비스업을 살펴보자. 우리나라 의료업은 비영리법인만 할 수 있게 규정되어 있다. 비영리법인은 경영을 잘해서 이익이 나더라도 투자자에게 배당을 할 수 없다. 그러니 투자할 사람이 나타나기 어렵다. 그저 삼성, 현대 같은 대기업이 비영리재단을 만들어 운영하는 정도에 그칠 뿐이다. 투자가 제대로 이루어지지 않으니 종합병원이 부족해 환자들로 아우성이다. 정부는 의료업에 더 많은 투자를 기대하며 영리법인도 병원 운영이 가능하도록 법 개정을 추진해 왔지만, 너무도 큰 국민정서법에 부딪쳐 진전되지 않고 있다. '어떻게 사람의 생명을 담보로 돈을 벌 생각을 하느냐?' '병원에게 이윤을 허용하면 앞으로 의료비가 올라가고 부자만 좋은 서비스 받는 것 아니냐?' 등 기우에 가까운 온갖 반대 논리가 발목을 잡았다. 외국은 대부분 영리법인의 병원 운영을 허용하는데 우리나라는 참 유별나다. 영리법인이 허용되지 않으니 외국 병원들도 한국에 오지 않는다. 수익이 나도 가져갈 수 없는데 누가 투자하겠는가?

외국과 경쟁이 없으니 한국의 의료는 보호막 속에서 편하게 장사할 수 있다. 제조업이 외국과 치열한 경쟁을 하고 있는 것과 대조적이다. 최근 의료관광 붐이 일고는 있지만 싱가포르나 태국 같은 경쟁국을 따라잡기는 아직도 요원하다. 투자가 안 되니 많은 일자리 기회도 아울러 날아가 버리고 만다. 영리법인을 허용하지 않는다고 해서 현재 우리나라 병원이나 의사들이 영리를 추구하지 않는가? 결코 그렇지 않다. 단지 편법만 양산될 뿐이다.

교육도 마찬가지이다. 우리만 외국으로 유학 갈 것이 아니라 외국의 유수한 대학들이 한국에 오면 얼마나 좋겠는가. 학생들은 유학비용을 절감할 수 있고 대학들도 우수한 한국 인재들을 유치할 수 있을 것이다. 그러나 이 또한 지지부진하기만 하다. 경쟁을 싫어하는 우리 교육계가 이를 용인하지 않기 때문이다. 오히려 사회주의 국가인 중국이 더 개방적이다. 상하이 소재 아메리칸 스쿨은 44개국

2,000명이 다니고 있으며, 베이징 국제학교는 중국 부자뿐 아니라 미국, 중동, 유럽의 지도층 자녀들도 와서 인맥을 쌓는다고 한다. 상하이, 베이징 고등학교에 유학 가는 한국 학생들도 많다. 돈 많은 사람들이 자녀를 외국에 보낸다고 비난만 하고 있을 것이 아니라, 국내 교육 환경을 대폭 개방해야 한다.

2013년 국제중학교가 특혜 입학으로 사회적 물의를 일으켰다. 워낙 국민들의 수요가 많아서 일어난 일이었다. 다른 나라였다면 그런 학교를 더 많이 만들었을 테지만, 우리 사회에서 주장한 첫마디는 학교 폐쇄였다. 이것이 우리의 현실이다. 다양성보다는 획일성을 선호하는 정서 상 산업으로서 교육이 발전하기 어렵다.

보육 산업도 비슷하다. 보육료 상한제에 걸려 민간 투자가 이루어지기 힘들다. 그 많은 보육 수요를 정부가 보조금으로 끌고 가니 공급이 제대로 될 수밖에 없다. 보육료 상한제를 없애던가 정부 보조를 받는 보육원에만 상한제를 적용하고 나머지는 민간 시장에 맡기면 보육시설은 지금보다 훨씬 빨리 확충되고 일자리도 늘어나, 경쟁으로 인해 서비스 질도 좋아질 텐데 이 역시 정서법을 통과하지 못한다. 아이들이 태어나면서부터 돈 때문에 차별을 받으면 안 된다는 형평성 논리 때문이다.

관광 산업은 2012년 해외 관광객이 최초로 1,000만 명을 돌파하면서 국내 숙박 시설이 많이 부족한 실정이다. 일부 관광객들은 호텔을 구하지 못해 서울 변두리 모텔까지 가서 묵을 정도이다. 특히 중국인 관광객이 빠른 속도로 늘어나고 있다. 2012년 기준으로 약 280만 명이다. 일본에 이어 2위이나 2013년 들어 일본을 제치고 1위로 올라오는 추세이다.

그러나 이 숫자는 전 세계로 나가는 중국 관광객의 3퍼센트 수준에 불과하다. 나머지 97퍼센트의 중국인은 다른 나라를 찾는다. 특히 중국 부자들은 우리나라를 찾지 않는다. 품격 있는 관광을 할 수 없다는 것이다. 이런 상황에서 모 대기업에서 안국동에 외국인을 위한 고급 호텔을 짓겠다고 한 것이 오래전인데 아직도 해결되지 않고 있다. 근처에 학교가 있기 때문이다.

학교보건법에 따르면 학교에서 200미터 거리 이내에는 시행령이 정하는 바에 따라 호텔, 여관, 여인숙을 짓지 못하게 되어 있다. 고품격 관광호텔이 여인숙과 같은 반열로 사회위해시설로 치부되고 있으니 시대에 뒤떨어져도 한참 뒤떨어졌다. 고급 관광호텔은 오히려 학생들이 취업하기를 원하는 곳인데 법이 이를 막고 있는 셈이다. 정부가 법안을 제출해도 국회에서 미루어지고 있다. 자칫 재벌에게 특혜를 준다는 이유로. 이 와중에 해당구청은 이 부지를 자기 건물 이전에 사용하려 한다는 말도 나온다. 이들에게는 국가적 관광산업보다 멋있는 청사가 더 관심사항이다. 이것이 우리의 실상이다.

2012년 여름 청와대에서 대통령 주재로 내수확대 회의가 야간에 열렸다. 밤을 새더라도 끝장을 보자는 취지였다. 외국 기업이 인천 송도에 외국인전용 카지노가 있는 리조트를 건설하려는데 문화부의 사후 심사 규정 때문에 안 되니 사전 심사로 바꾸자는 내용이 있었다. 건물을 다 지은 후 허가 여부를 결정하겠다는 사후 심사에 투자자가 응할 리 없다. 외국 투자자가 우리나라에 자기 돈을 들여 리조트를 짓고 외국인전용 카지노를 운영하겠다는데 우리가 반대할 이유가 없다. 싱가포르와 마카오 등으로 가는 중국인 관광객을 유치하는 것이 목표이다. 법 개정 없이 사전 심사제로 변경이 가능하여 즉시 실행에 옮긴 결과 두 군데서 수조 원의 투자 계획을 가지고 신청했다. 그러나 이후 정권이 바뀌고 이 프로젝트는 둘 다 사전 심사에서 탈락했다. 한해 3,000만 명이 찾는 마카오가 유치 인원 한계에 도달해 그 옆 헝친다오(橫琴島)에 제2의 마카오 건설을 계획 중인 중국과는 매우 대조되는 사례이다.

도박을 좋아하는 중국인들을 유치하기 위해서 중국과 한국을 오가는 정기 여객선에 카지노 설치를 요구하는 업계의 건의가 있었지만 이 역시 무산되었다. 중국 여객선은 공해상에 이르면 카지노를 운영할 수 있는데 한국 여객선은 불가능하다. 그러니 중국인들이 한국 여객선을 이용하지 않는다. 밤새 끝장 토론으로 결정된 내수 확대 시책들은 각론에 가면 부처들의 반대로 도로 원위치로 돌아가고 말았다.

우리의 소득수준에서 가장 발달하지 못한, 그래서 잠재력이 매우 큰 분야가 해양 레저 산업이다. 그러나 이 역시 각종 규제와 자치단체의 이해 부족으로 아직도 걸음마 수준에 머물고 있다. 한강 여의도에서 경인 아라뱃길을 통해 서해로 나갈 수 있는데 서울시가 반대해서 지지부진한 상태이다. 전 세계 요트시장 규모는 47조 원에 달한다. 거의 대형 선박 50조 원과 맞먹는 수준이다. 요트산업은 중소기업 영역이다. 대기업인 조선소는 그 성격상 요트산업에 뛰어들기 어렵다. 국토해양부가 2011년 말 마리나산업 육성대책을 발표하면서 7,000대 수준인 국내 요트 수를 2020년까지 7만 대로 늘릴 것이며 이로 인해 45만 개의 일자리가 창출된다고 발표했지만 현재 시스템과 우리 사회 정서상으로는 여전히 요원한 이야기이다.

이상에서 밝힌 것과 같이 우리 사회에서 가장 취약한, 그래서 발전 가능성이 높은 서비스 부문이 이런 저런 이유로 전진하지 못하고 맴돌고만 있다. 각종 규제들을 살펴보면 부분적으로는 일리가 있지만 모두 합쳐지니 족쇄가 되고 만다. 정부가 내수를 키우겠다고 의지를 보인 지 10년은 넘은 듯한데 여전히 제자리이다. 가장 큰 장애 요인은 국민 정서이고 두 번째 요인은 총론 찬성, 각론은 반대하는 부처 이기주의이다. 세계의 경제 환경이 녹녹치 않고 국내 수요도 고령화로 인해 갈수록 줄어드는 상황에서 이제는 정말 내수를 키워야 한다. 국민정서라는 옥쇄에서 벗어나야 한다. 국민정서라는 것도 결국 일자리가 있고 난 다음에 있는 것이 아닐까.

문화가 힘이다

서비스 산업에 대한 규제가 완화되지 않는 상황에서 내수를 확장할 수 있는 분야는 문화이다. 싸이나 K-POP의 성공 사례에서 보듯이, 잘하면 내수뿐 아니라 해외 진출도 활발히 이루어져 일자리도 창출하고 한국을 세계에 알리는 일석이조의 효과를 창출할 수 있다. 문화는 그 나라의 위상에 맞추어 나아가기 때문에 지금처럼 우리의 국격이 상승한 때가 좋은 기회이다. 2013년 여름에 개최된 이스탄불-경주 세계문화엑스포를 보면 알 수 있다.

터키는 세계가 부러워할 만큼 엄청난 문화 자산을 보유한 국가이다. 경상북도가 경주를 세계에 알리고자 터키와 함께 엑스포를 공동 개최하자고 했지만, 처음에는 거절당했다. 자신들이 보기에는 초라한 경주를 이스탄불과 같은 반열에 놓는 것에 전혀 동의할 수 없었던 것이다. 그러나 이후 정상들의 대화로 성사되었다. 대한민국의 국격이 높지 않았으면 불가능한 일이다.

문화는 묘한 힘을 갖는다. 경제 수석으로 일할 때, 한중 정상회담 수행을 위해 중국에 간 적이 있다. 회담이 끝난 후 만찬에서 중국의 상무장관과 동석하게 되었다. FTA 같은 실무적인 이야기를 나누다가 분위기가 딱딱해서 화제를 영화로 돌렸다. 중국 무협영화를 많이 봤던 터라 감독이며 배우 이야기로 화젯거리가 충분했다. 그랬더니 식사 자리가 화기애애해지고 양국이 훨씬 더 가까워지는 느낌이 들었다.

문화가 더 큰 힘을 발휘한 것은 UAE 원전 수주 때이다. 원자력 발전소는 세계 상위 5개국만 수출하는 시장이었고 당시 UAE사업도 사실상 유럽 국가가 수주하기로 이미 결정되어 있었다고 한다. 거기에 우리가 뒤늦게 뛰어들어 200억 달러, 향후 운영까지 고려하면 400억 달러 규모의 사업을 우리 것으로 바꾸어 놓았다. 처음 이명박 대통령이 UAE 왕세자에게 몇 번이나 접촉을 시도했지만 거절당했다고 한다. 그러다가 한 번의 만남으로 일을 해결했는데 그것이 문화의 힘이었다. 왕세자가 젊은 시절 쓴 감동적인 시가 있었다. "그대 울지 마세요. 그대가 눈물을 흘리면 내가 당신 눈에 머물러 있을 수 없잖아요……" 대통령과 왕세자는 이 시에 대해 이야기하면서 친해졌다고 한다. 역시 문화가 경제보다 한수 위인 듯하다. 지금 두 사람은 거의 형제 같은 관계이다. 수천억 달러의 여유 자금으로 국제 금융 시장에 막강한 영향력을 가진 UAE가 오히려 한국 대통령이 바뀌면 두 나라가 멀어지는 것 아니냐고 걱정할 정도이니, 그 마음 씀씀이가 고맙다.

오늘날 문화의 중요성을 모르는 사람이나 조직은 없을 것이다. 많은 기업들이 다양한 문화 행사를 지원하고, 지방자치단체들도 자기 특색에 맞는 문화 행사를 만드는 데 심혈을 기울인다. 정부도 기업들의 문화관련 지출을 경비로 인정해 주고 예산을 확대하고자 노력하고 있지만 그 속도가 빠르지 못하다. 재정당국의 입장에서는 당장의 현안 처리가 더 급하고, 문화 사업들은 당장의 성과가 미흡한 관계로 우선순위에서 뒤로 밀려나기 때문이다. 사회지도층들도 문화는 좋아하지만 돈을 쓰는 데는 아직은 인색한 편이다. 워낙 공짜표들이 많이 돌아다니기 때문이다. 이제 모두 문화에 대한 인식을 바꿀 때이다. 문화는 우리나라의 잠재력을 키우고 일자리도 많이 만들 수 있는 최고의 창조 분야이기 때문이다.

제2의 중동 붐

국민정서가 내수 발전을 가로막고 있는 사이 오히려 해외에서는 우리나라 위상이 높아지면서 많은 기회가 생겨나고 있다. 대표적인 것이 제2의 중동 붐이다. 중동은 1970년대 우리나라 근로자들이 열사의 사막에서 죽을 고생을 하면서 가족과 국가를 먹여 살린 역사가 서린 곳이다. 고생의 대명사가 되어서인지 중동에 파견나간다고 하면 인식이 썩 좋지는 않았다.

그러나 지금은 상황이 완전히 바뀌었다. 2012년 2월 대통령 중동 순방 시 새로운 사실을 많이 발견했다. 중동은 여전히 오일머니로 세계 최대 부국의 자리를 굳건히 지키고 있었다. 특히 민주화 바람을 탄 중동 국가들은 과거와 같은 사회간접자본 투자가 아니라 복지와 산업발전에 더 많은 관심을 가지고 있었다. 중동의 지도자들은 언젠가는 고갈될 석유 자원을 대체할 수 있는 먹거리를 찾고 있었다.

중동 국가들도 한국을 자기 나라에 건설 근로자들을 보내던 가난한 나라로 여겨왔지만 지금은 그런 인식이 바뀌었다. 그 시작은 아랍에미레이트(UAE)이다. UAE는 원전 수주를 계기로 우리와 매우 가까워졌다. 원전 외에도 10억 배럴 이상의 대형 유전 생산에 참여하고 3개 미개발유전의 개발권도 얻었다. 공동으로 석유비축 사업도 하고 우리 군대가 파견되어 안보 협력도 하고 있다. UAE는 자신의 자금과 한국의 기술을 융합하여 해외 사업에 뛰어들자는 제안도 하고 있다. UAE는 한국에서 직장을 다닌 경험이 있는 근로자들을 보내달라고도 요청했다. 은퇴 근로자들에게는 매우 좋은 기회였는데 영어 실력이 부족해 면접에서 거의 탈락한 점이 안타깝다.

한국이 UAE와 워낙 친해지니까 사우디아라비아도 우리에게 러브콜을 보냈다. 2012년 2월 최대 축제인 자나드리아 문화 축제에 한국을 주빈국으로 초청하면서 대통령의 방문을 희망했다. 우리가 방문했을 때 사우디는 2010년부터 5개년 동안 무려 117개의 종합병원과 750개 진료소를 건설할 계획이고 주택과 학교, 석유화학단지, 담수 플랜트, 제련소 등에 수백억 달러의 투자 계획을 준비 중이었는데 한국이 여기에 적극적으로 참여하기를 요청했다. 2012년 말에는 한국에 세계 최대 국영석유기업인 아람코 지사를 설립하여 본격적인 활동에 돌입했다. UAE는 한국이 진정성과 기술을 갖고 있으며 신뢰할 수 있는 나라라고 치켜세웠다고 한다. 중동의 부유한 산유국들은 미국이나 유럽 선진국들이 주도하던 시장이었는데 우리와 같은 나라가 등장하면 레버리지 차원에서 이익이 될 수 있다.

중동의 소국 카타르도 넘쳐나는 돈을 주체하기 어려운 나라이다. 그 더운 나라에서 에어컨을 가동하는 실내 축구장을 건설하면서까지 월드컵을 유치할 정도이니 우리의 상식으로는 이해하기 어렵다. 돈이 얼마나 많으면 그렇게까지 하는지 부럽기도 하다. 그런 카타르도 협력을 강화하자며 자본을 댈 테니 고위급 협력체를 만들자고 먼저 제안하기에 나섰다. 카타르는 천연가스가 많이 나는 나라이다. 과거에는 진주조개 사업으로 돈을 벌었지만 일본이 인조 진주를 개발하는 바람에 망했다고 한다. 그러다가 가스가 발견되면서 돈을 주체하지 못할 정도로 풍요로움을 만끽하고 있다.

이들은 자신들을 먹여 살리는 석유가 언젠가는 고갈될 것을 잘 알고 있다. 그래서 미래의 먹거리를 만들기 위해 안간힘을 쓰고 있다. 그런 나라들이 미래의 협력 대상으로 우리나라를 찾는 것은 다행스러운 일이다. 2012년 2월은 국제유가가 다시 올라서 120달러를 육박하던 시기였다. 그리고 우리는 국제사회의 제재 때문에 이란으로부터 석유수입을 줄여야 하는 어려운 상황이었다. 그런데도 이들 국가들은 한국이 원하는 석유는 항상 공급해 주겠다는 고마운 약속을 하였다.

사우디 방문 시 교포 간담회에서 현지 교포인 사업가와 이야기를 나누었다. 그는 제발 한국 청년들을 좀 보내달라고 말했다. 사우디에서 약 50명의 직원을 채용하고 있는데 한국 사람들이 없어서 허전하다고 했다. "요즘 젊은 사람들이 얼마나 고생을 기피하는데 이런 열악한 곳까지 오겠습니까?" 내가 이렇게 물었더니 그는 이렇게 말했다. "그건 다 과거 삽질할 때의 이야기입니다. 지금은 한국 사람들 모두 관리직이에요. 에어컨 빵빵하게 나오는 사무실에서 인간다운 생활을 하고 있습니다. 퇴근 후에 헬스도 하고 문화생활도 가능해요. 과거에는 사우디에 오면 부인이나 가족은 서울에 두고 오는 경우가 많았지만 지금은 같이 나왔다가 오히려 부인들이 더 오래 있기를 원하는 걸요."

결론적으로 말하면 중동에는 새로운 기회가 많았다. 이미 기업들은 이 기회를 좇아 모여들고 있었지만 정부 대책은 이를 따라가지

과거 중동 붐과 제2의 중동 붐의 차이

	1970년대 1차 중동 붐	2000년대 2차 중동 붐
사업분야	도로 등 단순 인프라 건설	플랜트, 주택, 병원, 방위산업, IT등 고부가가치 사업
진출인력	건설 기능직 위주	고학력 전문직
생활여건	열악	매우 양호

못하고 있었다. 2012년 2월 중동 순방 직후 대통령 주재로 비상경제대책회의를 개최하여 원활한 금융지원과 인력수급 계획에 관한 대책을 수립하였다. 수출입은행의 여력을 확충하기 위해 자본금과 대출 한도를 늘리고, 혼자서 파이낸싱을 감당하기 벅찬 점을 감안하여 정책금융공사, 산업은행, 민간은행 등과의 컨소시움을 유도했다.

청년 일자리 창출의 돌파구

그리고 얼마 후 대통령 주재로 지방대학 학생회장 간담회가 열렸다. 참석한 학생들은 대부분 일자리에 가장 큰 관심을 보였고 사학비리 등에 대해서도 불만을 토로하였다. 대학생들은 이 모든 문제를 정부 탓으로 돌렸다. 듣다 못한 어느 참석자가 학생들에게 질문했다. "지방 소재 중소기업들은 사람을 구하지 못해 인력난을 겪고 있습니다. 외국인 근로자가 없으면 회사가 돌아가지 않을 정도입니다. 지방대 출신을 위시한 여러분들이 그런 곳에 가면 어떨까요? 지방 중소기업들도 탄탄하고 좋은 회사들이 많습니다. 그런 기업들을 외면하고 일자리 없다고 불평만 하면 어떡합니까?" 그러나 학생들의 대답은 냉정했다. "지방 중소기업에 가면 결혼하기도 어렵다. 차라리 좀 더 기다렸다가 대기업으로 가는 것이 낫다." 그렇게 해서라도 대기업에 간다면 좋으련만 그것이 어디 쉬운 일인가.

간담회 후 식사 자리에서 옆에 앉은 학생들에게 제2의 중동 붐에 관해 물어보았다. 그는 전혀 그런 것을 몰랐고, 중동에 간다는 생각은 해본 적도 없다고 했다. 지금 중동의 상황을 이야기해 주고 기회가 있으면 가겠냐고 물으니 대부분 가겠다고 답했다. 대학생들은 정보가 부족해 좋은 기회를 놓치는 경우가 많다. 그래서 노동부의 산업인력공단 홈페이지에 중동 관련 사이트를 개설하고 모든 정보를 집중하도록 했다.

중동도 중요하지만 다른 개발도상국들도 이에 못지않다. 한 세대 만에 국격이 수직 상승한 대한민국은 수많은 개도국의 롤모델이다. 대통령을 수행하여 개발도상국들에 가면 같이 협력하자는 러브콜이 여기저기에서 날아온다. 협력 분야도 도로나 교량을 놓는 차원이 아니라 중화학 플랜트건설, 에너지 자원개발, 신재생에너지 투자, 친환경차 개발 등 고부가가치가 많은 사업들이라 우리 기업이 세계로 뻗어나가는 데 많은 도움이 된다. 특히 잠재력이 큰 인도네시아, 베트남, 터키, 카자흐스탄, 우즈베키스탄 같은 나라들이 한국을 형제국처럼 생각하는 것은 우리의 미래를 위해서도 매우 다행이다.

2억 4천 명의 인구를 보유한 인도네시아는 세계 4위의 인구 대국이자 자원도 풍부해 향후 성장 잠재력이 무궁하다. 그런 나라가 개발 전략을 세우면서 중국과 일본을 제치고 우리나라를 파트너로 삼을 만큼 우호적이다. 우리와는 대사관 외에 별도의 경제협력사무소까지 설치하여 각 분야에서 협력을 강화하고 있다. 터키 역시 무슬림 국가 중 이란과 대항할 수 있는 유일한 강국이다. 우리 자동차 공장이 있고 발전소, 도로 등 사회간접자본 투자도 많이 참여하고 있다. 우리와의 협력 강화를 위해 FTA까지 흔쾌히 맺었고 원전 건설도 협의할 만큼 가까운 사이이다(하지만 아쉽게도 원전은 일본으로 넘어갔다). 우리 기업이 워낙 많이 진출한 베트남은 말할 것도 없고 카자흐스탄, 우즈베키스탄에서도 석탄화력발전소, 석유화학 플랜트 건설 등 다양한 협력 사업이 전개되고 있다.

 이 국가들은 우리나라가 이전에 겪었던 루트를 따르고 있는 경우가 많아 우리가 현지인보다 유리한 위치를 점할 수 있다. 라오스에서 가장 부자는 한국 사람이라고 한다. 중고차 몇 대 들고 가서 사업하여 성공을 거둔 것이다. 남미의 콜롬비아에 순방을 갔을 때는 무역전시회에서 우리나라의 청년 벤처기업인이 자기 제품을 열심히 설명하는 모습을 보았다. 낯이 익어 살펴보니 중소기업진흥공단에서 배출한 청년창업사관학교 1기생이었다. 외국으로 봉사 활동을 갔다가 그곳에 머물러 사업을 하는 청년들도 보았다. 그런 청년들을 볼 때면 열정으로 이글거리는 미래의 사업가들을 만난 기분이었다. 매사에 불평을 일삼고 남의 탓만 하는 사람들과는 확연히 다르다. 이들이 결국 우리나라를 먹여 살릴 것이다.

 정부도 이런 점을 감안하여 개도국에 보내는 해외인턴 사업을 대폭 확충하고 코이카(KOICA)를 통한 자원봉사 기회도 늘리도록 했다. 해외건설협회에서는 학생들에게 매우 좋은 기회를 제공하는 '해외건설 인턴제'를 실시하고 있다. 선진국은 이미 완성된 틀이 있어 우리나라 청년들이 가서 도전하기가 쉽지 않다. 엄청난 기술을 갖고 있으면 몰라도 그렇지 않다면 개도국이 블루오션이 될 수 있다.

 이제 우리나라는 앞으로 저성장 국면으로 갈 것이다. 2~3퍼센트

성장도 장담하기 어려워진다. 여러 이유로 내수 산업도 활성화되지 못하는 환경에서 국내에 고학력 청년들이 원하는 일자리를 창출하기는 쉽지 않다. 없는 일자리만 하염없이 기다리지 말고 적극적으로 해외에 눈을 돌려야 한다.

> # 제2의 경제민주화,
> ## 과거의 잘못은 이제 그만!
> ### 4

어설픈 경제민주화의 최대 피해자는 중소기업과 서민

2012년 대선 때부터 몰아닥친 경제민주화는 처음 있는 일이 아니다. 우리나라에서 첫 번째 경제민주화는 1987년 하반기부터 시작되었다고 본다. 1986년 6.29선언 이후 빠른 속도로 전개된 정치민주화가 그 배경이다. 당시 전례 없는 호황으로 사상 처음 흑자 경제를 실현하자 근로자들이 자기 몫을 요구하면서 경제민주화가 시작되었다. 그동안 근로자의 희생으로 이만큼 경제가 성장했으니 그 과실을 나눠 달라는 것이 주 내용이다.

  당시 경제민주화 활동 중 가장 활발했던 것은 노사분규이다. 매일 일어나는 노사분규로 사회 전반이 어수선했다. 노사분규는 호황이 끝나고 경기가 침체되는 1989년 이후에도 지속되었다. 그 결과 임금이 해마다 큰 폭으로 올랐다. 처음 흑자기에는 임금이 좀 오르더라도 경제성장 속도가 빨라 수용이 가능했지만 갈수록 누적되는 임금 상승은 견뎌 낼 재간이 없다. 결국 임금은 10년간 4배로 뛰었고 이에 적응할 여력이 없었던 중소기업들이 먼저 타격을 받았다.

중소기업들이 주도하던 경공업은 10년도 채 되지 않아 무너졌다. 망하거나 아니면 당시 중국이나 동남아시아 국가들로 설비가 이전되었다. 경공업이 무너진 것은 수출 경쟁력을 살펴보면 알 수 있다. 1980년대 중반 이후 엔고로 인해 우리나라는 수출 급등세를 경험했는데 첫 번째 기간인 1986~1988년에는 경공업 수출 증가율이 28퍼센트 수준으로 중화학제품의 25퍼센트보다 높았다. 그러나 두 번째 기간인 1994~1995년에는 경공업제품 수출증가율이 6.9퍼센트에 그쳐 중화학제품의 29.5퍼센트에 한참을 미치지 못했다. 인건비의 급상승으로 인건비 비중이 큰 경공업의 국제경쟁력이 먼저 추락한 것은 어찌 보면 당연하다. 역설적이게도 민주화로 급상승한 임금이 결국 중소기업에 먼저 피해를 입힌 것이다.

뒤이어 대기업도 무너지면서 외환위기를 맞았다. 임금의 급상승으로 경쟁력이 약화된 상황에서 경제자율화에 편승하여 업무 영역을 무리하게 확장하다가 재무구조가 취약해진 것이다. 외환위기로 수많은 중소기업이 도산하고 거리에는 실업자들이 쏟아져 나왔다. 제1차 경제민주화는 이처럼 준비 없이 맞이했다가 엄청난 고통을 수반했다.

2012년 들어서 우리는 또다시 경제민주화를 맞이하고 있다. 제2의 경제민주화이다. 그런데 이번 경제민주화의 배경은 정치민주화가 아니라 사회 양극화이다. 2008년 이후 엔고로 인해 또 다시 수출기업들은 기회를 맞았다. 특히 스마트폰과 자동차, 석유화학 등 대기업 제품의 수출이 활발했다. 중소기업이 관장하는 분야는 특별한 기술력이 있는 제품을 제외하고는 중국이나 동남아 제품과 경쟁이 되지 않는다. 대기업 제품 수출이 잘되는 것은 좋은데, 그 성장의 온기가 하청 중소기업이나 내수기업에는 전혀 전달되지 않는 양극화가 문제였다.

중소기업들은 잘나가는 대기업이 자신들을 배려하기는커녕 오히려 원가 인하를 더 압박하고 불공정행위를 펼친다며 불만을 토로했다. 여기에 대기업들이 중소기업과 소상공인의 영역까지 무차별적으로 침범한다는 불만도 가세하면서 대기업을 그냥 두면 안 된다는 경제민주화 바람이 분 것이다. 1차 경제민주화 때와는 사뭇 다르다.

그러나 내용 면에 있어서는 무엇이 경제민주화인지 제대로 정립되지 않았다. 일감 몰아주기 과세, 순환출자 금지, 불공정 하도급에 대한 징벌적 손해배상 등은 알겠는데 그밖에도 기업 이사회 구조 개혁, 정년연장, 통상 임금의 범위 확대, 근로시간 단축, 청년고용 의무화, 비정규직의 정규화, 해고요건 강화, 최저임금제 인상, 유급 노조전임자 확대, 집단소송제 등 걷잡을 수 없이 많은 대안들이 쏟아져 나오고 있다. 사법기관들도 대기업 회장이나 임원들은 일반인보다 가혹하게 단죄하는 경향이 있다. 이제는 유전유죄라는 말이 나올 정도이다.

 국민들은 이러한 조치가 통쾌하고 시원하다고 느낄지 모른다. 그러나 이런 조치들이 하나하나 어떤 부작용이 수반되는지 면밀히 검토하고 관리되지 않으면 우리 경제는 또 다시 어려워질 수 있다. 경제는 기분으로 하는 것이 아니다. 1차 때는 임금 상승과 무리한 투자로 경제가 무너져 다들 힘들었지만 이번에는 다를 것이다. 대기업들은 해외로 나갈 것이고 그 폐해는 결국 국내에 남은, 아니 남을 수밖에 없는 중소기업과 서민들에게로 돌아갈 것이다. 이것이 냉혹한 경제의 원리이다.

대기업도 바뀌어야 한다

지금처럼 대기업이 사회의 미움과 지탄을 받으면 국민 경제가 잘 굴러갈리 없다. 경제 발전을 이끌어 왔고 지금도 백만 명 이상을 먹여 살리는 대기업에 대한 인식이 왜 이렇게 되었을까? 이 중 상당 부분은 자업자득의 성격이 강하다. 다 그런 것은 아니겠지만 납품 단가를 일방적으로 후려치고 불공정 하도급, 기술이나 인력 빼가기 등으로 고통 받은 중소기업들이 많다. 광고, 전산, 물류 등에서 심각한 일감 몰아주기로 인해 다른 중소기업들이 설 자리가 없다. 건설회사의 경우 큰 자본이 없어도 설립이 가능하니 대기업들 대부분 가지고 있다. 그러니 건설 하나에만 전념해 온 건설사들은 생존이 어렵다. 건설업계에 불황이 오자 삼환, 벽산, 풍림, 남광,

극동 등 과거 이름만 들어도 알던 전통적인 건설 회사들이 줄줄이 무너졌다.

대기업이 비난받는 가장 큰 이유는 골목상권 진입이다. 대기업이라면 중소기업이 할 수 없는 분야를 선도하여 해외 기업들과 당당히 어깨를 나란히 하는 모습을 국민은 기대한다. 그런데 구내식당, 중국집, 비빔밥, 돈까스, 자동차수리, 심지어 고추장과 콩나물, 두부까지 손을 대니 공분을 산 것이다. 일부 기업은 식료품 산업의 특성상 불가피하다고 하고, 어떤 대기업의 경우에는 계열사가 분리된 친족이 하는 일이라 자기들과는 상관없다고 한다. 하지만 이런 모습을 보는 국민들은 '해도 너무한다'는 불신이 생길 수밖에 없다. 어느 신문이 2011년 실시한 여론조사를 보면, 우리나라 국민의 60퍼센트가 대기업이 중소기업과 서민층의 몫을 빼앗아 실적을 올린다고 생각한다.

정부도 그동안 대기업의 전횡을 막기 위해 다각적으로 조치를 취했다. 2010년 동반성장위원회를 설치해 중소기업 적합업종 제도를 도입하고 동반성장지수를 개발하여 대기업들을 평가했다. 이 시책들은 실효성 측면에서 문제가 있지만, 사회에 동반성장이라는 개념을 알리는 데 일조했다. 2011년에는 중소기업협동조합에 납품단가 조정협의 신청권을 부여하고, 기술 자료의 부당 요구 및 유용에 관해서는 손실금액 3배에 해당하는 징벌적 손해배상 제도도 도입되었다. 정부 조달에 있어 대기업을 배제하고 중소기업만 응찰케 하는 제도도 강화되었다. 일정 규모 이하의 SI 사업은 대기업의 참여를 원천적으로 봉쇄하는 조치도 이루어졌다. 불공정거래 관행이 많은 유통업계를 위해 '대규모유통업법'을 제정하여 납품업자 보호를 강화하고 수수료 인하도 유도하였다.

  전통시장과 영세 상인을 살리기 위해서도 많은 조치를 취했다. 전통시장 환경을 깔끔하게 만드는 시설 개선을 지원하고 주변 도로 주차를 허용했다. 전통시장에서 사용할 수 있는 온누리상품권을 만들어 2012년 한해에만 4,000억 원어치 넘게 판매되었다. 카드사 수수료도 마트 수준으로 대폭 낮추었다. 금융권에서 고객이 찾아가지 않은 예금과 대기업이 기부한 재원으로 마련된 미소금융은 시장에서 일수 찍는 관행을 몰아냈다. 마트의 영업시간 제한, 월 2일 휴무 제도를 도입했고 전통시장 주변 1킬로미터 이내 입점 제한 조치도 이루어졌다. 이외에도 공기업, 연구기관 등 공공부문의 구내식당 운영권 입찰에서 대기업은 아예 배제시키는 조치도 있었다. 정부의 권유로 몇몇 대기업은 골목상권 진입을 포기했지만 아직은 역부족인 듯하다. 대기업에 대해 사회 전반에 깔린 부정적 인식이 사라지려면 더 많은 기간이 필요하다. 대기업의 업보이다.

  대기업의 입장에서는 분명 억울한 면이 있을 것이다. 경제 효율이 최우선인 자본주의 사회에서 당연한 것 아니냐는 항변도 할 수 있다. 하지만 더 근원적으로 살펴보면 자본주의 자체가 변하고 있는 것 아닌가 하는 생각이 든다. 그 변화에 사회 양극화가 자리하고 있다. 자본주의 원조국인 미국에서도 이 문제는 심각한 수준이다. 클린턴 행정부에서 노동부장관을 역임한 로버트 라이시는 자신의 저서 《위기는 왜 반복되는가》(김영사)에서 소득 양극화가 경제 위기를 초래한다고 주장했다. 양극화가 심해지면 없는 사람은 있는 사람을 따라가기 위해 빚을 지게 되고 이것이 화를 불러일으킨다. 1930년대 대공황이나 2007년 서브프라임 사태도 결국 소득 양극화가 원인이었다고 라이시는 말한다. 국민들은 양극화를 초래하는 불공정한 규칙에 더욱 분노한다며, 사회 발전을 위해서는 양극화 해소가 무엇보다도 중요하다는 것이 그의 주장이다.

영국의 〈이코노미스트〉 뉴욕 지국장이었던 매튜 비숍은 저서 《박애 자본주의》(사월의책)에서 신자유주의와 양극화, 탐욕으로 위기에 몰린 자본주의를 살리는 방법으로 가진 자들의 양보와 기부, 자선사업 등을 제시했다. 그는 카네기, 록펠러, 빌 게이츠, 워런 버핏 같은 사람이 미국 자본주의를 살린다고 서술한다. 이와 비슷한 맥락으로 2011년 이명박 대통령은 8.15 경축사에서 공생발전 개념을 제시했다. 당시 참모들은 공생발전이 너무 사회주의적인 개념이라며 반대했지만 대통령이 이를 강행했다. 공생발전의 개념은 대략 이렇다. 자본주의 체제에서 약자들은 시장에서 탈락할 수밖에 없다. 탈락한 약자들은 정부가 먹여 살려야 하는데 국가 재정 상 지속 가능하지 않다. 따라서 시장에서 원천적으로 약자들도 먹고살 수 있도록 공생발전이 이루어져야 한다는 내용이다. 이러한 논의들은 모두 다 자본주의를 살리기 위한 대안이다. 그만큼 자본주의가 변하고 있다는 반증이기도 하다.

대기업도 억울함만 호소할 것이 아니라 바꿀 수 있는 것은 바꾸어야 한다. 대기업이 국민의 사랑을 받고 국민 경제에도 기여하려면 어떻게 해야 할까. 법과 제도로 인한 규제는 정부도 그동안 강도 높게 추진했으나 명백한 한계가 있다. 세계 유수 기업들과 경쟁해야 하는 대기업의 발목을 잡는 부작용도 있다. 앞으로 쏟아져 나올 경제민주화 관련법들이 더욱 신중해야 하는 이유이다.

이제는 법이나 제도의 접근보다 대기업 스스로 인식이나 문화를 바꿔야 할 때이다. 그 무엇보다도 먼저 부품이나 하청 중소기업에 대한 인식부터 바꿔야 한다. 부품 중소기업을 대기업 때문에 먹고사는 시혜적 대상으로 여기지 말고, 중소기업이 없으면 대기업도 존재할 수 없다는 인식을 가져야 한다. 동반성장, 상생발전, 공생발전 모두 같은 맥락이다. 동반성장위원회가 생기고 사회적 분위기가 조성되어 많이 나아지고 있다고는 하지만 아직은 부족하다는 것이 산업계의 평가이다. 인식이 바뀌면 불공정행위도 자연스럽게 사라질 것이다.

또한 대기업은 대기업다워야 한다. 국민들은 대기업이 중소기업이나 골목상권 영역에 침범하는 것을 싫어한다. 그것도 이미 중소기업이나 영세 상인들이 잘하고 있는 분야에 뛰어들어 시장을 강탈하는 일은 공분을 자아내기에 충분하다. 물론 무엇이 중소기업 영역이고 대기업 영역인지를 명확히 나누는 기준은 없다. 동반성장위원회에서 만든다고 한 지 벌써 2년이 흘렀지만 제대로 된 답이 나오지 않는다. 그러나 대기업이라면 스스로 알 수 있을 것이다. 골목상권에 뛰어든 업체가 만약 계열 분리된 기업들이라면 그 대기업의 이름을 사용하지 못하도록 하는 것도 방안이다.

그러나 실무자들이 이런 변화를 주도할 수는 없다. 그러다가는 자신이 먼저 회사에서 '짤릴' 수도 있기 때문이다. 회장 등 지도부가 관심을 가지고 큰 방향을 정하여 바꿔 나가야 한다. 그래야 밑으로 내려가면서 조직 문화가 전체적으로 바뀔 수 있다. 우리 사회에서 부자들은 부러움의 대상일지언정 존경의 대상은 아니라고 말한다. 앞서 밝혔듯, 우리나라에서 부자들이 부러움과 존경의 대상이 되는 시점이 바로 우리 사회가 건전하게 발전할 수 있는 시발점이 될 것이다.

기업을 국내에 머물게 하자

외국에서 공무원을 만나면 자기 나라에 삼성전자 같은 회사 하나만 있으면 원이 없겠다는 말을 듣는다. 인도네시아는 현대자동차와 함께 미래 친환경차를 개발하자고 제의했다. 많은 나라들이 한국 기업 유치에 열을 올리고 있다.

필자가 경제 수석으로 근무하던 2년 동안 한국 기업을 보내달라고 말한 외국 정상들을 살펴보면 미국, 중국, 카자흐스탄, 우즈베키스탄, 인도네시아, 미얀마, 라오스, 필리핀, 태국, 몽고, 콩고, 에티오피아 심지어 UAE 같은 부유한 중동 국가까지, 선진국과 개발도상국을 망라했다. 우리나라 대통령이 외국 원수와 만날 때마다 "필요한 것은 모두 지원할 테니 한국 기업을 보내달라"는 요청이 의례화되었다. 가뜩이나 국내 환경이 어려운 시점에서 외국의 러브콜은 해외 투자를 부추긴다. 노사분규와 근로자들의 주말 특근 거부로 생산 차질을 빚고 있던 현대차의 경우 미국 조지아 주지사가 직접 방한해 투자를 요청했다. 중국은 낙후된 서부 지역을 한국 기업이 맡아 발전시켜 달라고 했다. 이런 요청들은 수없이 많고 이중 상당수는 실현될 것이다. 국내 기업 경영 환경이 악화되어 더 좋은 조건을 찾아 외국으로 가는 기업들을 비난할 수는 없다.

2012년 비상경제대책회의에서 우리 기업이 외국으로 가지 않고, 이미 떠난 기업에 대해서는 다시 한국으로의 유턴을 지원하는 대책을 논의했다. 세금감면과 부지제공 등의 혜택을 제공하겠다는 내용이었지만 그 정도로 기업을 붙들기에는 역부족이었다. 사실 뾰족한 대책이 없었다. 앞서 말했지만 현대차의 경우 똑같은 설비인데도 우리 공장이 미국 공장보다 생산성이 낮다는 사실이 뼈아프다. 이런 상황에서 기업 때리기와 경영 부담을 수반하는 법안들이 통과되면 기업의 외국행을 말릴 수 없다. 순환출자 금지와 일감 몰아주기 과세는 2006년에도 논의되었던 내용이다. 당시는 진보정부였지만 경제에 미치는 영향이 클 것을 우려해 보류되었다. 일감 몰아주기 과세는 정작 시행해 보니 의외로 중견이나 중소기업들이 많이 포함되어 그 취지가 무색해졌다. 기업이 국내에 머물도록 하려면 많은 조치가 있어야 한다. 특히 강한 노조, 반기업 정서가 해소되어야 하지만 지금 상황에서는 참 어려운 일이다.

미국은 2013년 들어 외국으로 떠났던 기업의 국내 유턴이 잦아지고 있다. 경제 회복으로 수요가 살아나고 셰일가스 개발로 전력비가 하락해 생산 비용이 낮아졌기 때문이다. 개도국의 임금이 계속 오른 반면 미국에서는 임금이 그리 오르지 않은 상황도 일조했다. 특히 국민들이 일자리의 소중함을 알고 열심히 일하니 생산성이 높아져 경쟁력이 살아났다고 한다. 부러운 이야기이다.

이제는 국내에 투자하는 기업인이 애국자이다. 대기업 규제가 많으니 어떤 중소기업들은 외형이 어느 정도 커지면 기업을 분할해 계속 중소기업으로 남으려 하기도 한다. 열심히 회사를 키워 큰 기업으로 성장해야 하는데, 그것을 오히려 두려워하는 경제 환경이라면 문제가 있다. 중소기업이 대기업으로 커 나가고 대기업은 외국보다는 국내에 더 많이 투자하도록 유도해야 하는데 워낙 많은 요인이 난마처럼 얽혀 있어 쉽지 않다.

"옆집 소를 죽여 주세요"

우리 경제사에서 가장 다루기 어려운 분야가 바로 대기업 정책이 아닌가 한다. 그래서인지 정권이 바뀔 때마다 정책도 수없이 바뀌었다. 대기업의 문어발식 경영을 막겠다고 도입된 출자총액한도제도는 도입과 폐지를 반복했다. 제도를 강력하게 운영하니 국내 기업 발목만 붙잡는 형국이 되어 외국 기업만 유리해지고, 약하게 운영하니 대기업의 계열사와 사업 영역만 확장되는 부작용이 발생했다. 중소기업 고유 업종 제도도 마찬가지이다. 국제 규범에 어긋난다고 진보정부 시절인 2006년 폐지했는데 2010년 보수정부 들어 중소기업 적합업종이라는 형태로 나타났다.

최근에는 경제민주화 이름으로 여러 대책이 거론되고 있다. 공정한 규칙은 반드시 정립되어야 하고 법과 제도 이전에 대기업도 인식과 문화를 바꿔야 한다. 가장 바람직한 모습은 대기업이 스스로 바꾀고 정부나 정치권도 대기업 규제를 강화하지 않는 것이다. 반면 가장 최악의 상황은 정부나 정치권의 규제가 갈수록 심해지면서 대기업이 국내를 떠나는 것이다. 어떤 방향으로 향할지는 100퍼센트 우리 하기에 달려 있다. 사회적인 대타협이 필요한 시점이다.

경제민주화 논의에서 가장 우려되는 것은 반기업 정서이다. 학생들이 이공계를 기피하는 이유는 이공계를 나오면 세계 모든 이공계 출신들과 경쟁해야 하기 때문이라고 한다. 과학과 기술은 국가의 영역이 없다. 세계와 경쟁해야 하니 힘들고 피곤하다. 하지만 법대나 의대를 졸업하면 규제 덕택에 국가라는 테두리 안에서 우리끼리만 경쟁하면서 상대적으로 편하게 살 수 있다. 우리가 세계와 경쟁해야 하는 이공계를 우대해야 하는 이유이다.

기업에도 이와 똑같은 논리가 적용된다. 우리 사회에서 외국을 상대로 싸우는 유일한 집단은 기업인들이다. 자원이 없는 나라가 이 정도로 눈부시게 발전할 수 있었던 것은 기업인들이 외국과의 치열한 경쟁을 벌여 이겼기 때문이다. 이에 반해 공무원, 정치인, 판·검사, 언론인 같은 사회지도층들은 국내 경쟁만 극복하면 된다. 이들은 경기가 나빠져도 봉급이나 퇴사 걱정 없이 상대적으로 쉽게 살 수 있다. 반면 기업인들은 목숨 걸고 사업을 한다. 그러면서 일자리를 창출한다. 우리가 기업인을 우대해야 하는 이유이다. 기업은 누가 뭐래도 우리 경제의 엔진이고, 기업인은 일한 만큼 대우 받아야 한다.

러시아 민담 중 이런 상황을 통렬하게 지적하는 내용이 있다. 소를 사지 못해 슬퍼하는 농부가 있었다. 그를 딱하게 여긴 신이 어느 날 그에게 물었다. "네 소원이 무엇이냐?" 그러자 농부는 이렇게 대답했다. "옆집 소를 죽여주세요." 경제민주화가 옆집 소를 죽이는 것이 되면 큰일이다.

관료를 움직이게 하자
5

정책은 한 번 삐끗하기만 해도 큰 피해를 낳는다. 1장에서 살펴보았듯 그동안 잘못된 정책이 한두 개가 아니다. 정책이 제대로 수립되고 집행되려면 관료들의 역할이 결정적이다. 관료들이 무능하고 무기력하다면 나라가 어떻게 될까? 그래도 경제는 굴러갈 것이다. 하지만 엄청난 비효율을 감수해야만 한다. 위기를 예측하고 사전에 대비하는 것은 경제 분야에서 무엇보다 중요한 일이다. 행여 챙기지 못한 한 가지가 전체 국가 경제에 피해를 입힐 수 있다. 우리 사회는 아직도 관료의 역할이 필요하다. 그래서 관료들을 움직이게 하는 일이 중요하다.

대통령의 따뜻한 관심이 보약

칭찬은 코끼리도 춤추게 한다. 관료는 코끼리보다 더하다. 조그만 칭찬에도 힘이 솟고 열심히 일한다. 이런 면에서 보면 과거 개발 연대 공무원들이 가장 신나게 일했을 것이다. 관료들이 옳다고 생각하면 밀고 나가던 시절이었으니 말이다.

여담이지만 지금 들으면 우스운 당시 에피소드들도 많다. 1962년 수립된 제1차 경제개발계획을 보면 거의 대부분 숫자만 있다. 수치 작성 과정에서 USAID(미국국제협력처)에 있는 손잡이 돌리는 계산기를 사용했다고 한다. 미국의 원조를 관리하던 기관인 USAID는 현재 광화문에 있는 미국대사관 건물, 즉 당시 경제기획원 바로 옆에 있었다. 그때는 그런 계산기가 최신형이었다. 당시 국회에서 경제개발계획이 너무 장밋빛이라며 야당이 공격했는데, 정부가 "그건 USAID에 있는 계산기를 돌려서 나온 수치"라고 반박하면 아무도 감히 이의를 제기하지 못했다고 한다. 미제 계산기로 계산했다는 이유로.

컴퓨터에 대한 맹신은 놀랍게도 1980년대 말까지 이어졌다. 필자가 경제기획원 종합기획과 사무관으로 일하던 1989년 때였다. 당시 GNP, 국제수지 같은 경제 예측 업무를 담당했는데 청계천에서 불법으로 나돌던 LOTUS 123(지금 MS사의 엑셀 이전에 나온 프로그램)을 구입해 계산해야 했다. 정품은 한국에서 구할 수도 없었다. 이 프로그램은 당시 엄청난 혁신이었고 정부 부처에서 사용한 사람도 내가 처음이었다. 그때도 야당 국회의원들이 정부의 경제 예측 신뢰성에 문제를 제기할 때 부총리가 "컴퓨터로 계산한 수치"라고 말하면 의원들은 더 이상 묻지 않았다. 공무원 노릇하기 편했던 시절이다.

그러나 경제가 개방화, 자율화되고 민간 부문이 커지면서 관료에 대한 사회적 인식도 바뀌고 있다. '공'보다는 '과'가 부각되고 세칭 '김영란법'에서 보듯이 부패한 집단으로도 비춰지고 있다. 이런 분위기는 열심히 일하려는 관료들을 맥 빠지게 만든다. 무기력한 관료는 국가의 손해이기 때문에 관료들의 기를 살릴 필요가 있다.

특히 대통령의 인식이 매우 중요하다. 관료에 대한 역대 대통령들의 인식은 모두 달랐다. 군인 출신의 대통령들은 관료들을 전적으로 신임했지만 민간 출신 대통령들은 관료에 대해 별로 좋은 인식을 지니지 못했던 듯하다. 김영삼 대통령은 집권하자마자 끊임없는 사정과 재산등록제 등 공직에 대해 강도 높은 개혁 조치를 실시했다. 공무원 재산등록을 마친 바로 다음날 금융실명제를 실시한 것은 그만큼 공무원을 불신했다는 반증이다. 그러자 공무원들이 꼼짝도 하지 않는 부작용이 발생했다. '복지부동', '낙지부동', '젖은 낙엽' 같은 유행어들이 생긴 시기도 이때였다. '복지부동'은 배를 땅에 찰싹 붙이고 안 움직이는 것이고 '낙지부동'은 이보다 한발 더 나아가 온 몸에 낙지 같은 빨판을 붙이고 아무 데나 딱 붙어 있는 것이다. '젖은 낙엽'은 빗자루로 쓸려 해도 잘 쓸리지 않는다. 가히 공무원 최고의 무공들이 이 시기에 완성되었다.

김대중 대통령은 대대적인 정부 조직 개편과 함께 위원회를 양산하여 운영했다. 위원회는 정부조직에 일반인이 들어갈 수 없는 데 따른 대안이었다. 공무원을 믿지 못해서 나온 조치들이다. 당시 공무원들이 냉소적 반응을 보이자, 사정 기관에서 냉소적인 사람을 엄벌한다고 해서 함부로 웃지도 못하는 시절이었다. 정부 조직 개편은 사상 처음으로 민간이 주도했다. 공무원들이 자기 조직을 살리기 위해 민간 컨설팅회사들을 찾아다니면서 부탁하던 모습이 선하다. 성과평가제도 도입했는데 이 또한 경쟁이 없는 공무원 사회에 대한 불만에서 비롯되었다.

노무현 대통령은 취임 초기 아예 청와대 비서관급 이상 자리에 공무원 출신은 한 명만 임명하여 역대 정부 중 가장 큰 불신을 보였다. 위원회도 가장 많이 활용했다. 주요 국정 과제는 부처가 아니라 각종 위원회에서 '로드맵'이라는 이름으로 만들어졌다. 이명박 대통령은 정부 조직을 대폭 축소하고 공무원 연금을 개혁했다. 전임 민간 대통령들이 정치인 출신으로 공직 개혁의 중점 타깃을 권력 기관으로 설정한 반면, 이 대통령은 헌정 사상 최초의 기업인 출신 대통령인 만큼 경제 부처가 주 대상이 되었다. 전 대통령들과는 달리 위원회보다는 부처를 활용하되, 공무원들에게 더욱 적극적인 업무자세를 요구했다. 얼리 버드(Early birds), 전봇대 규제 같은 말들이 이때 등장했다.

그래도 우리나라 공무원은 다른 나라와 비교하면 성실한 편이다. 중앙부처에 근무하는 공무원들은 야근을 밥 먹듯이 한다. 시도 때도 없이 열리는 국회에 가야 하고, 언론에 정책을 홍보해야 하고, 정책 수요자들을 만나야 하고, 예산 따러 다녀야 하고, 각종 회의 자료 만들어야 하고, 감사 받아야 하고, 명절에는 불우이웃 찾아다녀야 한다. 대통령들도 처음에는 공무원에 관한 좋지 않은 인식을 갖고 임기를 시작하지만 후반에 들어서면 후한 평가를 내렸다. 김영삼 대통령은 "공무원들에게 반드시 보상하겠다"라는 말을 여러 번 했다. 아쉽게도 외환위기를 맞는 바람에 그럴 기회는 없었다. 김대중 대통령은 임기 후반에 공무원 봉급을 대폭 올려 주었다. 노무현 대통령은 공무원 조직을 크게 늘려 사기를 북돋아 주었다. 이명박 대통령은 사석에서 이렇게 평한 바 있다. "관료들이 나라를 지킨다. 특히 정치권이나 이해관계인의 로비가 엄청난데도 불구하고 국가 재정을 지켜온 것을 높이 평가한다." 이 모두 다 공무원들을 열심히 움직이게 했다.

공무원 봉급, 경제 실적에 연동시키자

일본 후쿠시마 원전 사고가 발생했을 때, 피해 주민들은 학교 강당으로 소집되었다. 여러 가정이 넓은 강당에서 종이 박스를 경계 삼아 지내다가 더워지는 날씨로 인해 노인이 숨지는 일도 있었다. 그래도 주민들은 국가에 불만을 표출하지 않았다. 불만이 없냐고 묻자 국가인들 어떻게 하겠냐고 되물었다고 한다.

우리나라였다면 어땠을까. 담당 공무원들은 애 좀 먹었을 것이다. 우리나라는 아직도 공무원들의 역할이 크다. 국민들이 걸핏하면 공무원 욕하는 이유도 그만큼 공무원의 역할을 기대하기 때문이다. 그런 공무원들이 제 역할을 하지 못하면 우리 사회에 미래는 없다. 이들을 열심히 일하게 하는 것이 중요한데 지금 환경에서는 마땅한 대책이 없다. 매 정부마다 공무원의 사기를 진작해 주었지만 반짝 효과에 그쳤다. 사회 분위기도 예전과 다르다. 예전처럼 국가에 대한 맹목적 충성심 투입에는 한계가 존재한다.

이런 상황을 타개하고 공무원들이 국가 경제에 더 많은 관심을 갖도록 하려면 공직 사회의 분위기를 바꿔야 한다. 그중에서도 경제 실적과 관계없이 꼬박꼬박 봉급을 챙기는 공무원들의 의식부터 변해야 한다. 이를 위해 공무원 봉급을 경제 실적에 연계시키는 것도 하나의 방안이 될 수 있다. 얼마나 큰 변화를 불러올 수 있을지는 의문이지만, 최소한 경제에 대한 관심은 유도할 수 있을 것이다. 그러나 예산 제도상 쉽지 않은 일이다. 공무원 봉급은 전년도에 이미 결정되기 때문이다. 일례로 2013년 공무원의 봉급은 2013년 경제 상황과 상관없이 2012년 예산안이 국회를 통과될 때 이미 결정된다.

그런데 이런 문제는 과거에 일시 도입되었던 봉급예비비 제도를 활용하면 해소할 수 있다. 예산 편성 시에는 공무원 보수를 전년도 수준으로 동결하고 일정 금액을 봉급예비비 형태로 넣는다. 인상 여부는 다음해 경제 실적을 보고 판단하는데, 그 재원은 봉급예비비에서 지급한다. 상반기 성장률, 물가상승률, 국제수지 등 거시 지표와 함께 국가 신용도를 기준으로 정하면 된다. 경제 실적이 나쁘면 공무원 보수도 오르지 않고 그만큼 예비비는 불용처리되어 국가 채무를 갚는 데 사용된다.

감사원은 회계감사만 하자

감사원의 주 업무는 회계감사이다. 헌법 제97조에 "감사원은 국가의 세입·세출의 결산, 국가 및 법률이 정한 단체의 회계검사와 행정기관 및 공무원의 직무에 관한 감찰을 하기 위하여 대통령 소속하에 감사원을 둔다"고 명시되어 있다. 회계감사 외에도 공무원의 직무에 관한 부정·불법 여부나 근무 태만 등을 감찰하는 일이 감사원의 역할이다.

그런데 2006년경 정책감사를 시작한 후 최근 감사원의 업무 영역이 갈수록 확대되고 있다. 국회에서 감사의뢰를 받는 것 외에도 자체적으로 각 부처 정책들을 감사하면서 부처를 위축시키고 있다.

정책은 부처 장관이 책임지고 하는 일이다. 부처 차원을 넘어서는 정책은 총리가 나서고, 그보다 높은 차원의 정책은 대통령이 나선다. 차원이 높은 정책일수록 고도의 정무적 판단이 따른다. 잘잘못은 정치적으로 판단된다. 그래서 이전에는 장관의 서명이 있는 경우 감사 대상에서 제외했다. 장관의 정무적·정치적 판단을 존중한 것이다.

그러나 지금은 그런 배려가 없다. 감사원이 실무적 잣대를 들고 정책을 감사하면 부처가 마음껏 일할 수 없다. 특히 과거 상황은 고려하지 않고 현재의 기준으로만 감사하니 향후 리스크가 예상되는 일은 꺼리게 된다. 어떤 경우에는 부처가 리스크 있는 정책을 수립할 때는 사전에 감사원도 같이 참여시켜 논의하기를 원한다. 혹여 잘못되더라도 감사원에서 사후에 문제 삼지 않겠다는 보장을 받고 시작하겠다는 의도이다. 그러나 감사원은 업무 성격상 여기에 참여하지 않는다.

　감사원은 국정운영에 있어 최후의 보루라고 할 만큼 중요한 기관이다. 감사원이 없는 국정은 상상할 수 없다. 그러나 감사원이 모든 분야의 정책 수립에 간섭하면 국정은 그만큼 어그러질 수 있다. 공무원들을 위축시켜 적극적으로 일하지 않게 만들거나, 정책에 간여하면 할수록 정치적으로 이용될 가능성이 높다. 이미 국회에서도 야당이 마음에 들지 않는 정책에 감사원 감사를 요구하는 것이 상례화되고 있지 않은가. 어떤 조직이든 정치적이 되면 그 조직은 망가지기 쉽다. 정치적으로 변하면 힘 있는 외부인의 영향력이 더 커지게 되고 직원들도 직장 내에서 열심히 하기보다는 외부에 잘 보이는 편이 더 낫게 된다. 이는 결국 하극상이나 기강문란으로 이어지기 쉽다. 이미 다른 사정기관들이 그런 조짐을 보이고 있지 않은가. 감사원이 정치적 유혹에 빠지면 정말 큰일이다. 이제 감사원은 전통대로 회계감사에 주력하여 부처의 숨통을 풀어주고 원래의 위치로 가는 것이 중요하다. 감사원이 정책을 감사할 때도 과거처럼 타당성보다는 집행 과정에서의 문제, 예를 들면 공무원의 행태 등에 집중해야 한다. 그것이 헌법의 정신이다. 정책 타당성에 대한 판단은 국무총리실이나 청와대 몫이다.

이민을 과감히 받아들이자
6

우리의 성공신화를 지속하기 위해서는 해야 할 일이 많다. 이념 갈등과 상호불신을 넘어서고 국민정서를 극복하며 비효율을 제거해야 한다. 외부로부터의 위기보다는 내부의 구조적인 문제를 개선해야 하는 일이 더 많다. 과거 금 모으기 운동처럼 국민적 공감대를 형성하면서 힘을 합치면 우리가 못할 일이 없지만, 딱 하나 예외가 있다. 바로 저출산이다.

저출산은 국민들이 지금 힘을 합친다고 해결되는 일이 아니다. 이미 1980년대부터 시작된 저출산 기조는 우리 사회에 큰 영향을 미치고 있다. 사회 주력인 10대~40대 인구가 줄어들기 시작했고 50대 이상 인구만 늘어난다. 그것도 세계에서 유례없이 빠른 속도로 늘어나 우리 사회가 적응할 시간도 부족한 실정이다.

저출산 고령화는 단순히 노동력 부족만 야기하는 문제가 아니다. 내수가 침체되고 국내 산업은 공동화된다. 연금이나 노인복지 관련 제도를 둘러싸고 세대 간 갈등이 심화된다. 하다못해 나라를 지킬 군인의 수도 줄어든다. 과거에는 어떤 위기가 닥쳐도 국민들이 허리띠를 졸라매고 고통을 분담하면서 극복해 냈지만 저출산의 위기는 방법이 없다. 지금부터 신혼부부들이 획기적으로 자녀를 많이 낳는다 해도 당장 향후 20~30년 동안은 대책이 없다. 고령화를 먼저 겪고 있는 일본의 뒤를 따라가지 않을 수 없다. 결국 저출산 위기를 극복하기 위해서는 외국으로부터 인력을 수혈 받는 것만이 유일한 방안이다.

이미 시작된 다문화 사회

외국 인력 유입은 이미 시작되고 있다. 2011년 말 국내에 체류 중인 외국인 수는 140만 명에 육박했다. 우리 인구 대비 2.8퍼센트 수준이다. 10퍼센트 수준인 주요 선진국들보다는 낮지만 10년 전 57만 명이던 것에 비하면 증가 속도는 빠르다. 2020년경에는 인구 대비 5퍼센트 수준인 250만 명으로 늘어날 것으로 예상된다.

체류 외국인 140만 명을 분석하면 중소기업체 등의 일손 부족을 위해 들어온 미숙련 근로자가 절반 수준인 70만 명(불법체류자 포함)으로 제일 많고 다음이 결혼 이민자 14.5만 명, 유학생 8.8만 명, 고급 전문 인력 4.7만 명 순이다. 미숙련 근로자는 항구적으로 정주하는

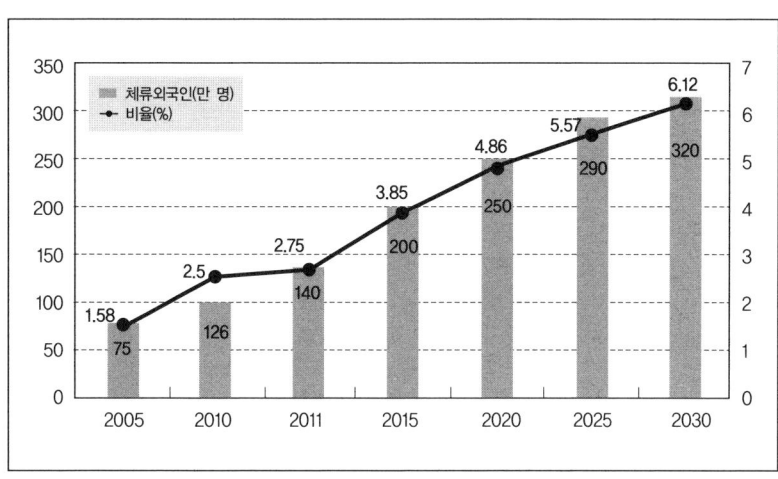

것이 아니라 대한민국 영주권을 주지 않기 위해 4년 10개월간 2번에 걸쳐 체류한다. 사실상 인력 수급 미스매치를 메우는 사람들이다.

 외국인들이 늘어나자 우리나라도 2007년 '재한외국인처우기본법'을 제정하고 5년마다 외국인정책 기본계획을 수립하고 있다. 외국인이 살기 좋은 사회를 만들기 위해 노력하지만 아직도 외국인과 더불어 사는 것에 대한 국민 공감대는 약한 편이다.

다문화의 빛과 그림자

선진국은 부족한 인력 충당을 위해 외국인을 활용했다. 그 결과 외국 이민자들을 많이 받은 선진국들은 고령화가 천천히 진행되었다. 프랑스 154년, 미국 90년, 독일 77년이다. 다문화를 싫어하는 일본은 35년, 우리나라는 26년이다. 외국 이민자를 받아서 가장 성공한 나라는 아마 미국일 것이다. 우리나라를 위시해서 중남미, 아프리카 등 개발도상국에서 온 젊은 사람들이 3D업종을 많이 맡아 임금과 물가를 안정시키는 데 일조했다. 인재들도 많이 나왔다. 타이거 우즈, 오바마 대통령도 결국 다문화 출신이다. 새로운 미국 경제를 위한 파트너십 보고서에 따르면 미국의 500대 기업 중 40퍼센트인 204개 기업이 이민자가 창업한 회사이다. 특허등록 상위 10개 대학의 1,466개 특허 중 76퍼센트가 이민자가 참여했다고 한다. 바이오와 IT산업의 경쟁력도 인도, 중국 등 개도국 출신의 고급 두뇌 역할이 컸다. 실리콘밸리 기업의 절반이 이민자 창업이고 이들이 창출한 일자리는 2005년 45만 개에 달했다.

이에 반해 일본은 1980년대 "일본의 성공은 우수한 일본인 때문"이라는 자부심과 함께 배타적 민족주의로 갔다. 오늘날 일본이 교과서를 왜곡하고 과거역사를 부정하는 이유도 이와 맥락을 같이한다. 그렇게 우수한 민족이 주변국을 괴롭히고 위안부 같은 저질 행동을 한 것이 부끄럽긴 했던 모양이다.

역사적으로 살펴보면 외국문화에 개방적인 태도를 보인 나라가 성공했고, 국민들 삶의 질도 좋아졌다. 쇄국주의로 인해 결국 나라가 망한 우리의 아픈 과거도 교훈을 남긴다.

그러나 다문화 수용이 반드시 이익만 주는 것은 아니다. 2차 대전 이후 부족해진 노동력을 보전하기 위해 적극적인 이민 정책을 펼친

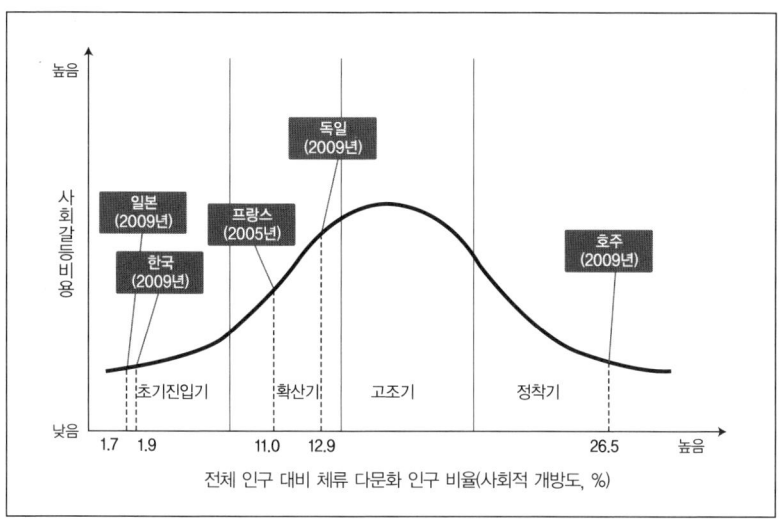

자료 : 김미나 (2009) "다문화 사회의 진행 단계와 정책의 관점" 《행정논총》, 47-4.

프랑스는 훗날 그들의 실업 문제와 종교 갈등, 사회 분열에 시달렸다. 다문화 가정과 자녀들이 사회에 적응하지 못하면 그 파괴력도 크다. 우리나라만 해도 외국 인력이 전체 인구의 3퍼센트도 되지 않지만 다문화사회 문제는 여러 측면에서 제기되고 있다. 다문화가 많이 발달한 나라에서는 외국인 범죄도 심각해질 수 있다. 대체로 외국인 비중이 전체 인구의 10퍼센트를 넘어서면 사회적 갈등이 본격적으로 나타난다는 연구 결과도 있다.

그래도 다문화로 가야 한다

빛이 있으면 그림자도 있게 마련이고 다문화도 예외일 수 없다. 외국 이민을 적극 받아들이기는 동질성이 강한 우리 정서 상 쉽지 않은 일이다. 대한민국처럼 단일민족 의식이 강한 나라가 흔치 않다. 동질성이 너무 강해 손실도 많았다. 우리 주식시장은 한번 오르면 지나치게 과열되고 한번 내리면 지나치게 냉각되는 경험을 많이 했다. 동질성이 강하니 다들 생각도 비슷하기 때문이다. 이러한 냉온탕은 외환위기 이후 외국인 투자가들이 많이 들어옴으로써 어느 정도 해소되었다. 다양성의 힘이다. 주식시장뿐 아니라 일상 경제생활도 비슷하다. 통닭집이 잘된다고 소문나면 너도나도 그쪽으로 뛰어들어 다 같이 망하고 만다. 지금은 인터넷으로 교통정보를 제공해 많이 완화되었지만 명절 고향 가는 길도 차가 몰리는 시간이 비슷했다.

동질적인 요소보다 이질적인 요소가 모이는 곳이 생명력이 왕성하다. 강과 바다가 만나는 곳, 난류와 한류가 부딪치는 바다, 육지와 바다가 만나는 갯벌 등. 르네상스도 결국 이질적인 문화가 부딪치면서 꽃 피우고 융성하지 않았는가. 이런 현상들을 보면 어느 정도 다양성이 있어야 사회가 균형 있게 발전하지 않을까 생각한다.

그러나 다문화를 적극 수용할지의 여부는 결국 우리의 선택이다. 저출산과 고령화 현상을 그냥 받아들이고 감내할 것인가, 여러 가지로 시끄럽더라도 이민을 적극 받아들일 것인가? 아무래도 후자가 낫지 않을까 하지만, 부작용을 최소화해야 한다. 지금처럼 단순 노동

인력을 많이 받아들이면 규모를 채우기는 쉽다. 그러나 그들은 훗날 사회 빈곤층이 되기 쉬워지며, 그들뿐 아니라 자녀들에게까지 문제가 대물림될 수 있다. 결혼 이민은 어느 정도 소득과 자산이 있는 사람들에게만 허용되어야 한다. 몇 년 전 자료를 보면, 결혼 이민사의 20퍼센트가 월 소득 100만 원 미만인 빈곤층으로 나타났는데 이것도 문제이다. 해당 국가의 이미지를 훼손하고 향후 빈곤층으로 전락할 가능성이 많다.

 질 좋은 전문 인력의 이민을 받아들이는 것이 가장 좋지만 쉽지 않은 일이다. 외국의 고급 인력이 미국이나 중국을 제치고 우리나라에 올 가능성은 희박하다. 외국인 유학생들이 우리나라로 많이 오는데, 이들을 대상으로 문을 여는 것도 대안이 된다. 선진국은 외국의 우수한 학생을 유치하기 위해 여러 프로그램을 운영하고 있다. 한국인도 혜택을 많이 받은 미국의 풀브라이트 장학생은 연간 8,000명에 이른다. 독일의 아데나워 장학금 6,000명, 일본도 최근 6,000명까지 확대하고 있다고 한다. 외국 인력을 데려오는 방법은 많다. 국민적 공감대만 있으면 가능하지만 아직 거기까지 이르지 못한 것이 문제이다.

4장

반면교사의 나라:
일본과 스웨덴

Korean Economy in the Trap

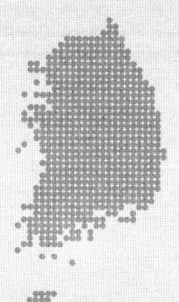

세계 최고의 경쟁력을 갖추었던 나라

우리나라는 개발 연대 시절, 선진국들의 경험을 많이 참조했다. 그중에서도 일본의 발전모형을 가장 많이 활용했다. 정부가 제도나 법을 만들 때나 기업이 경영전략을 수립할 때면 으레 일본의 사례를 모델로 삼았다. 대부분의 공무원과 경영자들이 유학은 미국으로 갔지만 실제 제도는 일본 것을 많이 모방했다. 그 결과 우리와 일본은 관료사회나 경제 구조가 유사한 편이다. 인구 고령화 추세까지 비슷하니 "일본을 보면 한국을 알 수 있다"라는 말이 나올 정도이다. 일본 사회가 겪는 경험이 우리에게는 좋은 교훈이 될 수 있어 반면교사의 대상으로는 최고이다.

1980년대는 일본의 시대였다고 해도 과언이 아니다. 1950년대 이후 자유무역을 기반으로 하는 세계 경제 환경의 이점을 선점해 탄탄한 제조업 기반을 마련한 일본은 1980년대 자동차, 전자, 조선, 철강 등 거의 모든 분야에서 세계 최강의 자리에 올랐다. 1980년대 후반 미국 대학원 유학 시절, 미국 교수들이 일본을 칭송했던 말들이 기억난다. 일본은 우수한 학생들이 공과 대학에 많이 진학해 뛰어난 기술 인력이 많은 데 반해 미국은 우수한 학생들이 대부분 법대나 의대, 경영대를 가기 때문에 미국의 기술 경쟁력이 일본을 따라가지 못한다는 한탄이었다. 지나고 나면 이 말도 꼭 맞는 말은 아니지만 아직도 상당 부분 유효한 것 같다.

산업 경쟁력에서 도저히 일본을 따를 수 없던 서구 국가들은 환율이라는 카드를 꺼내 들었다. 1985년 플라자 합의를 통해 일본의 환율을 대폭 절상시킨 것이다. 1985년 달러당 240엔에서 불과 3년 뒤인 1988년 120엔 대로 두 배 이상 절상시켰지만 일본 경제는 탄탄히 유지되었다.

가라앉는 일본

그랬던 일본이 1990년대 초 1인당 국민소득이 2만 달러를 넘어서면서 활력을 잃고 있다. 1960년대 10.5퍼센트의 성장, 1970~1980년대 평균 4~5퍼센트의 성장률이 1990년대 들어서면서 1.5퍼센트, 2000년대 들어 0.6퍼센트로 곤두박질치고 있다. 철옹성을 자랑하던

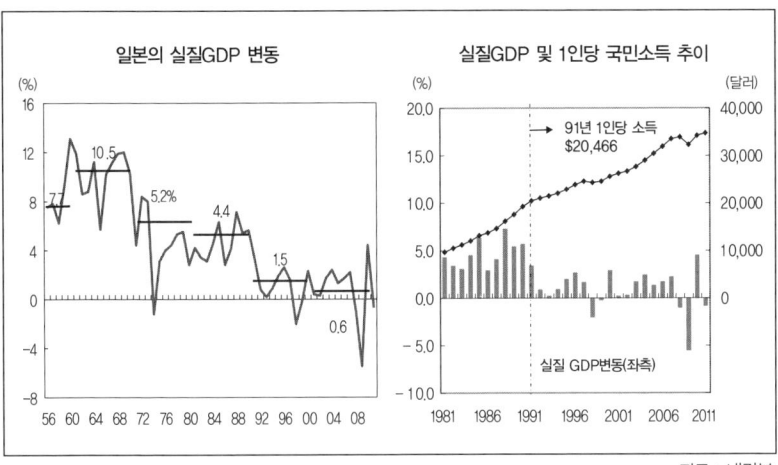

일본의 성장률과 국민소득 추이

자료 : 내각부

　무역수지도 2011년 급기야 적자로 돌아섰다. 31년만의 일이다. 2012년에는 그 이름만으로도 구매 욕구를 불러일으켰던 소니, 파나소닉, 샤프 같은 기업이 대규모 적자를 기록하면서 신용등급이 정크 수준으로 하락했다. 믿을 수 없는 일이 발생한 것이다.

　나라 살림도 엉망이다. 1990년 64조 엔이었던 재정 수입이 2010년에는 48조 엔으로 오히려 줄어들었다. 고령화에 따른 복지 소요가 크게 늘고 있어 재정 수입이 증가해도 시원찮은 판에 지난 20년간 오히려 25퍼센트나 감소했다. 재정 지출의 52퍼센트는 빚을 내어 충당하는 일본은 지금도 매년 40~50조 엔의 국가 채무가 늘어나고 있다. 2011년도 국채 발행액 56조 엔은 당시 환율을 적용하면 우리 돈으로 780조 원이다. 2011년 우리나라 총지출예산 309조 원의 2.5배가 되는 어마어마한 금액이다. 재정 적자를 보전하기 위해 그간 발행된 국가 채무는 무려 GDP의 230퍼센트에 달한다.

미국 등 몇몇 나라가 전쟁 시에 국채 규모가 200퍼센트에 달한 적은 있었지만, 평시에 국가 채무가 이렇게 많은 나라는 전 세계에 딱 두 나라뿐이다. 일본과 아프리카의 짐바브웨. 짐바브웨는 국가 채무가 2007년 GDP 대비 218퍼센트에 다다르면서 국가 채무로 망한 독일, 러시아의 전철을 밟았다. 국가 화폐인 짐바브웨달러는 가치가 폭락했고 물가는 연간 상승률이 2억 퍼센트를 넘었다. 빵 한 조각이 2,000억, 가장 큰 지폐 단위가 10조 짐바브웨달러에 이르렀다 하니 국가 재난 수준이다. 결국 짐바브웨는 자국 화폐를 포기하고 미국달러와 유로화를 사용함으로써 국면을 수습했지만, 국가가 제대로 운영될 리 없다.

반면 일본은 빚이 많아도 아직 버틸 만큼 대단한 나라이다. 그럴 수 있는 이유는 무엇일까? 먼저 일본은 이자율이 거의 0퍼센트에 가까워 이자 부담이 적다. GDP 대비 국채이자비용이 1.8퍼센트로 영국 3.1퍼센트, 프랑스 2.4퍼센트보다 낮다. 또한 국채의 94퍼센트가 국내에서 소화된다. 외국인 소유는 6퍼센트에 불과해 국채 시장에 영향을 미칠 수준이 아니기에 견딜 수 있다. 그러나 일본 가계나 기업이 언제까지 이 돈을 대 줄 수는 없다. 이제는 성장률이 낮아 가계저축도 크게 늘어날 수 없는 구조이다. 2000년대 들어 평균 성장률은 1퍼센트도 되지 않는다. IMF는 일본의 국가 채무가 2017년이면 250퍼센트에 달할 것으로 예상한다. 지금도 이미 국가 채무가 가계 금융자산 대비 90퍼센트에 이르는데 빚이 계속 늘어나면 국내 소화

능력에도 한계가 올 수밖에 없다.

일본 경제, 회복 안 된다

국가 빚이 이렇게 많으면 경제 회복은 불가능하다. 만약 일본 경제가 개선된다고 가정하자. 그러면 가장 먼저 나타나는 징조는 물가와 금리상승이다. 이미 아베정부는 물가를 2퍼센트까지 올리겠다고 호언장담했다. 경기가 활성화되어 물가가 오르면 이자율도 당연히 올라간다. 그런데 일본은 워낙 빚이 많기 때문에 이자율이 1퍼센트 오르면 국채 지급 이자로 나갈 돈이 재정의 5.7퍼센트에 달한다. 2퍼센트가 되면 무려 재정의 11퍼센트를 지급 이자로 지출해야 한다. 이는 우리나라 국방비에 해당하는 비중이다. 지금도 재정 국채의존율이 52퍼센트인데 이렇게 되면 이자를 내기 위해 국채를 또 늘리는 악순환이 반복되어 나라 경제를 지탱할 수 없다.

  이자율이 올라가면 기존 국채 가격이 떨어진다. 일본 국내에서 소화되는 약 700조 엔 규모의 국채 가격이 하락하면 일본의 금융기관과 연기금, 개인 등의 자산이 급속도로 악화되는 것도 견디기 어려운 수준에 달한다. 빚이 많다 보니 제대로 된 정책을 사용할 수 없다. 국제 사회도 이런 일본에게 경고를 보내고 있다. 국가신용등급이 강등되어 2012년 10월에는 국가 부도 위험을 나타내는 CDS 금리가 사상 최초로 우리나라보다 높아졌다.

  일본 경제평론가 아사이 다카시는 《2014년 일본파산》(매일경제신문사)

이라는 책에서 2015년에는 일본이 버티기 힘들다고 경고했다. 계속 국채를 발행하다 어느 순간 더는 국채를 소화할 수 없게 되면 투자자들이 일본 국채를 외면하면서 엔화는 급속도로 절하된다. 그러면 물가와 금리가 폭등하고 재정은 파탄난다. 과거 러시아처럼 인플레이션으로 경제가 붕괴된다. 투자자들도 이미 위험성을 감지하고 있어 일본 국채가 단기화되어 가고 있다. 이전에는 국채 발행 시 10년 이상 장기채 비중이 80퍼센트였지만, 투자자들이 장기국채를 외면하는 바람에 지금은 30퍼센트에 불과하다.

왜 이렇게 되었나?

'잃어버린 10년(Lost Decade).' 1990년대 이후 침체된 일본을 두고 국제사회가 한 말이다. 당시만 해도 곧 회복될 거라는 기대가 있었기에 10년이란 기간을 두었으리라. 그러나 일본 경제는 잃어버린 10년이 지나고 또 10년이 지나고, 다시 10년이 지나도 침체에서 회복되지 못했다. 오히려 성장은 더 낮아지고 있다. 처음 잃어버린 10년 이야기가 나올 때 사람들은 일본 경기 침체를 1980년대 후반 고성장에 따른 거품 해소 과정으로 여겼다. 정부가 강력한 구조조정을 하지 못해 침체 기간이 길어졌다는 해설과 함께.

그러나 이것만으로는 설명이 충분치 않다. 일본 경제의 장기 침체 이면에는 인구 고령화라는 무서운 복병이 숨어 있다. 일본은 세계에서 가장 고령화가 많이 진전된 국가이다. 2005년에 이미 65세 이상 노인이 인구의 20퍼센트가 넘는 초고령사회로 진입하였다. 일본의 생산 가능 인구(15~64세)는 1990년대를 지나면서 확연히 줄어든다. 주택 등 내수경제를 이끌어 가는 35~55세 인구도 이 시기를 즈음하여 감소하기 시작한다.

이와 함께 경제성장이나 투자도 본격적으로 침체되기 시작한다. 그러니 당연히 경제 활력이 떨어질 수밖에 없다. 국내 투자율이 저하되는 반면 기업들은 해외로 많이 진출했다. 일본의 높은 물가 수준과 고환율로 기업 환경이 악화되었기 때문이다. 태국, 인도네시아는 이미 일본 기업의 생산 전초 기지이다. 2012년 태국에 큰 물난리가 났을 때 일본의 주요 전자제품 생산이 중단될 정도였다. 기업들의 해외 진출이 활발해지면서 어쩔 수 없이 공동화 현상이 발생하고, 이것이 또 내수를 위축시키는 악순환이 반복되었다.

인구 고령화와 장기불황, 기업의 해외 이전으로 세입 기반은 약화되는데 항구적인 재원 확충에는 실패했다. 세계 최저 수준인 소비세(5퍼센트)를 인상하려는 시도가 몇 번 있었지만 정치적 저항으로 하지 못했다. 1990년대에는 경기부양의 일환으로 찔끔찔끔 감세 정책을 펼쳤지만 경제는 살리지 못하고 세수 감소 요인만 되었다. 20년간 누적된 금액이 약 190조 엔에 달한다. 이런 복합적인 요인이 작용하여 재정 수입은 해가 갈수록 줄어들었다. 지난 20년간 무려 25퍼센트가 감소했다.

경기 침체를 벗어나기 위해 일본 정부, 정확히 말해 일본 정치권은 재정 지출을 과감히 늘리기 시작했다. 1990년대에는 경기 부양을 위해 도로나 물류 시설 같은 사회간접자본에 많이 투자했다. 정치인들은 경제 회생이라는 명목 하에 자기 지역구 사업에 마구 예산을 사용했다. 그 여파로 인해 지금도 일본에는 자동차가 다니지 않는 도로가 많다고 한다. 2000년대 들어서는 고령화로 소득이 줄어드는 노인층을 위한 복지 시책을 대폭 늘렸다. 재정 수입은 줄어드는데 지출은 과감히 확대한 결과가 오늘날 세계 최고 수준의 국가 부채로 나타나고 말았다.

1990년만 해도 일본은 재정 흑자를 시현했고 국가 부채는 GDP 대비 68퍼센트, OECD 평균의 양호한 수준이었다. 그러나 10년이 지난 2000년에는 GDP 대비 142퍼센트로 2배가 되었고, 또 10년이 지난 지금에 이르러서는 230퍼센트가 되었다. 10년에 거의 두 배씩 큰 폭으로 늘어났다. 한번 늘어난 국가 부채는 걷잡을 수 없다는 것을 보여 준다.

일본이 이렇게 된 가장 큰 이유는 정치의 부재이다. 당장 정권을 잡는 데에만 급급할 뿐 미래에 대한 대비가 없다. 총리 자리에 일 년만 있다가 낙마한 사람이 수두룩하다. 세계 정상들도 일본 총리와 협의하기를 달가워하지 않는다. 어차피 일 년이면 바뀔 사람과 무슨 진지한 이야기를 하고 싶겠는가.

1946년 태평양 전쟁에서 패망한 직후 일본의 국가 채무가 GDP의 200퍼센트에 달한 적이 있다. 당시만 해도 일본은 예금 인출 전면 금지, 화폐 개혁 등 경천동지할 비상조치를 취했다. 사실 일본 정부도 현재 국가부채의 심각성을 잘 알고는 있다. 노다정부는 2014~2015년에 소비세를 현행 5퍼센트에서 10퍼센트로 올리는 계획을 세웠는데 선거에서 졌다. 소비세를 그만큼 올린다고 해서 국가 부채 문제

일본의 재정추이

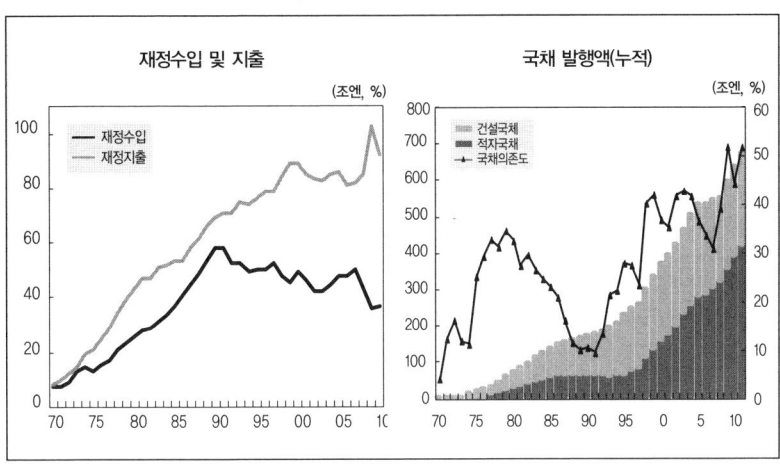

출처: 일본 재무성(2011)

가 해결되지 않는다. 그런데 선거에서 노다정부를 이기고 등장한 아베정부는 오히려 역행하고 있다. 부채가 줄어들지 않은 상태에서 물가를 올리겠다는 것도 위험천만인데 여기서 더 나아가 헌법을 개정하고 주변국과 군비 경쟁에 나서려 하고 있다. 경제가 오랫동안 어려워지면 국민들이 우경화되는 경향이 있는데 아베정부는 여기에 불을 붙이고 있다. 이렇게 되면 일본의 재정은 더욱 악화될 테고, 아무리 튼튼한 일본이라도 버티기 어려워질 것이다. 일본 정치권이 국채를 어느 정도 줄일 수 있을지가 앞으로 일본 경제를 보는 관전 포인트이다.

우리는 일본을 따라가는가?

우리나라는 여러모로 일본을 벤치마킹하면서 성장했다. 그래서 일본식 장기침체까지도 따라가는 것은 아닌지 우려가 많다. 대다수 사람들이 설마하고 있지만 만의 하나라도 현실화된다면 보통 문제가 아니다. 따라서 이에 대해 더 많이 연구하고 분석해야 한다.

오늘날 일본이 침체일로를 가는 이유는 크게 두 가지이다. 첫째는 인구의 고령화이다. 청장년 인구가 줄면서 소비도 줄고, 주택 수요도 줄면서 국민 경제 전체가 위축되어 활력을 찾을 수 없다. 둘째, 무책임한 정치권이다. 정권을 잡기 위해 단기 현안에 치중할 수밖에 없다. 제도 개혁이나 구조조정처럼 고통이 수반되는 장기 정책은 뒷전이고 계속 재정 지출을 늘려 왔다. 그것도 빚을 내서. 사람으로 보자면 중병이 걸렸는데 수술은 하지 않고 진통제만 계속 투여한 꼴이다. 그러니 체력이 갈수록 소진될 수밖에 없다.

지금의 우리 상황은 어떤가? 앞에서 살펴보았듯이 인구 고령화는 일본을 그대로 따라가고 있다. 20~40대 인구가 이미 줄어들고 있으며 경제 주축인 35~55세 인구도 2012년에 정점을 찍었다. 민간 소비도 주택 수요도 살아나기 어렵다. 고령화는 세계에서 가장 빠른 속도로 진행 중이다. 앞서 언급했듯이 고령화사회에서 초고령사회로 넘어가는 데 70년 이상 걸린 선진국들에 비해 일본은 35년, 우리는 26년밖에 걸리지 않는다. 경제 성장만 압축한 것이 아니라 고령화도 압축했다.

우리 기업들의 해외 진출도 가속화되고 있다. 경제민주화로 기업

코스트가 늘어나면 추세는 더욱 빨라질 것이다. 일본과 비슷한 국내 산업 공동화가 우려된다. 다행인지 불행인지 몰라도 일본과 차별화되는 점은 우리가 내수 비중이 작고 수출 비중이 높다는 것이다. 2011년 기준으로 GDP 대비 수출 비중이 우리나라는 50퍼센트인 데 반해 일본은 14퍼센트에 불과하다. 그만큼 내수 위축 효과가 일본에 비해 작다. 다만 세계 경제가 어려워지면 우리는 일본보다 더 큰 타격을 받게 된다.

다음으로 정치권이다. 우리나라 정치도 여러모로 비판을 받고 있지만 그래도 일본보다는 나은 것 같다. 대통령제라서 내각책임제인 일본에 비해 정치의 영향을 덜 받는 편이지만 우리도 정치권의 권력이 갈수록 강해지고 있으며 이미 경제 권력의 상당 부분은 국회로 넘어갔다. 의원 입법이 활성화되면서 정책을 주도하는 일이 빈번해지고 있다. 정치의 성격상 국민 경제 전체보다는 소수 이해관계자의 이익을 대변하는 법이 많아지고 있다. 2012년 총선, 대선부터는 복지 포퓰리즘에 불이 붙기 시작했다. 증세 없이 재정을 늘이는 것이 얼마나 위험한지 일본이 이미 다 보여 주었지만 이를 따라가는 조짐이 농후하다. 일본은 엔화가 국제통화이고 산업경쟁력이 아직 막강하니까 국가 부채가 GDP 200퍼센트 넘어서도 버티지만, 우리나라는 100퍼센트 근처만 가도 나라가 파산할 것이다. 누가 우리 원화 국채를 사 주겠는가.

일 안 해도 먹고살 수 있는 나라!

북구에 위치한 인구 900만 명에 불과한 작은 나라 스웨덴. 우리에게는 그룹 아바(Abba)의 노래와 춤으로 잘 알려져 있지만 스웨덴은 세계가 부러워하는 경제 강국이다. 수출이 GDP의 절반 이상을 차지할 만큼 경쟁력이 높다. 세계 경제포럼(WEF)은 2010년 스웨덴의 국가경쟁력을 세계 2위로 발표했고, 국제개발경영연구소(IMD)는 같은 해 6위로 발표할 만큼 강한 경쟁력을 가진 나라이다. 경쟁력만 강할 뿐 아니라 복지가 잘되어 있는 나라로도 유명하다. 국민연금, 실업연금, 의료보험등 기본적인 사회보장 외에도 육아수당, 육아휴직보험, 청소년 무상의료, 대학까지 무상교육 등 생각할 수 있는 복지는 모두 구비하고 있다.

　반면 국민들이 내는 세금이나 연금 부담은 2010년 기준 GDP의 47퍼센트로 세계 2위에 달하는 고부담 국가이다. OECD 평균은 34퍼센트이고 미국 24퍼센트, 한국과 일본이 비슷한 26퍼센트 수준이다. 광범위한 복지 제도를 유지하기 위해 국민 고부담은 불가피하다. 일반적으로 고부담-고복지 국가에서는 소위 복지병이 만연되어 경제활력이 떨어지는 것이 상식이지만, 스웨덴은 예외적으로 성장률이나 노동생산성이 OECD국가 평균을 웃돌고 있다. 바로 이런 점 때문에 많은 나라들이 스웨덴의 복지 모델을 연구하고 있다.

　우리나라도 예외는 아니어서 스웨덴의 시스템은 우리가 추구해야 할 복지모델로 자주 인용된다. 그러나 일각에서는 스웨덴 식 복지를 하다가 망할 수 있으므로 경계해야 한다는 목소리도 높다. 언론들은 각자 이념 성향에 맞추어 보도하기 때문에 국민들을 혼란스럽게 한다. 2012년 스웨덴의 한 의원이 방한하여 강연한 적이 있는데 보수 언론과 진보 언론의 보도 내용이 판이하게 달랐다. 보수 신문은 "가진 사람 부 뺏는다고 없는 사람 삶의 질이 평등해지지 않는다", "스웨덴 퍼주기 복지 과감히 개혁해서 국가경쟁력 2위로" 등과 같이 보도했다. 반면 진보 신문은 "스웨덴의 복지는 진화 중", "모두에게 평등한 복지 덕분에 스웨덴은 빈부격차가 가장 작은 나라" 식으로 보도했다. 보수 신문은 스웨덴의 복지 개혁에 중점을 두었고 진보 신문은 스웨덴의 보편적 복지에 중점을 두었다. 무엇이 진실인지 스웨덴의 복지 시책을 살펴볼 필요가 있다.

　스웨덴의 복지가 강한 것은 사실이다. 스웨덴은 1930년 대공황기를 거치면서 국민연금, 실업보험, 출산수당, 아동수당 등 대부분의 복지 프레임을 완성했다. 이러한 복지가 가능했던 것은 20세기 초 자유시장주의에 입각하여 경쟁력 있는 기업들이 많이 생겨나면서 경제가 고성장을 했기 때문이다. 당시 스웨덴의 기업들은 다이너마이트, 자동차, 통신, 조선, 철강 등 다양한 분야에서 이름을 날렸다. 2차 대전에도 전쟁 피해를 입지 않은 스웨덴은 유럽 복구사업의 혜택을 가장 많이 보면서 경제 호황을 누렸다.

정치적으로는 1930년대 이후 진보성향인 사회민주당이 장기 집권하면서 복지를 계속 늘려 왔다. 재원은 세금이다. 당시 스웨덴의 세금은 가히 살인적이었다. 1980년대 초까지만 해도 소득세의 가장 높은 단계 세율은 85퍼센트이고 법인세는 58퍼센트에 달했다. 30퍼센트 상속세와 더불어 개인의 순자산에 대해 1.5퍼센트 부유세도 부과했다. 사회보장료도 대부분 기업이 부담했다. 전형적인 고세금-고복지 체제이다.

필자도 당시 스웨덴의 세금부담이 얼마나 높았는지 체험하는 기회가 있었다. 1983년 소비자보호제도를 조사하기 위해 스웨덴을 방문했는데 당시 음식점이나 상점들은 대부분 저녁 7시에 문을 닫았고 휴일은 아예 쉬기 때문에 매우 불편했던 기억이 난다. 젊은 사람들은 결혼보다는 동거를 선호한다고 했다. 모두 세금 때문이다. 열심히 일할수록 세금을 더 내야 하니 쉬는 편이 낫고, 결혼을 하면 부부합산 소득으로 간주해 소득세율이 누진되어 높은 세금을 내야 하니 결혼하기 무섭다는 것이다. 다만 직장을 잃어도 연금이 나오니 그 걱정은 하지 않아도 되었다. 1980년대 스웨덴은 이런 나라였다. 우리 모두

가 바라는 "일 안 해도 살 수 있는 나라!"

무너지는 복지 강국

이렇게 탄탄했던 스웨덴 경제도 몇 차례 위기를 겪었다. 첫 번째 위기는 1973년 제1차 석유파동에 기인한다. 세계 경제가 침체에 빠지면서 스웨덴의 주력 산업이던 조선과 철강업이 큰 불황에 빠졌다. 당시 유럽 최고의 조선기술 보유국이었던 스웨덴은 이미 1960년대 말부터 과잉투자가 이루어진 데다가 높은 세율, 임금 등으로 경쟁력이 약화되었기 때문에 석유 위기의 영향을 이겨내지 못했다.

　경제 위기를 정치적으로 푸는 방법은 재정지출이다. 당시 정치권은 여야 할 것 없이 무너지는 산업의 고용 유지를 위해 세금을 쏟아 부었다. 경영 파탄의 조선회사를 국영화하고 정부가 직접 대형 탱커도 주문하는 등 생산 유지를 위해 안간힘을 썼지만, 노동 비용이 비싼 스웨덴의 조선업은 신흥국 기업들을 이길 수 없었다. 결국 국영화된 조선공장은 모두 폐쇄되었고 정부가 발주한 탱커들은 한번 써 보지도 못한 채 고철덩어리가 되었다고 한다. 다만 철강의 경우에는 1977년 대기업 3사의 통합, 공장 폐쇄와 대규모 해고 등 구조조정을 강력히 추진한 결과 1982년 흑자전환하면서 간신히 살아날 수 있었다.

　당시 조선, 철강 등 주력산업의 침체는 스웨덴 경제에 엄청난 타격을 주었다. 경제 불황이 깊어지면서 수많은 기업이 도산하고 실업이 급증했다. 이로 인해 당시까지 장기 집권했던 사회민주당이 총선에서 참패하는 기현상도 나타났다. 이후 보수중도정당이 집권했지만 뾰족한 대책이 없었다. 1970년대는 스웨덴에게는 '고뇌의 70년대'라 불릴 만큼 어려웠던 시절이다.

두 번째 위기는 1990년대 초에 찾아왔지만 그 발단은 1970년대 고뇌의 시절에 잘못된 정책에 기인한다. 당시 그렇게 높은 수준의 세금과 기업부담으로는 산업경쟁력이 유지될 수 없었다. 이를 극복하기 위해 정부는 뼈를 깎는 구조조정보다 거시경제 수단인 환율정책을 펼쳤다. 1976년부터 1982년까지 5차례에 걸쳐 총 38퍼센트 통화를 절하시켰다. 근본책이 아닌 미봉책이었지만 그로 인해 수출이 회복되고 무역수지가 흑자로 돌면서 경제가 나아졌다.

하지만 그것도 잠시였다. 높은 수입 비용으로 물가가 뛰었고 물가가 오른 만큼 임금이 오르면서 산업경쟁력은 더욱 약화되었다. 통화 절하가 산업 구조조정이나 기술혁신을 지연시킨 것이다.

반면 무역수지로 경제에 돈이 남아돌자 주식과 부동산이 과열되었다. 1981~1991년 사이에 주식시장은 10배 이상, 부동산 가격은 2배 이상 올랐다. 때마침 스웨덴 정부는 과감한 금융자율화에 나서고 있던 터라 투기는 더욱 과열되었다. 사람들은 주택을 담보로 대출을 받아 주식투자에 나서고 사회는 과소비 열풍에 빠졌다. 당시 우리나라와 비슷했다.

결국 1990년 들어 거품이 꺼지면서 스웨덴은 위기를 맞이한다. 1991~1993년간 성장률은 평균 마이너스 6퍼센트, 실업률도 1.5퍼센트에서 8.2퍼센트로 오르는 등 대공황 이후 최대의 위기가 찾아왔다. 금융시스템 붕괴를 막기 위해 금융기관에 GDP의 4.3퍼센트에 달하는 공적자금을 투입하는 등 발 빠른 조치를 취해 금융안정에는 성공했지만 연이어 재정 위기가 닥쳤다. 재정 상황의 악화로 재정 적자가 1993년 GDP의 11.9퍼센트까지 추락하고 국가 채무도 GDP의 76퍼센트로 과거 최고치에 달했다. 급기야 스웨덴 최대 보험회사인 '스칸디아'가 정부의 재정 건전책이 나올 때까지 국채를 인수하지 않겠다고 선언하면서 스웨덴 국채는 디폴트, 즉 채무불이행 직전까지 내몰렸다. 상황이 이렇게 되자 고부담-고복지 정책을 추진하던 사회민주당도 노선을 변경하지 않을 수 없었다. 스웨덴 식 복지모델이 한계에 봉착한 것이다. 성장이 둔화되고 국가 부도 상황까지 내몰리면서 복지만 외칠 수는 없는 노릇이었다.

성공적인 개혁의 신화를 쓰다

1990년 초 금융 및 재정 위기를 맞은 스웨덴 정부는 대대적인 경제개혁에 착수했다. 1991년 세제개혁, 1993년에는 중앙은행 독립성 강화 및 물가안정 목표제도의 도입, 1997년에는 다년도 예산 도입 등 재정개혁, 1999년에는 세기의 개혁으로 불리는 연금개혁이 단행되었다. 하나하나에 큰 고통이 따르는 개혁들이지만 정치적 리더십과 국민적 합의로 완수되었다. 스웨덴이 얼마나 대단한 나라인지 보여준다.

　1991년 세제개혁은 근로의욕과 경제 활력을 회복시키기 위해 세율 인하부터 시작했다. 소득세 최고 세율을 75퍼센트에서 51퍼센트로, 법인세는 57퍼센트에서 30퍼센트로 대폭 낮췄다. 자본의 해외 유출을 막기 위해 자본소득은 30퍼센트로 정율 분리 과세했다. 지구환경보호를 위해 환경세를 도입했다. 세입 기반 확충을 위해 부가가치세 등 여러 과세표준을 확대했다. 세제개혁에 따른 세금 부담의 재분배 효과는 GDP 대비 6퍼센트에 달해 전 세계의 칭찬을 받았다. 세제개혁은 이후에도 이어져 2000년대 들어서는 부유세와 상속증여세도 폐지했다. 이러한 개혁은 여야가 경제를 살리기 위해 초당적으로 협력한 결과였다. 정치적 리더십 없이는 결코 성공할 수 없었다고 본다.

재정개혁은 다년도 예산과 세출 실링제 도입이 핵심이다. 3년간 세출예산 총액과 27개 분야별 예산의 상한을 정하고 이 범위 내에서 지출 우선순위를 정하도록 했다. 예산 편성 과정에서 불요불급한 예산이 슬그머니 끼어드는 것을 방지할 수 있는 강력한 제도이다.

스웨덴은 1995년 EU에 가입해서 1997년까지 재정적자 규모를 GDP 대비 3퍼센트 이하로 줄인다고 약속했다. 이후 보육수당 폐지, 아동수당의 축소, 실업수당의 급부율 인하 등 사회보장비를 중심으로 세출 삭감이 이루어졌다. 증세를 위해 소득세를 재인상하고 자본소득에 대한 과세 강화 등을 제한적으로 실시했다. 1995~1998년 동안 스웨덴 정부가 추진한 재정개혁의 효과는 4년간 누계로 GDP 대비 8퍼센트에 이르는 엄청난 규모이다. 이렇게 전 국민이 고통을 감수하면서 재정개혁을 단행한 결과, 국가 재정은 빠른 속도로 회복되어 1998년부터 재정 흑자가 시현되었다.

1998년 스웨덴은 모든 국민에게 주던 기초연금제도를 폐지하고 돈이 없는 저소득 노인에게로 지급을 한정하는 조치를 취한다. 1999년 연금개혁은 연금 급여를 낮추는 데 중점을 두었다. 종전에는 자신이 현역 시절 받던 최고 소득에 맞추어 주던 연금 급여를 자기가 현역 시절에 총 기여한 만큼 주는 것으로 바꾸었다. 연금급여액은 낮추면서 더 많이 일하도록 유인하는 것이다. 급부자동조정장치(automatic balance mechanism)도 만들었다. 불황이 장기화되거나 고령화가 빨리 진행되는 등 연금 재정에 위험 요인이 발생하면 연금급여액을 낮추는 것이다. 이 장치가 마련되어 있으면 연금재정이 파탄 나는 일은 결코 없다. 2008년 글로벌 금융위기의 발생으로 연금재정의 균형이 깨졌을 때 이 장치가 작동되어 연금수급자들의 연금이 감액되었다.

  그밖에도 철도, 택시, 항공, 우편, 통신 등 공기업을 민영화하고 새로운 경쟁법을 제정해 자유경쟁을 촉진시켰다. 공기업이 적자로 인해 국민 세금을 축내는 일이 없도록 한 것이다. 이와 같은 개혁에 힘입어 재정건전성이 크게 개선되었다. 재정 총지출은 GDP 대비 1995년 64.9퍼센트에서 2010년 52퍼센트로 감소되었고 1994년 GDP의 70퍼센트 수준이던 국가 부채도 2008년에는 35퍼센트 수준으로 떨어졌다. 경제가 다시 살아났음은 물론이다.

  여기서 스웨덴의 정치를 잠깐 살펴보자. 스웨덴은 전통적으로 노동계와 연대한 사회민주당이 집권 여당이다. 노조의 지원으로 1932~1976년, 1982~1991년간 장기 집권하였다. 집권 기간 중 진보 정당답게 세상에서 가장 강력한 복지체계를 구축하였다. 과잉복지로 인해 90년대 들어 경제 위기가 닥치자 정권을 빼앗겼지만, 1994년 다시 정권을 찾아 2005년까지 다시 집권한다. 그러면서 과거 자기들이 만든 고세금-고복지 체계를 완전히 수정했다. 재정 준칙을 만들고 소득세를 낮추고 연금을 대폭 축소하고 공기업을 민영화하고 상속세를 폐지하는 등등. 이런 정책은 보수정당의 전유물인데 오히려 사회민주당이 과감히 추진했다. 경제를 살리는 데 진보와 보수가 따로 없는 것이다. 이처럼 스웨덴의 경험은 우리에게 많은 것을 시사한다. 과잉복지는 결국 한계를 맞는다. 스웨덴이 용하게도 재정개혁을 단행했기에 망정이지 일본처럼 국가부채를 계속 늘렸다면 지금의 스웨덴은 없을 것이다.

스웨덴의 경쟁력은 어디에서 오는가?

대부분의 국가에서는 한번 늘린 복지를 축소하기가 거의 불가능하다. 지금 그리스, 스페인 등 남부 유럽 국가들이 재정 위기를 극복하기 위해 복지지출을 축소하면서 겪는 국민적 저항을 보라. 이에 반해 스웨덴 국민은 위대한 결정을 내렸다. 이러한 스웨덴의 힘은 기본적으로 사회통합에서 온다고 본다. 국가가 어려워지면 여야가 협력하고 국민에게 이해를 구한다. 이것이야말로 진정한 정치적 리더십이다. 1996년 재정개혁 단행 시 진보성향의 사회민주당 예란 페르손 수상은 "빚진 사람에게 자유는 없다"고 국민들에게 호소했다.

특히 노동계의 협조를 눈여겨 볼 만하다. 스웨덴에서 근로자들의 노동조합 가입률은 77퍼센트(우리나라는 10.1퍼센트)로, 노조는 사회적으로 엄청나게 큰 영향력을 발휘할 수 있다. 그러나 노조가 무리하게 임금인상을 요구한다든가 정부의 산업 구조조정에 반발하는 일은 드물다. 스웨덴은 수출로 먹고사는 나라여서 경쟁력 유지가 필수라는 점을 잘 인식하고 있기 때문이다. 노조에는 석박사급 연구 인력이 많아 경제상황을 냉정하게 분석하는 능력을 갖추고 있다. 임금협상은 상급단체인 노동조합과 경영자 연맹이 협의하여 결정하는데 노조는 어느 정도 수준이면 경쟁력을 유지할 수 있는지 판단해서 임금인상을 요구한다.

스웨덴 정부는 과거 조선산업이 정부의 엄청난 지원을 받고도 회생되지 못한 경험을 교훈 삼아, 비록 실업이 우려되어도 사양기업은 절대 구제하지 않는다는 원칙을 확고히 하고 있다. 2009년 리먼쇼크로 경영 위기에 처한 볼보나 사브를 구제하지 않은 것이 그 좋은 사례이다. 스웨덴을 대표하던 이 자동차 회사들은 결국 각각 중국과 네덜란드에 넘어갔다.

기업도산과 함께 경영이 어려운 기업의 노동자 해고도 이루어지고 있다. 1982년 제정된 고용보호법에 따르면 고용주가 근로자를 해고하려면 정당한 사유가 있어야 한다고 규정한다. 수요 감소, 수익 감소, 근로자의 업무 태만, 능력 부족 등을 입증해야 한다. 그러나 기업이 정해진 규칙에 따라 판단하면 해고가 가능하다. 사법부가 여기에 간섭하는 일은 거의 없다. 실제 2008년 글로벌 금융위기 시 대량해고 사태가 발생했다. 실업률도 경제상황에 따라 변동이 큰 편이다.

2008년 9월부터 일 년간 실업률 변화를 보면 해고가 경직적인 일본은 4.1퍼센트에서 5.5퍼센트로, 한국은 3.0퍼센트에서 4.0퍼센트 사이에서 움직였지만 스웨덴은 5.9퍼센트에서 8.3퍼센트로 비교적 크게 움직였다. 1990년대 불황기에도 1.7퍼센트였던 실업률이 1994년에는 9.4퍼센트로 상승한 적도 있었다. 이는 경제 상황에 따라 구조조정이 용이하다는 말인데 이 역시 노조 등 사회적 합의가 있기에 가능하다. 쌍용자동차 해고자 복직, 한진조선소 철탑농성 등으로 국력이 소모되는 우리와는 확실히 차이가 있다. 이들 해고자들이 노조의 도움으로 몇 년간 투쟁해서 복직이 되었지만 일감이 없으니 회사인들 어찌하랴.

스웨덴의 교육도 본받아야 할 점이 많다. 대학까지 무상이지만 고등학교만 졸업하고 취업하는 학생들이 많다. 일단 돈을 모아 외국여행을 하거나 취직 후 부족한 기능을 보충하기 위해 대학에 가는 경우도 많다. 대학 진학률은 57퍼센트에 지나지 않는다. 대학은 철저히 현장과 밀착되어 있어서 졸업생은 곧바로 산업현장에 투입될 수 있다. 기업들도 학생이 대학에서 무엇을 배웠고 무슨 기능을 익혔는지를 중시해 채용한다. 전공과 관계없는 분야에 취직하는 우리와는 매우 대조적이다.

비록 재정개혁을 단행했지만 스웨덴은 여전히 복지강국이다. 2007년 기준으로 공공사회지출의 GDP 비중이 27퍼센트로 프랑스에 이어 2위이다. 미국 16퍼센트, 일본 19퍼센트, 한국 7.5퍼센트에 비하면 매우 높다. 물론 스웨덴의 국민 부담률도 매우 높다. 앞에서 밝혔듯 세계 2위, GDP 대비 46퍼센트에 달한다. 아직 고부담-고복지가 유지되고 있는 것이다. 일반적으로 고부담-고복지 체제하에서는 복지병이 만연하기 쉽다. 일하지 않아도 먹고사는 데 지장이 없으니 열심히 일할 사람이 드문 것은 당연하다. 그래서 이런 시스템은 오래가지 못한다.

그러나 스웨덴은 다르다. 단순히 가진 자에게 세금을 많이 부과해서 저소득층을 지원하는 시스템이 아니다. 고부담-고복지를 추구하면서도 국민들은 반드시 일을 하게 만든다. 일을 많이 해서 소득이 많은 사람이 결코 불리하지 않도록 제도가 운영되고 있다. 실제 스웨덴에서는 누구나 일하는 것이 당연시되어 있다. 고용률, 즉 15~64세 인구 중 일하는 사람의 비중이 스웨덴은 73퍼센트로 한국 63퍼센트, 일본 70퍼센트, 미국 67퍼센트보다 월등히 높다. 참고로 유럽 재정 위기를 촉발한 남부 유럽 국가들은 고용률이 낮았다. 그리스 59.6퍼센트, 스페인 59.4퍼센트, 이태리 56.9퍼센트이다. 일하는 사람은 적으면서 높은 수준의 복지 제도를 운영하니 재정이 감당할 수 없었던 것은 당연하다.

스웨덴의 조세제도를 보면 고부담을 위해 가진 자에게 세율을 누진시켜 많은 세금을 부과할 것 같지만 오히려 반대이다. 일례로 소득세는 지방소득세와 국가 소득세로 나뉘는데 지방 소득세는 소득과 관계없이 정률로 부과된다. 자치단체별로 차이가 있지만 평균 31.4퍼센트로 높은 수준이다. 국가 소득세는 20퍼센트와 25퍼센트 두 단계만 있다. 따라서 소득세 전체로 보면 최저세율과 최고세율간의 차이는 5퍼센트에 불과하다. 6퍼센트에서 38퍼센트까지 5단계로 누진되어 최고와 최저의 차이가 32퍼센트나 되는 우리나라와는 많은 차이가 난다. 법인세도 26.3퍼센트로 정율 과세이다. 이 역시 과표에 따라 10퍼센트, 20퍼센트, 22퍼센트로 누진 과세되는 우리 법인세와 대조적이다. 고소득자에 중과하는 부유세나 상속세는 오히려 폐지되었다. 자본이 해외로 유출된다는 이유에서이다. 반면 소득과 관계없이 누구나 똑같이 내야 하는 부가가치세는 세율이 25퍼센트로 선진국 중 가장 높은 수준이다.

사회보장 철학도 다른 나라와 차이가 있다. 연금, 실업수당, 질병수당, 산재수당 등 소득이전 프로그램의 약 80퍼센트가 소득비례형이다. 즉 소득이 많을수록 더 많은 혜택을 받는다. 일하지 않는 자는 철저히 차별받는 구조이다. 복지 지출도 매우 엄격히 이루어진다. 먼저 우리의 기초생활보장에 해당하는 생활보호를 살펴보자. 생활보호수당은 매년 사회청이 제시하는 금액을 기준으로 결정되는데 무자녀 독신세대는 월 3,680크로나, 우리 돈으로 61만 원이다. 거의 최저생계를 유지하는 수준이다. 그나마 신청하려면 우선 신청자가 자활노력을 하고 있다는 사실을 증명해야 한다. 2008년 동안 적어도 한 달 이상 생활보호수당을 받은 가구는 전체의 6.1퍼센트에 해당하고 평균 수급기간은 6.1개월에 불과할 만큼 까다로운 편이다. 의료는 소득과 관계없이 지원 받지만 과정이 매우 복잡하다. 아프다고 무조건 병원에 갈 수 있는 것이 아니라 자치단체 전화상담 창구에 연락해 간호사와 먼저 상담해야 한다. 간호사가 증상을 듣고 의사진찰이 필요하다고 판단해야 비로소 병원에 갈 수 있다.

스웨덴의 복지제도는 우리뿐 아니라 많은 국가의 관심을 받고 있다. 세계적으로 국가 부채가 늘어나고 고령화가 빠른 속도로 진전되는 현실에서 어떻게 하면 스웨덴처럼 근로의욕을 상실하지 않는 생산적인 복지를 이뤄낼 수 있을지 궁금한 것은 당연하다. 일본도 고령화를 겪으면서 복지 지출이 크게 늘어나자 스웨덴의 복지에 많은 관심을 가지고 있다. 여기에 소개된 내용도 많은 부분이 일본인 저자가 쓴 《스웨덴 패러독스》(김영사)라는 책에서 인용되었다. 스웨덴에 대해 더 자세한 내용을 알고 싶다면 일독을 권한다.

스웨덴 경제에 대한 오해와 진실

1
스웨덴은 세계 최고의 복지국가라서 국민들이 일하지 않아도 살 수 있다.

- 기본적인 생활은 정부가 보장한다. 그것은 우리나라도 마찬가지이다. 하지만 스웨덴의 경우 우리나라보다 더 엄격해서 정부 지원을 받으려면 반드시 자활 노력을 해야 하고 기본적인 생계비만 지원하기 때문에 일하지 않을 인센티브가 되지 못한다.
- 스웨덴은 일을 많이 하는 사람이 결코 불리하지 않도록 제도가 운영되고 있고 실제 누구나 일하는 것이 당연시되어 있다. 고용률, 즉 15~64세 인구 중 일하는 사람의 비중이 스웨덴은 73퍼센트로 한국 63퍼센트, 일본 70퍼센트, 미국 67퍼센트에 비해 월등히 높다. 그만큼 일하는 사람이 많다는 의미이다.

2
스웨덴은 최고의 복지를 유지하느라 국가부채가 많을 것이다.

- 스웨덴은 전형적으로 고세금-고복지 국가이다. 복지재원은 모두 국

민이 부담하기 때문에 국가 채무는 GDP대비 35퍼센트 수준으로 아주 양호하다. 다만 국민부담률(GDP 대비 세금과 연금기여금 등 납부액)은 세계 2위 수준인 46퍼센트에 달한다. 참고로 OECD 평균은 34퍼센트이고 미국 24퍼센트, 한국과 일본이 비슷한 26퍼센트 수준이다. 우리나라에 비해 국민들이 80퍼센트 더 낸다고 보면 된다.

3
스웨덴은 부자에게 세금을 많이 부과해 복지재원으로 사용할 것이다.

- 오히려 그 반대이다. 지방과 국가를 다 합친 전체소득세의 최저세율과 최고세율의 차이가 5퍼센트에 불과하다. 반면 우리나라는 6퍼센트에서 38퍼센트까지 5단계로 누진되어 최고와 최저의 차이가 32퍼센트나 된다. 법인세도 26.3퍼센트로 정율 과세이다. 이 역시 과표에 따라 10퍼센트, 20퍼센트, 22퍼센트로 누진 과세되는 우리 법인세와 대조적이다.
- 고소득자에 중과하는 부유세나 상속세는 오히려 폐지되었다. 반면 소득과 관계없이 누구나 똑같이 내야 하는 부가가치세는 세율이 25퍼센트로 선진국 중 가장 높은 수준이다.

4
스웨덴은 노동권익이 잘 보호되고 있어 근로자들이 해고되지 않는다.

- 아니다. 스웨덴은 기업도산과 함께 경영이 어려운 기업의 노동자 해고를 당연시하고 있다. 1982년 제정된 고용보호법에 따르면 고용주

가 근로자를 해고하려면 정당한 사유가 있어야 한다고 규정하지만 기업이 정해진 규칙에 따라 해고하면 아무런 문제가 없다. 이에 대해 사법부가 간섭하는 일은 거의 없다.
- 실업률도 경제 상황에 따라 변동이 큰 편이다. 글로벌 금융 위기가 발생한 2008년 9월부터 1년간 실업률 변화를 보면 해고가 경직적인 일본은 4.1퍼센트에서 5.5퍼센트로, 한국은 3.0퍼센트에서 4.0퍼센트 사이에서 움직였지만 스웨덴은 5.9퍼센트에서 8.3퍼센트로 비교적 크게 움직였다. 이것은 경제상황에 따라 구조조정이 용이하다는 뜻인데 노조 등 사회적 합의가 있기에 가능하다. 스웨덴 근로자의 노조가입률은 무려 77퍼센트에 달한다. 스웨덴 노조는 근로자의 권익도 중요시하지만 그보다 국가가 경제의 경쟁력을 유지하는 데 전력을 다한다. 노조가입률이 10퍼센트에 불과한 우리나라 노조의 행태와는 전혀 다르다.

5
스웨덴은 연금제도가 잘되어 있어 모든 노인이 혜택을 받는다.

- 과거에는 모두에게 연금을 지급했지만 1998년 돈이 없는 저소득 노인에게만 지급하는 방식으로 바뀌었다. 1999년에는 연금 급여를 낮추는데 중점을 두어 종전에는 자신이 현역 시절 받던 최고 소득에 맞추어 주던 연금 급여를 자기가 현역 시절에 총 기여한 만큼 주는 것으로 바꾸었다.
- 급부자동조정장치(automatic balance mechanism)를 만들어 불황이 장기화되거나 고령화가 빨리 진행되는 등 연금재정에 위험요인이 발생하면

연금급여액을 낮출 수 있도록 했다. 2008년 글로벌 금융위기의 발생으로 연금 재정의 균형이 깨졌을 때 이 장치가 작동되어 수급자들의 연금이 감액되었다. 국민연금이 절대 고갈되지 않는 장치를 마련한 것이다.

6
대학 등록금이 공짜라서 대학 진학률이 높을 것이다.

- 대학까지 무상이지만 고등학교만 졸업하고 취업 현장에 뛰어드는 학생들이 많다. 돈을 모아 외국여행을 하거나 취직 후 부족한 기능을 보완하기 위해 대학에 진학하는 경우도 많다. 고등학교에서 직접 대학으로 가는 진학률은 57퍼센트에 지나지 않는다. 우리나라 80퍼센트 수준에 비하면 매우 낮다.
- 대학은 철저히 현장과 밀착되어 있다. 졸업생은 곧바로 산업 현장에 투입될 수 있다. 기업들도 학생이 무슨 학과를 나왔느냐가 아니고 대학에서 무엇을 배웠고 무슨 기능을 익혔는지를 중시해 채용한다. 대학 전공과 관계없는 분야로 취직하는 우리와는 매우 대조적이다.

공직을 물러난 후 이런 주제로 책을 쓰겠다고 공언하자, 나를 아끼는 수많은 주변 사람들이 만류했다. "아직은 때가 아니다. 좀 더 나이 들어 풍부한 경험을 바탕으로 쓰는 것이 타이밍 상 더 좋다." "모난 돌이 정 맞는다고 괜히 입바른 소리해서 좋을 것 없다." "개인이 혼자 떠든다고 사회가 바뀌는 것이 아니다."

실제로 책을 써보니 이들의 충고가 다 맞는 듯한 느낌을 지울 수 없다. 쓰면서 부족함을 많이 느꼈고, 모두 다 아는 이야기를 장황하게 전개한 것 아닌가 걱정도 들었다. 이 모든 비판에 책임이 있는 사람이 괜히 혼자만 잘난 척하는 것 같아서 부끄러운 마음도 있다. 중간에 몇 번이고 그만둘 생각을 한 것도 사실이다. 그러나 공직생활을 하면서 늘 생각해 온 "공직을 마치고 나의 경험을 바탕으로 책을 쓰겠다"는 결심을 포기할 수는 없었다. 이제 '제2의 인생'을 시작하는 시점에서 마무리를 해야 앞으로 후회하지 않을 것 같았다.

우리의 미래를 이야기하면서 현재의 문제점을 언급하지 않을 수 없었다. 그러다 보니 본의 아니게 정치권이나 언론, 일부 부처에 이르기까지 광범위하게 비판하게 되어 걱정도 된다. 모두 다 대한민국이 잘되었으면 하는 일념에서 쓴 것이니 너그러이 이해해 줄 것을 기대한다. 물론 내가 말하고 제시한 내용이 틀릴 수도 있다. 그러나 이런 것을 계기로 우리 미래에 대한 논의가 더 활발해지고 이를 통해 사회가 발전하기를 희망한다.

  처음 집필을 생각한 동기는 나의 경험을 공무원 후배들에게 남기고 싶어서였다. 나도 공무원 생활을 하면서 방향을 잡기 어려울 때가 많아 선배들 경험이 아쉬운 적이 많았다. 공무원들이 그 조직 안에서만 허덕이다 보면 전체 숲을 못 볼 수 있고, 경제 논리만 앞세우다 보면 정무적 감각이 뒤처질 수 있다. 특히 지금은 과거와는 달리 정책 수립보다 홍보나 집행 과정이 더 많은 비중을 차지한다. 다행인지 불행인지 몰라도 나는 청와대 경제 비서실에만 4번 근무하면서, 일선 조직에서는 겪을 수 없는 경험을 많이 할 수 있었다.

  집필하는 과정에서 이왕이면 이 책이 국민들이 어려운 경제를 이해하는 데 조금이라도 도움이 되도록 일반 독자들도 많이 읽었으면 하는 욕심이 생겼다. 국민들도 경제 상황을 잘 알아야 정부나 정치권이 경제에 해가 되는 일을 함부로 못할 것이다. 이런 취지로 최대한 쉽게 쓰려고 노력했지만 어느 정도 다가설지는 자신이 없다. 그러나 이 책이 대한민국이 앞으로도 계속 발전해 나가는 데 조금이라도 기여했으면 하는 마음 간절하다.

부록

대한민국 60년 주요 경제지표 변화
(1953~2012년)

Korean Economy in the Trap

	1953	1954	1955	1956	1957	1958	1959	1960	1961	1962	1963	1964	1965	1966	1967
국민총소득(억 달러)	14	15	14	15	17	19	19	19	21	23	27	29	30	37	43
1인당 소득(달러)	67	70	65	66	74	80	81	80	82	87	100	103	105	125	142
경제성장(%)	-	5.1	4.5	-1.4	7.6	5.5	3.8	1.1	5.6	2.2	9.1	9.6	5.8	12.7	6.6
민간소비(%)	-	5.7	8.8	3.8	2.7	5.6	5.0	4.0	0.9	6.4	2.9	7.7	6.5	6.3	8.3
총고정투자(%)	-	27.3	17.1	10.7	14.4	-5.6	3.3	7.0	3.5	28.7	27.3	-9.3	27.1	59.5	22.6
건설투자(%)	-	21.7	9.2	-7.8	17.2	0.8	17.5	-0.2	7.0	25.4	23.9	2.4	28.4	24.5	18.2
설비투자(%)	-	40.9	34.0	42.6	11.2	-13.1	-16.0	20.9	-1.9	34.5	32.7	-26.8	24.5	135.0	27.7
총수출(%)	-	-39.4	22.1	-9.0	33.9	24.6	15.9	20.8	38.7	13.0	9.0	23.5	35.9	42.4	32.7
총수입(%)	-	-28.9	34.3	16.6	17.6	-13.9	-18.6	14.1	-9.2	34.0	26.8	-24.2	12.6	56.2	30.8
총저축률(%)	8.8	6.6	5.2	-1.9	5.5	4.9	4.2	0.8	2.9	3.2	8.7	8.7	7.4	11.8	11.4
가계순저축률(%)	-	-	-	-	-	-	-	-	-	-	-	-	-	-	-
국내 총투자(%)	15.4	11.9	12.3	8.9	15.3	12.9	11.1	10.9	13.2	12.8	18.1	14.0	15.0	21.6	21.9
노동소득분배율(%)	25.8	31.4	30.1	28.6	30.3	34.1	38.6	37.4	34.5	36.1	30.7	28.1	31.8	33.0	36.7
실업률(%)	-	-	-	-	-	-	-	-	-	-	8.1	7.7	7.4	7.1	6.2
산업생산(%)	-	-	-	-	-	-	-	-	-	-	-	-	-	-	-
재고증가율(%)	-	-	-	-	-	-	-	-	-	-	-	-	-	-	-
명목임금 상승률(%)	-	-	-	-	-	-	-	-	-	6.6	20.7	29.5	13.5	11.3	10.9
소비자물가 상승률(%)	-	-	-	-	-	-	-	-	-	-	-	-	-	-	-
토지가격 상승률(%)	-	-	-	-	-	-	-	-	-	-	-	-	-	-	-
주택가격 상승률(%)	-	-	-	-	-	-	-	-	-	-	-	-	-	-	-
경상수지(억 달러)	0.4	0.2	0.2	0.2	0.2	0.2	0.2	0.3	0.3	-0.6	-1.4	-0.3	0.1	-1.0	-1.9
통관수출(억 달러)	-	0.2	0.2	0.2	0.2	0.2	0.2	0.3	0.4	0.5	0.9	1.2	1.8	2.5	3.2
(증가율, %)	-	-39.4	-25.0	36.7	-9.8	-25.7	20.0	65.7	24.7	34.0	58.4	37.2	47.0	42.9	27.9
통관수입(억 달러)	3.5	2.4	3.4	3.9	4.4	3.8	3.0	3.4	3.2	4.2	5.6	4.0	4.6	7.2	10.0
(증가율, %)	-	-31.3	40.3	13.1	14.5	-14.5	-19.7	13.1	-8.0	33.4	32.8	-27.8	14.6	54.6	39.1
대미 평균환율(원/달러)	18.0	18.0	50.0	50.0	50.0	50.0	50.0	65.0	130.0	130.0	130.0	255.8	266.6	271.1	270.5
대일 평균환율(원/100엔)	-	-	-	-	-	-	-	-	-	-	-	-	-	-	-
회사채수익률(3년, %)	-	-	-	-	-	-	-	-	-	-	-	-	-	-	-
주가지수(연평균)	-	-	-	-	-	-	-	-	-	-	-	-	-	-	-
M2증가율(말, %)	-	-	-	-	-	-	-	-	59.4	25.2	7.6	15.3	51.9	51.5	61.3

	1968	1969	1970	1971	1972	1973	1974	1975	1976	1977	1978	1979	1980	1981	1982
국민총소득(억 달러)	52	66	82	96	108	138	194	214	296	380	534	636	633	707	758
1인당 소득(달러)	169	210	255	291	322	404	559	607	825	1,043	1,443	1,693	1,660	1,826	1,927
경제성장(%)	11.3	13.8	7.6	10.4	6.5	14.8	9.4	7.3	13.5	11.8	10.3	8.4	-1.9	7.4	8.3
민간소비(%)	9.7	9.4	9.9	9.4	5.4	8.4	7.7	5.6	8.1	5.4	8.4	8.7	-0.2	5.2	7.3
총고정투자(%)	37.4	24.8	1.0	6.4	2.4	26.3	13.8	9.5	25.5	32.6	35.1	9.6	-12.0	-2.9	10.3
건설투자(%)	42.4	32.1	6.0	-1.1	-2.0	28.4	13.7	7.7	13.3	26.9	26.1	4.9	-4.5	-5.5	18.0
설비투자(%)	32.2	16.4	-5.5	23.7	10.2	22.7	14.0	11.8	41.2	39.5	45.9	14.4	-20.1	0.3	1.4
총수출(%)	39.5	36.1	19.6	24.7	41.1	55.4	5.5	20.0	37.9	20.2	13.6	1.2	8.6	15.2	6.0
총수입(%)	43.6	26.6	8.0	19.6	0.9	36.7	17.6	2.9	24.9	20.7	27.7	12.1	-4.0	5.4	4.0
총저축률(%)	15.1	18.8	17.4	15.3	17.0	22.8	21.5	19.1	24.7	28.2	30.6	29.7	24.3	24.3	25.6
가계순저축률(%)	–	–	–	–	–	–	–	7.2	12.0	15.0	17.4	15.6	8.2	8.8	10.4
국내 총투자(%)	25.9	28.8	25.4	26.0	21.3	25.3	31.9	28.7	26.6	29.5	32.6	36.7	33.0	30.5	30.1
노동소득분배율(%)	37.5	38.7	41.0	41.0	40.2	40.4	38.6	39.6	41.0	43.1	45.1	47.7	50.1	49.8	51.3
실업률(%)	5.1	4.8	4.5	4.4	4.5	3.9	4.0	4.1	3.9	3.8	3.2	3.8	5.2	4.5	4.4
산업생산(%)	–	–	–	–	–	–	–	–	30.6	19.1	23.2	11.6	-1.3	13.2	3.5
재고증가(%)	–	–	–	–	–	–	–	–	13.2	16.7	-7.1	55.4	16.8	18.6	2.1
명목임금 상승률(%)	–	–	–	15.4	17.5	11.5	31.9	29.5	35.5	32.1	35.0	28.3	23.4	20.7	15.8
소비자물가 상승률(%)	10.8	12.4	16.0	13.5	11.7	3.2	24.3	25.3	15.3	10.1	14.5	18.3	28.7	21.4	7.2
토지가격 상승률(%)	–	–	–	–	–	–	–	27.0	26.6	33.6	49.0	16.6	11.7	7.5	5.4
주택가격 상승률(%)	–	–	–	–	–	–	–	–	–	–	–	–	–	–	–
경상수지(억 달러)	-4.4	-5.5	-6.2	-8.5	-3.7	-3.1	-20.2	-18.9	-3.1	0.1	-10.9	-41.5	-50.7	-39.3	-21.3
통관수출(억 달러)	4.6	6.2	8.4	10.7	16.2	32.3	44.6	50.8	77.2	100.5	127.1	150.6	175.0	212.5	218.5
(증가율, %)	42.2	36.7	34.2	27.8	52.1	98.6	38.3	13.9	51.8	30.2	26.5	18.4	16.3	21.4	2.8
통관수입(억 달러)	14.6	18.2	19.8	23.9	25.2	42.4	68.5	72.7	87.7	108.1	149.7	203.4	222.9	261.3	242.5
(증가율, %)	46.8	24.7	8.8	20.7	5.3	68.1	61.6	6.2	20.6	23.2	38.5	35.8	9.6	17.2	-7.2
대미 평균환율(원/달러)	276.7	288.3	310.6	347.7	392.9	398.3	404.5	484.0	484.0	484.0	484.0	484.0	607.4	681.3	731.5
대일 평균환율(원/100엔)	–	–	–	–	–	–	–	–	–	185.3	232.0	221.8	269.7	309.4	294.3
회사채수익률(3년, %)	–	–	–	–	22.9	21.8	21.0	20.1	20.4	20.1	21.1	26.7	30.1	24.4	17.2
주가지수(연평균)	–	–	–	–	–	–	–	–	98	113	144	121	109	126	122
M2증가율(말, %)	72.0	54.7	24.9	29.3	33.6	36.1	21.5	25.2	35.1	40.1	35.4	29.7	44.5	36.1	37.0

	1983	1984	1985	1986	1987	1988	1989	1990	1991	1992	1993	1994	1995	1996	1997
국민총소득(억 달러)	843	929	961	1,114	1,416	1,911	2,358	2,702	3,150	3,375	3,713	4,342	5,292	5,699	5,287
1인당 소득(달러)	2,113	2,300	2,355	2,702	3,402	4,548	5,556	6,303	7,276	7,714	8,402	9,727	11,735	12,518	11,505
경제성장(%)	12.2	9.9	7.5	12.2	12.3	11.7	6.8	9.3	9.7	5.8	6.3	8.8	8.9	7.2	5.8
민간소비(%)	9.2	7.6	7.2	8.9	8.0	9.0	10.6	9.7	8.7	6.5	6.5	8.6	10.3	7.3	4.0
총고정투자(%)	16.4	11.5	5.4	13.4	18.5	13.6	16.9	24.7	14.2	0.9	7.8	12.8	13.4	8.2	-1.5
건설투자(%)	22.4	7.2	4.5	4.0	16.8	14.0	16.8	30.3	13.7	0.2	11.8	5.7	9.6	7.2	2.4
설비투자(%)	8.5	17.4	5.2	25.3	20.0	13.2	16.7	18.4	14.5	1.3	0.5	25.3	18.9	9.1	-8.4
총수출(%)	14.9	14.5	2.2	24.5	21.9	11.7	-3.6	4.9	10.8	13.9	7.9	16.4	24.7	11.6	19.8
총수입(%)	10.1	8.9	0.1	18.7	19.3	13.5	16.0	13.3	18.5	5.4	4.9	22.8	22.5	14.7	4.2
총저축률(%)	28.9	30.9	31.2	34.9	38.4	40.4	37.6	37.8	37.9	36.9	36.9	36.4	36.2	34.8	34.6
가계순저축률(%)	11.4	13.9	14.6	19.4	22.9	24.7	23.0	22.2	24.2	23.0	21.7	20.5	17.4	17.0	15.1
국내 총투자율(%)	31.2	31.2	31.3	30.5	30.8	32.4	35.3	38.0	40.0	37.0	36.0	36.8	37.1	38.1	35.6
노동소득분배율(%)	53.0	52.9	52.4	51.7	52.1	53.4	55.6	57.0	58.0	57.9	58.2	58.4	60.4	62.6	61.4
실업률(%)	4.1	3.8	4.0	3.8	3.1	2.5	2.6	2.4	2.4	2.5	2.9	2.5	2.1	2.0	2.6
산업생산(%)	16.9	14.4	4.2	21.0	20.0	13.3	2.9	8.6	9.6	6.0	4.5	10.8	12.1	8.7	4.8
재고증가율(%)	2.1	16.4	4.7	11.2	9.1	24.1	18.3	9.8	19.3	7.5	2.7	6.8	12.9	16.5	4.7
명목임금 상승률(%)	11.0	8.7	9.2	8.2	10.1	15.5	21.1	18.8	17.5	15.2	12.2	12.7	11.2	11.9	7.0
소비자물가 상승률(%)	3.4	2.3	2.5	2.8	3.0	7.1	5.7	8.6	9.3	6.2	4.8	6.3	4.5	4.9	4.4
토지가격 상승률(%)	18.5	13.2	7.0	7.3	14.7	27.5	32.0	20.6	12.8	-1.3	-7.4	-0.6	0.6	1.0	0.3
주택가격 상승률(%)	-	-	-	-	0.4	15.6	14.2	17.1	10.4	-6.6	-3.4	-1.6	-0.1	0.7	3.0
경상수지(억 달러)	-14.3	-3.9	-15.1	44.9	107.8	148.4	52.7	-13.9	-75.1	-22.4	29.7	-35.1	-80.1	-229.5	-81.8
통관수출(억 달러)	244.5	292.4	302.8	347.1	472.8	607.0	623.8	650.2	718.7	766.3	822.4	960.1	1,250.6	1,297.2	1,361.6
(증가율, %)	11.9	19.6	3.6	14.6	36.2	28.4	2.8	4.2	10.5	6.6	7.3	16.8	30.3	3.7	5.0
통관수입(억 달러)	261.9	306.3	311.4	315.8	410.2	518.1	614.6	698.4	815.2	817.8	838.0	1,023.5	1,351.2	1,503.4	1,446.2
(증가율, %)	8.0	16.9	1.6	1.4	29.9	26.3	18.6	13.6	16.7	0.3	2.5	22.1	32.0	11.3	-3.8
대미 평균환율(억/달러)	776.2	806.0	870.5	881.3	822.4	730.5	671.4	708.0	733.6	780.8	802.7	803.6	771.0	804.8	951.1
대일 평균환율(억/100엔)	326.9	339.6	368.7	526.3	570.1	570.6	487.5	491.6	546.0	617.1	725.7	787.9	824.5	739.6	784.0
회사채수익률(3년, %)	14.2	14.1	14.2	12.8	12.6	14.2	15.2	16.5	18.9	16.2	12.6	12.9	13.8	11.9	13.4
주가지수(연평균)	122	132	139	228	417	692	919	746	658	586	728	965	935	833	655
M2증가율(말잔, %)	22.9	19.0	18.1	29.5	30.3	29.8	25.8	25.3	19.5	21.5	17.4	21.1	23.3	16.7	19.7

	1998	1999	2000	2001	2002	2003	2004	2005	2006	2007	2008	2009	2010	2011	2012
국민총소득(억 달러)	3,521	4,558	5,308	5,035	5,762	6,442	7,245	8,439	9,525	10,512	9,379	8,381	10,160	11,176	11,355
1인당 소득(달러)	7,607	9,778	11,292	10,631	12,100	13,460	15,082	17,531	19,691	21,632	19,161	17,041	20,562	22,451	22,708
경제성장(%)	-5.7	10.7	8.8	4.0	7.2	2.8	4.6	4.0	5.2	5.1	2.3	0.3	6.3	3.7	2.0
민간소비(%)	-12.5	11.9	9.2	5.7	8.9	-0.4	0.3	4.6	4.7	5.1	1.3	0.0	4.4	2.4	1.7
총고정투자(%)	-22.0	8.7	12.3	0.3	7.1	4.4	2.1	1.9	3.4	4.2	-1.9	-1.0	5.8	-1.0	-1.7
건설투자(%)	-12.9	-3.8	-0.2	6.3	6.2	8.5	1.3	-0.4	0.5	1.4	-2.8	3.4	-3.7	-4.7	-2.2
설비투자(%)	-40.6	37.5	32.9	-8.3	7.3	-1.5	3.8	5.3	8.2	9.3	-1.0	-9.8	25.7	3.6	-1.9
총수출(%)	12.9	14.4	18.1	-3.4	12.1	14.5	19.7	7.8	11.4	12.6	6.6	-1.2	14.7	9.1	4.2
총수입(%)	-22.0	26.4	22.6	-4.9	14.4	11.1	11.7	7.6	11.3	11.7	4.4	-8.0	17.3	6.1	2.5
총저축률(%)	36.6	34.6	33.0	31.1	30.5	31.9	34.0	32.1	30.8	30.8	30.5	30.2	32.1	31.6	30.9
가계순저축률(%)	21.6	15.0	8.6	4.8	0.4	4.8	8.4	6.5	4.7	2.6	2.6	4.1	3.9	3.1	3.4
국내 총투자율(%)	25.2	29.1	30.7	29.3	29.3	30.0	29.9	29.8	29.7	29.5	31.0	26.2	29.6	29.5	27.5
노동소득분배율(%)	60.6	59.0	58.1	58.8	58.0	59.2	58.7	60.7	61.3	61.1	61.0	60.9	58.9	59.5	59.7
실업률(%)	7.0	6.3	4.4	4.0	3.3	3.6	3.7	3.7	3.5	3.2	3.2	3.6	3.7	3.4	3.2
산업생산(%)	-6.4	24.5	16.8	0.6	8.0	5.5	10.5	6.4	8.3	6.9	3.4	-0.1	16.3	5.9	0.8
제조업가동률(%)	-17.1	2.2	12.6	0.3	-0.8	6.1	9.4	5.0	9.4	5.5	6.9	-7.8	18.1	14.9	3.2
명목임금상승률(%)	-2.5	8.2	8.0	5.1	11.2	9.2	6.0	6.6	5.7	5.6	-4.3	2.6	6.8	1.0	5.3
소비자물가 상승률(%)	7.5	0.8	2.3	4.1	2.8	3.5	3.6	2.8	2.2	2.5	4.7	2.8	3.0	4.0	2.2
토지가격 상승률(%)	-13.6	2.9	0.7	1.3	9.0	3.4	3.9	5.0	5.6	3.9	-0.3	1.0	1.1	1.2	1.0
주택가격 상승률(%)	-9.2	-1.3	1.5	4.0	16.6	9.0	1.1	0.8	6.2	9.0	4.0	0.2	2.4	5.3	2.9
경상수지(억 달러)	426.4	244.8	148.0	84.3	75.4	155.8	323.1	186.1	140.8	217.7	32.0	327.9	293.9	260.7	431.4
통관수출(억 달러)	1,323.1	1,436.9	1,722.7	1,504.4	1,624.7	1,938.2	2,538.4	2,844.2	3,254.6	3,714.9	4,220.1	3,635.3	4,663.8	5,552.1	5,478.7
(증감, %)	-2.8	8.6	19.9	-12.7	8.0	19.3	31.0	12.0	14.4	14.1	13.6	-13.9	28.3	19.0	-1.3
통관수입(억 달러)	932.8	1,197.5	1,604.8	1,411.0	1,521.3	1,788.3	2,244.6	2,612.4	3,093.8	3,568.5	4,352.7	3,230.8	4,252.1	5,244.1	5,195.8
(증감, %)	-35.5	28.4	34.0	-12.1	7.8	17.6	25.5	16.4	18.4	15.3	22.0	-25.8	31.6	23.3	-0.9
대미 평균환율	1,398.9	1,189.5	1,130.6	1,290.8	1,251.2	1,191.9	1,144.7	1,024.3	955.5	929.2	1,102.6	1,276.4	1,156.3	1,108.1	1,126.9
대엔 평균환율	1,074.4	1,048.6	1,048.9	1,062.4	999.6	1,029.8	1,058.8	930.7	821.5	789.8	1,076.6	1,363.1	1,320.6	1,391.3	1,413.1
회사채수익률(3년, %)	15.1	8.9	9.4	7.1	6.6	5.4	4.7	4.7	5.2	5.7	7.0	5.8	4.7	4.4	3.8
주가지수(연평균)	406	807	734	573	757	680	833	1,074	1,352	1,712	1,529	1,429	1,765	1,983	1,930
M2증가율(연평균, %)	23.7	5.1	5.2	8.1	14.0	3.0	6.3	7.0	12.5	10.8	12.0	9.9	6.0	5.5	4.8